U0640812

综合与实践育人的区域研究与实践

以房山区为例

王 塔 主编

中国财富出版社有限公司

图书在版编目（CIP）数据

综合与实践育人的区域研究与实践：以房山区为例 / 王塔主编 . -- 北京：中国财富出版社有限公司 , 2024. 11. -- ISBN 978-7-5047-8264-9

Ⅰ. G420

中国国家版本馆 CIP 数据核字第 2024H4J008 号

策划编辑	张　婷	**责任编辑**	王　君	**版权编辑**	武　玥
责任印制	苟　宁	**责任校对**	庞冰心	**责任发行**	于　宁

出版发行	中国财富出版社有限公司	
社　　址	北京市丰台区南四环西路 188 号 5 区 20 楼	**邮政编码**　100070
电　　话	010-52227588 转 2098（发行部）	010-52227588 转 321（总编部）
	010-52227566（24 小时读者服务）	010-52227588 转 305（质检部）
网　　址	http://www.cfpress.com.cn	**排　版**　北京丰月广告服务有限公司
经　　销	新华书店	**印　刷**　北京九州迅驰传媒文化有限公司
书　　号	ISBN 978-7-5047-8264-9/G・0824	
开　　本	710mm × 1000mm　1/16	**版　次**　2025 年 6 月第 1 版
印　　张	16.5	**印　次**　2025 年 6 月第 1 次印刷
字　　数	278 千字	**定　价**　68.00 元

编 委 会

前 言

综合育人、实践育人一直是国内外课程教学研究领域的重要议题。自 2001 年我国实施第八次基础教育课程改革以来，"课程综合化"出现在政策文件中，跃然于课程教学改革中，我国对课程综合化的探索进入实践阶段。

2022 年，教育部颁布《义务教育课程方案（2022 年版）》和各学科课程标准，通过强化课程综合性和实践性来开展以培养学生核心素养为核心的育人方式变革。方案坚持这一总导向和总原则，重点强调：其一，加强课程综合，注重关联，强化课程协同育人功能；其二，变革育人方式，突出实践，充分发挥实践的独特育人功能。课标中各学科设立课时不少于 10% 的跨学科主题学习是分科设置课程背景下实现课程综合化、实践化较为积极稳妥的措施，既承认分科设置课程的合理性，也反映了义务教育阶段课程综合性与实践性的必要性，综合育人与实践育人实现制度化普及，更需创新性落地。

北京市房山区立足新时代、回应新需求，在贯彻落实课程教学改革深化行动中积极有为、顶层部署、破冰攻坚，摸索出一条富有特色的区域课改之路，从以提升课程领导力为核心的学校课程顶层设计到以学科课程建设和课堂建设为核心的育人方式变革的区域课改谋划；从以学科教研为主到学科教研与综合教研双向支撑的区域教研布局；课程改革与教研转型遥相呼应，区域专项研究托举，引领学校砥砺创新，积极回应国家对创新人才培养、科学教育、劳动教育等的殷殷期待。

本书共分为四章，第一章是综合与实践育人的理论研究，包括政策分析、本体研究和价值意义的阐述，对综合与实践育人研究做基础性定位与个性化解读。第二章聚焦综合课程，对综合课程做理论层面的解读与操作层面的设计，并辅之典型案例分析。第三章聚焦跨学科主题学习，瞄准 2022 年义务教育课程标准强调的育人方式变革的实施载体，分解其设计要点，并就典型案例进行分析。第四章聚焦综合教研的房山实践，从区域综合教研的特色部署、典型学科的综合教研探索以及科学综合教研实践三个方面展开论述，呈现房山做法。

　　本书致力于梳理提炼区域综合与实践育人的实践经验，以期抛砖引玉。本书还存在不足之处，敬请读者多多包涵，如蒙指教，不胜感激。

编者

2024 年 10 月 8 日

目　录

第一章

综合与实践育人的理论研究

第一节　综合与实践育人的政策分析

一、关于综合与实践育人的政策分析

综合与实践育人的政策分析主要是指对 2001—2024 年聚焦综合与实践要求的中央或教育部的课程政策文件进行系统梳理与基础分析，寻找综合与实践育人的总体轨迹与实践要求。在政策解析与趋势分析中，需要渗透相应的课程观念，必须认识到课程是教育思想、教育目标和教育内容的主要载体，集中体现国家意志和社会主义核心价值观，是学校教育教学活动的基本依据，直接影响人才培养质量。

（一）引领课程整合，加强课程综合性，设置综合课程

2001 年第八次基础教育课程改革，教育部印发《基础教育课程改革纲要（试行）》（教基〔2001〕17 号），在"基础教育课程改革的具体目标"中提到，改变课程结构过于强调学科本位、科目过多和缺乏整合的现状，整体设置九年一贯的课程门类和课时比例，设置综合课程，以适应不同地区和学生发展的需求，体现课程结构的均衡性、综合性和选择性。改变课程内容'繁、难、偏、旧'和过于注重书本知识的现状，加强课程内容与学生生活以及现代社会科技发展的联系，关注学生的学习兴趣和经验，精选终身学习必备的基础知识和技能。改变课程实施过于强调接受学习、死记硬背、机械训练的现状，倡导学生主动参与、乐于探究、勤于动手，培养学生搜集和处理信息的能力、获取新知识的能力、分析和解决问题的能力，以及交流与合作的能力。在课程结构的配置上，明确要求整体设置九年一贯的义务教育课程："小学阶段以综合课程为主。小学低年级设品德与生活、语文、数学、体育、艺术（或音乐、美术）；小学中高年级设品德与社会、语文、数学、科学、外语、综合实践活动、体育、艺术（或音乐、美术）。初中阶段设置分科与综合相结合的课程，主要包括思想品德、语文、数学、外语、科学（或物理、化学、生物）、历史与社会（或历史、地理）、体育与健康、艺术（或音乐、美术）以及综合实践活动。积极倡导各地选择综合课程。"其强调："从小学至高中设置综合实践活动并作为必修课程，其内容主要包括：信息技术教育、研究性学习、社区服务与社会实践以及劳动与技术教育。"

同年，在《义务教育课程设置实验方案》中明确提出，加强课程的综合性是课程设置要遵循的基本原则。方案要求："注重学生经验，加强学科渗透。各门课程都应重视学科知识、社会生活和学生经验的整合，改变课程过于强调学科本位的现象。设置综合课程。一年级至二年级设品德与生活课，三年级至六年级设品德与社会课；三年级至九年级设科学课……一年级至九年级设艺术课……增设综合实践活动……"

1. 扶正纠偏重整合

从《基础教育课程改革纲要（试行）》和《义务教育课程设置实验方案》的目标与原则中可以看出，基础教育课程改革的目标主要聚焦于扶正纠偏、引方向、重整合。学科课程内容注重联系学生经验、生活实际和现实发展，注重学科知识、能力与情感态度价值观的整合，改变现行课程过分强调学科本位、科目过多和缺乏整合的现状；加强学科的综合性，从学科本位、知识本位、课堂本位转变调整为强调教育的整体性、学科的综合性、学习的实践性，引领课程发展的整体性、综合性、实践性等基本精神。

2. 设置综合学科课程

新一轮基础教育课程改革对课程结构进行了调整，制订了分科课程和综合课程并存的课程计划供各地选择。综合学科课程主要包括品德与生活、品德与社会、思想品德、艺术、科学、体育与健康、历史与社会等。在综合性的课程计划中，原有的物理、化学和生物被整合为科学，历史、地理被整合为历史与社会，美术、音乐被整合为艺术；此外，品德与生活、品德与社会作为整合程度较高的综合课程在课程计划中占有一席之地。在新的基础教育课程结构中，综合课程开始成为学校课程体系的重要组成部分。国家积极倡导各地实施以综合课程为主的课程计划，以改变现行课程科目过多、缺乏整合的现状。加强课程的综合性主要集中在分科课程在领域上的综合性聚拢以及综合学科课程的设置上，是以国家力量为主推动的课程综合化发展，加强课程的综合性成为第八次课程改革的核心要义。

3. 增设综合实践活动课程

课改风向标的着重笔墨落位在课程设置的原则上，即引领课程整合，加强课程的综合性，而加强课程综合性的硬性要求又具体体现在课程结构的配置上，即整体设置九年一贯的义务教育课程，设置综合课程。小学阶段就明确要求以综合课程为主，初中阶段设置分科与综合相结合的课程，从小学至高中设置综合实践活动并将其作为必修课程。综合实践活动课程是"一门高度综合的课程，是基于学习者的直接经验，密切联系学生生活和社会生活，体现对知识的综合运用的学生经验课程。至此，我国综合课程建设与实验探索进入一个前所未有的历史新阶段"。①综合实践活动课程作为必修课程成为落实课改精神的又一"强心剂"。

4.强调学习方式的转变

从接受学习转为探究学习，强调自主、合作、探究、实践的学习方式，从被动学习到主动学习只是单纯地强调了学习方式的转变，并没有跟进强调内容的转变，各学科课程内容还是叙述性的、知识性的。而方式的转变始终要与内容的转变相结合，才能落实教与学方式的变革。学习方式的转变首先需要课程内容的结构化，没有课程内容的结构化，学习方式无法改变。这是本次课程改革的局限之处。

（二）统筹学科育人优势，发挥学科综合育人功能，强化教学实践育人功能

2014年，《教育部关于全面深化课程改革落实立德树人根本任务的意见》（教基二〔2014〕4号）的"准确把握全面深化课程改革的总体要求"之"主要任务"强调："统筹各学科，特别是德育、语文、历史、体育、艺术等学科。充分发挥人文学科的独特育人优势，进一步提升数学、科学、技术等课程的育人价值。同时加强学科间的相互配合，发挥综合育人功能，不断提高学生综合运用知识解决实际问题的能力。"在全面深化课程改革的总体要求下，在着力推进关键领域和主要环节的改革中，强调改进学科教学的育人功能："要在发挥各学科独特育人功能的基础上，充分发挥学科间综合育人功能，开展跨学科主题教育教学活动，将相关学科的教育内容有机整合，提高学生综合分析问题、解决问题能力……强化教学的实践育人功能，确保实践活动占有一定课时或学分。实施'实践育人共同体建设计划'……充分发挥社会实践的养成作用……中小学要探索把课堂教学与社区服务、研究性学习与社会实践相结合的途径和方法。"

---

① 黄伟.我国基础教育课程综合化追求的特征及问题：中美综合课程历史进程之比较 [J].比较教育研究，2003（11）.

为落实立德树人的根本任务，充分发挥课程在人才培养中的核心作用，综合育人与实践育人成为全面深化课程改革的总体要求与应有之义。贯彻落实这一理念要求把握课程观，学科要发挥课程的整体育人功能。

第一，综合育人，一方面指向学科间育人优势与育人特色的统筹，提升课程育人价值；另一方面指向在发挥各学科独特育人功能的基础上，加强学科间的相互配合，有机整合相关学科的教育内容，开展跨学科主题教育教学活动，落点到教师行为上。较之 2001 年的课程改革，本次改革拓展深化了课程综合性的内涵与实践方式，从单一注重设置综合课程到注重发挥学科间的综合育人功能，从在学科数量上整合发力到在学科内容上整合、学科育人功能上统筹着力是深化课程改革的又一特色，跨学科成为加强课程综合性的又一利剑。

第二，实践育人主要指向教学的实践性，强调保障实践活动的课时比重以及课堂教学与社会实践有机结合。承接 2001 年的课程改革，从分别强调自主、合作、探究、实践的学习方式与启发、讨论、参与的教学方式转变为聚焦学科教学的实践性的总体要求，实现了学习方式与教学方式在发挥学科实践育人功能方面的统一。改进学科教学的实践育人功能被重视，成为深化课程改革攻关的关键领域和主要环节，在综合育人导向不断深化的过程中，实践育人导向的路径也逐渐清晰，综合育人与实践育人这两驾马车并驾齐驱，成为深化课程改革的风向标。

（三）变革育人方式，推进综合学习，探索综合性实践性教学

2019 年的《中共中央　国务院关于深化教育教学改革全面提高义务教育质量的意见》（以下简称《意见》），是中共中央、国务院印发的第一个聚焦义务教育阶段教育教学改革的重要文件，是新时代我国深化教育教学改革、全面提高义务教育质量的纲领性文件。在这一重磅性文件中，总体强调健全立德树人的落实机制，构建德智体美劳全面培养的教育体系来深化教育教学改革。

坚持"五育"并举，全面发展素质教育，除了强调突出德育实效，也特别强调加强劳动教育，《意见》要求"充分发挥劳动综合育人功能，制定劳动教育指导纲要，加强学生生活实践、劳动技术和职业体验教育。优化综合实践活动课程结构，确保劳动教育课时不少于一半。"

从优化教学方式的视角强调课堂主阵地作用，以切实提高课堂教学质量。《意见》要求"坚持教学相长，注重启发式、互动式、探究式教学。融合运用

传统与现代技术手段，重视情境教学；探索基于学科的课程综合化教学，开展研究型、项目化、合作式学习。精准分析学情，重视差异化教学和个别化指导。各地要定期开展聚焦课堂教学质量的主题活动，注重培育、遴选和推广优秀教学模式、教学案例。"

2019 年，国务院办公厅发布《国务院办公厅关于新时代推进普通高中育人方式改革的指导意见》，要求深化课堂教学改革，"积极探索基于情境、问题导向的互动式、启发式、探究式、体验式等课堂教学，注重加强课题研究、项目设计、研究性学习等跨学科综合性教学，认真开展验证性实验和探究性实验教学。提高作业设计质量，精心设计基础性作业，适当增加探究性、实践性、综合性作业"。

2023 年，教育部办公厅发布的《基础教育课程教学改革深化行动方案》指出："深化课程教学改革……转变育人方式，坚决扭转片面应试教育倾向，切实提高育人水平，促进学生德智体美劳全面发展。""加强科学类学科教学……强化跨学科综合教学，遴选推广一批跨学科综合性实践性教学优秀案例。"

这三个文件都重点强调了影响课堂教学质量提升和深化课程教学改革的核心是育人方式的变革，除了要持续探索启发式、互动式、探究式、体验式等教学方式，还要注重探索基于学科的课程综合化教学和跨学科综合性实践性教学，开展研究型、项目化、合作式学习等。此时的综合化指向基于学科和跨学科的综合性与实践性的教学方式和学习方式。综合育人，从学科间的横向综合纵深落位到学科本身及跨学科的纵向综合，延展了综合育人的经纬线，学科教学的实践育人与学科教学的综合育人实现了统一，综合育人与实践育人成为课程教学变革旗帜的两面，相辅相成。此外，2019 年的文件还强调了综合实践活动课程以及劳动的综合育人功能。

二、方案中关于综合与实践育人的具体表征

基于 2022 年教育部颁布的《义务教育课程方案（2022 年版）》，从培养目标、课程设置、课程实施、课程评价四个维度来分析综合育人和实践育人的具体表征（见表 1 与表 2）。

表 1　方案中关于综合育人的具体表征

维度	综合育人的具体表征分析		
培养目标	增强学生综合素质	培养德智体美劳全面发展的社会主义建设者和接班人	
	发展学生核心素养	综合性素养的全科培养：阅读、表达、思维、探究、实践等	
课程设置	一方面，扩展传统课程整合的横向联结，强化各类课程的整合性	设置综合课程	1.除学科课程外，设置道德与法治、科学、信息科技、体育与健康、艺术等综合学科课程。 2.除综合学科课程外，设置劳动、综合实践活动等综合活动课程（综合实践课程）。 3.加强综合课程建设，完善综合课程科目设置，注重培养学生在真实情境中综合运用知识解决问题的能力
		学科间的综合	设立跨学科主题学习。原则上，各门课程用不少于10%的课时设计跨学科主题学习，加强学科之间的相互关联和综合，强化课程协同育人功能，带动课程综合化实施
		学科内的综合	1.课程内容的综合化。注重课程内容与学生经验、社会生活的联系，强化学科内知识整合，强调学科内的知识综合、经验综合和实践综合，加强知识间的内在关联，促进知识结构化。 2.课程内容的结构化。加强课程内容的内在联系，探索主题、项目、任务等内容组织方式，突出课程内容的结构化。可以看到每个学科的课程标准都有一个概览性的示意图或相应的文字描述，对课程内容、内容关联、学生如何学、课程结束后形成的观念能力等进行概括性、结构化的描述

维度	综合育人的具体表征分析	
课程设置	另一方面，注重课程整合的纵向贯通，加强幼小初不同学段课程的衔接性，实现各学段课程整合的垂直连贯	注重学段衔接与科目分工，加强课程一体化设计。 注重幼小衔接，科学评估学前教育结束后学生在健康、语言、社会、科学、艺术等领域的发展水平，合理设计小学一年级至二年级的课程，注重活动化、游戏化、生活化的学习设计。 依据学生从小学到初中在认知、情感、社会性等方面的发展，把握课程深度、广度的变化，合理安排不同学段的内容，体现学习目标的连续性和进阶性。 了解高中阶段学生的特点和学科的特点，为学生进一步学习做好准备。不同课程涉及同一内容主题的，根据各自课程的性质和育人价值，做好整体规划与分工协调
课程实施	倡导整合实施与综合性教学活动	1. 方案赋予学校更大的课程整合实施空间，统筹各门课程跨学科主题学习与综合实践活动安排；鼓励将劳动、综合实践活动，以及地方课程和校本课程等相关内容整合实施，总体课时占总课时的 14%~18%。 2. 探索大单元教学，积极开展主题化、项目式学习等综合性教学活动
课程评价	强调健全综合评价	强化素养导向，开展综合素质评价；在学业质量评价中注重对价值体认与践行、知识综合运用、问题解决等学生综合性表现的考查；在考试评价中优化试题结构，增强试题的探究性、开放性、综合性

表 2　方案中关于实践育人的具体表征

维度	实践育人的具体表征分析
培养目标	除注重培养学生的家国情怀、社会责任感、创新精神和实践能力外，突出"劳动"这一最基本的实践形式，将"自理自立，热爱劳动，掌握基本的生活技能，具有良好的生活习惯""热心公益，具有集体主义精神，积极为社会作力所能及的贡献"等实践品质作为义务教育培养目标的重要内容

续表

维度	实践育人的具体表征分析
课程设置	1. 增加实践类课程的比重：设置独立的劳动课程。 基于劳动是实践最基础的形式，劳动课程是课程实践化最典型的体现。 2. 设立跨学科主题学习活动，加强学科间相互关联，带动课程综合化实施，强化实践性要求。 在分科课程背景下，每一个学科课程内容板块都设置跨学科主题学习，实现实践性和综合性的课程设计。 3. 强化地方课程、校本课程开发的实践性、体验性等
课程实施	1. 加强课程与生产劳动、社会实践的结合，充分发挥实践的独特育人功能。突出学科思想方法和探究方式的学习，加强知行合一、学思结合，倡导"做中学""用中学""创中学"。 2. 优化综合实践活动实施方式与路径，推进工程与技术实践。 3. 强化学科实践。注重"做中学"，引导学生参与学科探究活动，经历发现问题、解决问题、建构知识、运用知识的过程，体会学科思想方法。加强知识学习与学生经验、现实生活、社会实践之间的联系，注重真实情境的创设，增强学生认识真实世界、解决真实问题的能力
课程评价	推进表现性评价，注重动手操作、作品展示、口头报告等多种方式的综合运用，关注典型行为表现

《义务教育课程方案（2022 年版）》的三大修订原则之一就是坚持创新导向，强化课程综合性和实践性，推动育人方式变革，着力发展学生核心素养。义务教育课程要遵循的五条基本原则包括以下两条：其一是"加强课程综合，注重关联"，要强化课程协同育人功能；其二是"变革育人方式，突出实践"，要充分发挥实践的独特育人功能。这两条原则充分强化了课程的综合性和实践性，推动育人方式变革，着力发展学生核心素养。课标中各学科设立课时不少于 10% 的跨学科主题学习是分科设置课程背景下实现学科课程综合化、实践化积极稳妥的措施，既承认分科设置课程的合理性，也要反应义务教育阶段课程的综合性与实践性的必要性，推动课程及教学的实践性、综合性，实现实践性和综合性的课程设计。以上具体表征都在贯彻"加强课程综合，注重关联"的基本原则，印证了课程整合已超越课程组织方式的范畴，扩展为价值取向和理念追求。

三、课标中关于综合与实践育人的特色表达

根据 2022 年版义务教育课程标准框架内容，选择义务教育 14 门课程的课程标准和综合实践活动指导纲要，从课程标准中的课程性质、核心素养、课程内容三个维度来显性化呈现课程综合性与实践性的制度化普及（见表 3 与表 4）。

表 3　2022 年版义务教育课程标准框架

课程性质			
课程理念			
课程目标	核心素养内涵		
	第一学段	第二学段	第三学段	第四学段
课程内容	课程内容的总体框架		
	内容单位 1 内容要求 教学提示 学业要求	内容单位 2 内容要求 教学提示 学业要求	内容单位 3 内容要求 教学提示 学业要求	内容单位 n 内容要求 教学提示 学业要求
	跨学科主题学习		
学业质量	学业质量内涵		
	学业质量描述		
课程实施	教学建议 评价建议	教材编写建议	课程资源开发 与利用	教学研究与 教师培训

表 4　课标中关于综合与实践育人的特色表达

课程	课程性质	核心素养	课程内容
语文	综合性、实践性	文化自信、语言运用、思维能力、审美创造	语文学习任务群
数学	基础性、普及性、发展性	会用数学的眼光观察现实世界、会用数学的思维思考现实世界、会用数学的语言表达现实世界	综合与实践
英语	基础性、实践性、综合性	语言能力、文化意识、思维品质、学习能力	主题群

续表

课程	课程性质	核心素养	课程内容
道德与法治	政治性、思想性、综合性、实践性	政治认同、道德修养、法治观念、健全人格、责任意识	学习主题
历史	思想性、人文性、综合性、基础性	唯物史观、时空观念、史料实证、历史解释、家国情怀	跨学科主题学习
地理	综合性、区域性、实践性	人地协调观、综合思维、区域认知、地理实践力	地理工具与地理实践、跨学科主题学习
物理	基础性、实践性	物理观念、科学思维、科学探究、科学态度与责任	实验探究、跨学科实践
化学	基础性、实践性	化学观念、科学思维、科学探究与实践、科学态度与责任	化学与社会·跨学科实践
生物学	实践性	生命观念、科学思维、探究实践、态度责任	生物学与社会·跨学科实践
科学	综合性、实践性	科学观念、科学思维、探究实践、态度责任	学科核心概念、跨学科概念
艺术	审美性、情感性、实践性、创造性、人文性	审美感知、艺术表现、创意实践、文化理解	艺术实践（学习任务）
体育与健康	基础性、健身性、实践性、综合性	运动能力、健康行为、体育品德	跨学科主题学习
信息科技	基础性、实践性、综合性	信息意识、计算思维、数字化学习与创新、信息社会责任	跨学科主题学习
劳动	思想性、社会性、实践性	劳动观念、劳动能力、劳动习惯和品质、劳动精神	劳动项目
综合实践活动	跨学科实践性课程	价值体认、责任担当、问题解决、创意物化	活动主题

可以看出，以上课程，除了数学，其他学科的课程性质无一例外聚焦到综合性或实践性的核心定位上。其中，语文、英语、道德与法治、地理、科学、体育与健康、信息科技7门课程同时具备综合性和实践性的课程性质。可见，课程标准中关于综合性和实践性的课程定位与课程设计成为落实义务教育课程方案综合育人与实践育人理念的先行步骤与首要遵循。

各门课程着重培育的"核心素养"指学生应具备的适应终身发展和社会发展需要的必备品格和关键能力，突出强调个人修养、社会关爱、家国情怀，更加注重自主发展、合作参与、创新实践，共分为文化基础、自主发展、社会参与三个方面，综合表现为人文底蕴、科学精神、学会学习、健康生活、责任担当、实践创新 6 大素养。

本次课程标准的主要变化之一是基于核心素养的发展要求，优化了课程内容结构。优化内容组织形式的重要举措是要求各门课程将不少于 10% 的课时投入跨学科主题学习，跨学科主题学习成为综合性与实践性在课程内容中的典型表达，具体到不同课程呈现出体现不同课程内容特色的个性化表达。结构化、综合性与实践性的要求引领了本轮课程改革的风向。目标、内容与实施达成一致才能发挥课程的核心育人功能，课标的核心理念传达出核心素养的培育离不开综合性与实践性的课程设计、结构化的课程内容，以及教学的综合性与实践性实施。

四、启示与思考

综合以上对关键政策文件、《义务教育课程方案（2022 年版）》和课程标准（2022 年版）的综合分析，得到以下启示与思考。其可作为区域综合与实践育人的指导要义。

1. 课改理念

从第八次课程改革至今，课程综合化与教学实践性的育人理念与价值取向超越了传统的科目设置层面，作为课程改革的基本精神贯穿始终，渗透于 2022 年的课程方案和各科课程标准之中，实现了课程综合性与实践性的制度化普及，是培养学生核心素养的关键路径，是素养时代学校课程发展的必然选择，是进一步全面深化课程改革的总体要求与应有之义，是我国基础教育课程改革的目标诉求。

2. 课程内容

2001 年，从只是单纯地强调"学习方式的转变"，从接受学习转为探究学习，2022 年新方案和新课标发布后，以任务、主题、实验、项目等为载体的课程内容的结构化、综合性、实践性表达，实现了课程内容的转变。至此，实现了方式转变与内容转变的最终结合。

3. 课程实施

从学科课程到综合学科课程到综合实践课程的单分科的课程综合化，再到课程间的跨学科整合实施以及综合教学，赋予学校更大的课程整合实施空间与育人方式变革空间。

4. 课程评价

综合评价成为发展素质教育、转变育人方式的重要制度，健全以素养为导向的综合素质评价，强化过程性评价、表现性评价，改进结果评价等成为风向标，强调发挥评价的育人先导作用。

5. 课程资源

育人方式的变革需要一系列资源的统筹，如信息技术资源、学习环境资源、综合实践的空间资源、跨学科教师资源、一体化课程设计资源等。

6. 教研转型

在强化课程综合性和实践性、推动育人方式变革的探索中，需要在持续强化分科教研主航道发挥强基固本作用的基础上，开辟综合教研新赛道，追求融合开放的教研新生态，分科教研与综合教研相结合，实现学科教研与综合教研的双向支撑，优化教研内部结构，强化教研供给的全面性。

第二节　综合与实践育人的本体研究

本节试图通过对综合与实践育人的政策分析和文献研究等，厘清综合与实践育人的基本内涵、研究边界、内在逻辑等关键要点。综合与实践育人的研究领域宽广，概念较多，本节选择以课程综合化为切入点展开探讨。本书通过借鉴、参考已有研究者的研究，对综合与实践育人做出个性化解读，并选择劳动课程做实践育人图谱的解析。

一、课程综合化的内涵阐述

18 世纪，课程综合化的主张和实践开始萌芽；20 世纪初，"新教育"在欧美及日本各国崭露头角，将课程综合化推向高潮；20 世纪 70 年代，课程综合化在学校课程中占领一席之地，国际教育组织和各国政府意识到课程综合化将成为课程发展的一大趋势，纷纷开始课程综合化改革，并将其写入教育文件。2001 年，我国启动了第八次课程改革，开设综合课程，将实施课程综合化作为重要目标。至此，我国课程综合化由理论探讨进入实施阶段。

一直以来，研究者从不同取向、理论模式、狭义和广义等角度来阐明课程综合化的内涵，课程综合化的本质不断被认识，课程综合化的含义不断被丰富。关于课程综合化概念的研究有很多种，主要有以下六种：课程综合化是一种"儿童中心取向"的课程整合；课程综合化是一种"学科中心取向"的课程整合；

课程综合化是学科与生活的综合；课程综合化是开设综合课程和课程内容综合化；课程综合化是指两门及以上学科知识的综合；课程综合化是指组织课程内容的方法之一。[①]

有学者认为，课程综合化是一个整体动态发展的过程，发展的结果可以是综合课程，但其在内涵上层次更丰富。课程综合化包含三个相互联系的层面：一是各学科课程之间的关系，二是学科课程与社会之间的关系，三是学科课程与学习者之间的关系。课程综合化在广义上包括以上三个层面，即在课程设计阶段要考量这三个制约因素：知识、社会和学生。而狭义的课程综合化指的是学科间的综合。

也有学者认为课程综合化包括综合课程的开发与实施，但核心聚焦于"综合化"，表达课程的一种发展与改革的性质以及基本趋向，指明了课程改革发展的方向以及在课程开发、课程设计与课程实施以及课程评价中所应渗透的一种"综合化"的基本思想，并认为这是我国基础教育课程改革乃至世界范围内课程改革的共同关注点。如上海的项目化学习、北京的单元学习、浙江的综合化实施、江苏的课程基地和芬兰的整合教学都是课程综合化的实施形态。

可见，课程综合化可以分为多种模式：其一，侧重于学科内部的综合化；其二，侧重于学科之间的局部融合；其三，各个学科相互融合形成综合度较高的综合课程；其四，表达课程发展的基本思想与价值趋向。简单来讲，课程的综合化就是开设综合课程，而以综合化思想设计的课程便是综合课程。但两者之间并非处于同一范畴，在性质和功能上也存在一定的差异。

可以把综合化作为课程改革发展的一种价值趋向，一个中介，是从理念到实践、从微观学校课程综合建构到国家课程结构全面改革的引领。综合课程是课程综合化的一种具体的实践形式，是一种静态的结果和外在的表现形式。课程综合化思想不仅能在综合课程的设置与实施上体现出来，而且在分科课程的设计与实施以及有关的评价与管理工作中也应该而且能够体现课程综合化的思想。课程综合化需要超越作为课程组织方式和局限于学科间整合的狭隘观点，推动课程综合与整合的整体设计和系统思考。

二、综合与实践育人的内核解读

结合已有政策分析和文献研究可知，综合育人与实践育人是素养时代背景下进一步深化课程教学改革的育人理念与价值趋向，其内在统一、外在合力，

---

①彭威.课程综合化实施路径的调查研究[D].南京：江苏大学，2022.

让课程变革和学习变革同频共振（课程变革是指以主题、任务、项目、概念等为载体的课程内容的结构化组织与设计；学习变革是指在学、思、做、用、创等方面突出的实践育人方式），以课程的综合性推动教学的实践性，进而实现以核心素养为主线的育人顶层体系和育人方式终端结合的整体性变革。

其育人理念与价值趋向体现为关联、协同、整合、统整等。其中，关联体现为课程内容与学生经验、社会生活的联系，与生产劳动、社会实践的结合；协同体现为目标、内容、资源、实施、管理、评价的协同，以及课程之间的协同；整合，微观方面体现为一个教学活动到一个单元的知识、能力、情感、价值等的整合，中观方面体现为学科内容的整合、课程实施的横向整合，宏观方面体现为课程设计的横向整合，学段衔接垂直连贯（见图1）。统整体观为一种更深层次的课程理念，制约着课程发展的方向以及多样化的课程实践。

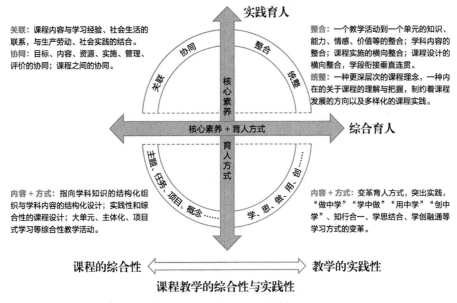

图 1 综合与实践育人的内涵导向

首先，综合育人与学科育人有独特的育人方式和共同的育人要求，两者相辅相成，共同构成完整的育人体系，指向育人目标的达成。其次，综合育人侧重强调跨学科综合，培养学生在真实情境中应用复杂知识解决现实问题的综合能力。最后，综合育人强调在"做中学""学中做"，强调知识与经验的双向建构，研究综合育人的内在逻辑，把握学生综合学习的路径与脉络。

站在课程育人视角下看综合育人与实践育人的关系（见图2），实践层面上，在分科设置课程的背景下，从只注重分科育人的纵向延伸到强调综合育人、实践育人的横向切入，宏观政策导向上推动课程及教学的实践性、综合性，处理好学科的系统性、逻辑性与综合性、实践性的关系是实现培育学生综合素养目标的必然要求。理论层面上，在人的全面发展理论下，在学生全面发展的课程跑道上，综合育人与实践育人是学科育人的应有之义，学科育人、综合育人、实践育人的内在统一性，是课程育人的应有之义。概而言之，在课程育人视角下，三者总体呈现"一体两翼"的关系，其中学科育人是主体，综合育人与实践育人是起支撑辅助作用的两翼。

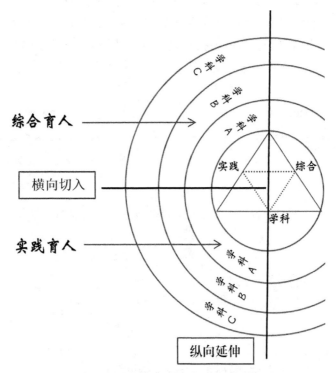

图2   课程育人视角下的综合育人与实践育人的关系

三、劳动课程实践育人的内在建构

劳动是实践最基础的形式，劳动课程是课程实践化最典型的体现。劳动学科是综合育人与实践育人的典型学科，对劳动学科的育人图谱研究对实践育人的落地具有很好的借鉴意义。

1.劳动课程理念的总体化统领

劳动课程理念通过育人导向、课程结构、课程内容、课程实施、课程评价、课程保障六个方面体现出来。

第一，在育人导向上，强调要发挥劳动课程的独特育人价值和综合育人价值。其中，独特育人价值体现在劳动课程在情感态度价值观、劳动知识与技能、劳动习惯与品质、劳动精神等方面的独特贡献；综合育人价值体现在对学生设计能力、问题解决能力、合作能力、实践能力以及社会责任感等综合性素养的培养。[1]挖掘劳动在树德、增智、强体、育美方面的育人价值，培育懂劳动、会劳动、爱劳动的时代新人。

第二，在课程结构上，明确说明要构建以实践为主线的课程结构，直接回应实践性的课程性质。阐明以实践为主线的劳动课程结构样态是以劳动项目为载体，以劳动任务群为基本单元，以学生经历体验劳动过程为基本要求。

第三，在课程内容上，要求加强与学生生活和社会实际的联系，体现劳动课程的社会属性。在选择三大劳动内容时应坚持因地制宜、宜工则工、宜农则农的基本原则，既要注重选择体现中华优秀传统文化和工匠精神的手工劳动内容，又要适当引入体现新形态、新技术、新工艺等的现代劳动内容，注重劳动课程内容的思想性与时代性表征。

第四，在课程实施上，倡导丰富多样的实践方式，总体要求学生亲历情境、亲手操作、亲身体验，经历完整的劳动实践过程；引导学生通过设计、制作、试验、淬炼、探究等方式在"做中学"，在"学中做"，实现动手实践、手脑并用、知行合一、学创融通的实践育人方式。

第五，在课程评价上，强调注重以核心素养为导向的综合评价。评价内容多维化，既要关注劳动成果，更要关注劳动过程表现；既要关注劳动知识技能，更要关注劳动观念、劳动习惯和品质、劳动精神。评价方法多样化，将平时表现评价与学段综合评价结合，定性评价与定量评价结合。评价主体多元化，以教师评价为主，灵活采用学生自评与互评、家长评价、专家评价等评价方式。

第六，在课程保障上，要求从四个方面加强重视，即重视建设劳动课程安全保障体系、强化学生劳动安全意识培养、制订劳动实践活动风险防控预案、建立应急与事故处理机制，确保劳动课程安全有序实施。

---

[1]顾建军,管光海.系统建设劳动课程落实劳动教育:义务教育劳动课程标准(2022年版)解读[J].基础教育课程,2022(9).

2. 劳动课程内容的结构化组成

义务教育劳动课程以培养学生的核心素养为导向，围绕三大劳动内容，即日常生活劳动、生产劳动和服务性劳动，以任务群为基本单元，构建内容结构。劳动课程内容共设置十个任务群，每个任务群由若干项目组成。其中，日常生活劳动包括清洁与卫生、整理与收纳、烹饪与营养、家用器具使用与维护四个任务群；生产劳动包括农业生产劳动、传统工艺制作、工业生产劳动、新技术体验与应用四个任务群；服务性劳动包括现代服务业劳动、公益劳动与志愿服务两个任务群。

其中，1~2 年级侧重在日常生活劳动、生产劳动内容中选择，对服务性劳动不做要求，有条件的学校可结合实际情况开展。3~4 年级及以上各学段应涵盖三类劳动内容。5~9 年级的清洁与卫生劳动要求，可与同学段其他任务群融合实施，同时结合日常课外劳动和家庭劳动要求开展。7~9 年级结合相关任务群开展生涯规划教育。学校可结合实际，自主选择确定各年级的任务群学习数量，鼓励有条件的地区和学校在整个义务教育阶段课程内容涵盖十个任务群。

内容决定方式，依托劳动课程内容的组织结构，各学段任务群单元的活动建议强调单元教学、项目学习、主题活动、劳动实践等育人方式。劳动课程作为实施劳动教育的重要途径，平均每周不少于 1 课时，用于活动策划、技能指导、练习实践、总结交流等学习活动。素养表现的四个维度（劳动观念、劳动能力、劳动习惯和品质、劳动精神）的质量结构引领着内容的选择组织，承托着课程实施的质量要求。

3. 劳动课程实施的实践化要求

课程内容的选择组织、课程实施的方式方法、课程评价的引领跟进综合保障培养核心素养的落地，劳动课程的内容要求明确学什么，实施建议明确怎么学，素养要求明确学到什么程度，整体体现以落实培养劳动素养为核心的"学—教—评"一致性理念（见图 3）。

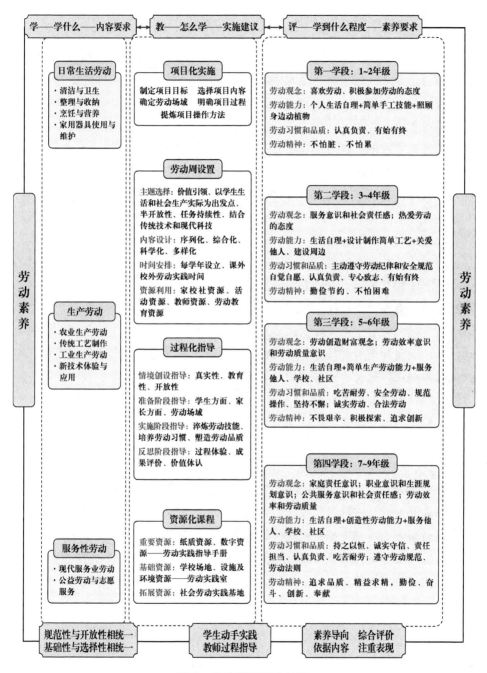

图3　劳动课程实施结构

　　学什么：依据素养化课程目标，确立了三大类劳动教育内容，十个任务群。劳动任务群的设计与实施具有规范性与开放性相统一、基础性与选择性相统一的要求。

　　怎么学：学生怎么学取决于教师如何教。"实践性是劳动课程的重要特性，无论是劳动观念的体悟、劳动习惯和品质的养成，还是劳动精神的树立，都是以主客体相互作用的劳动实践过程为中介的。"[1]需要坚持以学生动手实践为主的基本要求。

　　"劳动实践既是课程建构的逻辑主线，又是课程实施的基本方式。"[2]劳动项目是劳动课程内容重要的实施载体，在项目化实施过程中需要依据"整体规划、纵向推进、因地制宜、各有侧重"的原则进行项目安排，合理优化项目实施流程，包括制定项目目标、选择项目内容、确定劳动场域、明确项目过程、提炼项目操作方法等方面。

　　劳动周是拓展劳动教育的又一重要实施途径，劳动周与每周至少1课时的劳动课不能相互替代，劳动周的设计包括主题选择、内容设计、时间安排、资源利用四个方面。在选择主题时要注重价值引领，结合传统技术和现代科技，以学生生活和社会生产实际为出发点，设计半开放性的劳动主题和持续性的劳动任务，同时注重劳动任务的序列化、综合化、科学化以及形态的多样化。学校应统筹利用好社会、家庭和学校的现有资源、各类活动资源、教师资源，多方优化和开发劳动教育资源。

　　无论是劳动项目的实施还是劳动周的开展，学生都是实践任务的操作者和完成者，教师是学生的启发者和指导者，教师指导应贯穿情境创设、准备阶段、实施阶段、反思阶段的全过程，对劳动过程中的关键步骤、技能操作做到及时点拨，指导学生及时解决出现的问题。创设的情境要注重真实性，凸显教育性，体现开放性；在准备阶段，需要结合学生、家长、劳动场域等方面的准备情况进行指导；劳动实施阶段是劳动实践的核心环节，主要进行学生劳动技能的淬炼、劳动习惯的培养及劳动品质的塑造；在劳动反思阶段，围绕过程体验、成果评价、价值体认，引导学生理解劳动实践的价值与意义，养成反思交流的习惯。

---

[1]顾建军.建构一体化劳动课程 为义务教育劳动育人奠基：《义务教育劳动课程标准（2022年版）》解读[J].全球教育展望，2022（7）.
[2]同上

劳动课程资源是实施劳动课程的必要条件，要与家庭、社会协同进行课程资源的开发，其资源形式主要包括纸质资源、数字资源，学校场地、设施及环境资源、社会劳动实践基地，实现课程资源的共建共享。

学到什么程度：劳动素养要求以素养为导向，依据内容，注重表现，阐述了各学段学生素养发展水平，帮助课程实施者明确各学段学生劳动素养的具体表现特征。劳动素养的进阶式培养避免了劳动素养抽象化导致劳动教育脱离实际而被形式化、虚化、弱化等问题，为教学实践和综合评价提供重要依据。可以看到，内容要求、实施建议、素养要求三个方面以劳动素养为核心主线，形成了一个立体的、动态的劳动课程实施结构。

第三节　综合与实践育人的意义

一、综合与实践育人可以持续深化基础教育课程教学改革

实现立德树人的根本任务，需要构建德智体美劳全面发展的培养体系。从2001年第八次基础教育课程改革以来，促进课程整合，推进课程综合化与实践性发展成为课程改革的风向标。多学科整合的趋势成为课程实施的特征之一，主要体现在：第一，加强学科之间的综合性；第二，设置综合课程；第三，增设综合实践课程。2022年义务教育课程方案和课程标准颁布后，课程的综合性与实践性实现制度化普及，学习方式与课程内容实现最终统一。可以看到，从设置综合课程到变革育人方式，基础教育课程教学改革的深化都指向课程的综合育人与实践育人理念的落地。

二、综合与实践育人是培养学生核心素养的内在遵循

实现立德树人的根本任务，培养德智体美劳全面发展的人，聚焦学生核心素养的培养，是教育的目标追求。学生发展的核心素养体系是围绕人的全面发展提出的，它包括文化基础、社会参与和自主发展3个维度和18种具体素养，它们相互关联、相互影响，共同构成了全面发展的人应该具备的整体素养，这里的核心素养体系体现的是整体主义的价值观。这里的"人"不是单一价值取向的工具人，而是具有多元价值取向的社会人。落实这一目标，要求课程具有整体性、综合性与实践性。一方面，加强学科间知识的融合与整合，另一方面，

强化课程协同育人功能，变革育人方式，突出实践育人实效。

三、综合与实践育人是促进学校课程高质量发展的实践路径

不论以何种方式进行课程改革，通过优化结构来提升课程质量成为多数国家共同的选择。研究不同国家的课程改革历程可以发现，课程结构调整凸显了综合性与系统性，课程综合化促进课程结构合理化。随着我国课程改革的不断推进，学校课程综合化的建构与实施也在探索阶段。一般认为，合理的课程结构应该包括以下关键要素：三级课程整合、开设综合课程、学科课程内容综合化、跨学科综合教学、高质量实施综合实践活动课程等。学校是课程综合化实践的主体，学校课程综合化促进了课程结构的调整，但学校课程综合化建构与实施的广度与深度还远远不够。例如，学科本位论依旧占优势，学科知识之间、学科与学科之间缺少综合或者综合程度较低；综合课程仍没有摆脱早期"拼盘"现象，内在整合不到位；综合实践活动课程实施弱化、知识化；课程与社会、与生活之间的融合度较低，缺乏相应的机制；学校对课程综合化管理缺位以及领导教师缺乏综合化理念；等等。这些不同程度地体现出学校课程综合化的不足，阻碍了学校课程高质量发展的进程。学校层面的课程综合化有三种形态：课程结构层面的整合、科目层面的整合和以综合教学为样态的课堂层面的整合。

四、综合与实践育人可以推进育人方式变革的终端激活

课程的综合化与实践性发展决定了知识的整体性与动态性呈现，减少了学生学习的课程门类，在很大程度上避免了学科内容的重复，帮助学生消除各科知识之间的壁垒。在解决现实问题的过程中，单一学科知识的局限性会转向多门学科知识的综合应用，学生统整运用学科内与学科间的知识，不断进行逻辑演绎、提出问题和验证假设，进而找到解决问题的最佳方案，学生系统建构知识体系与解决问题的能力得到提升，学生的学习方式灵活多变，有利于培养创新思维和实践能力，促进知识向素养的转化。这一知识统整运用的过程发展了学生对学科知识整体理解与把握的能力，其知识体系得以融通并建立起深度关联。这种关联可使学生形成洞察情境变化与意义生成的能力，从而超越知识运用情境束缚，在知识"境域"的重构中，获得个体素养的形成与发展。[1]

---

①叶波. 化知识为素养：现实困境、理论阐释与教学实现 [J]. 中国教育学刊，2021（8）.

第二章

加强课程综合：综合课程

第一节 综合课程的理解

在当今飞速发展的时代，教育作为推动社会进步的重要力量，面临诸多挑战与机遇。其中，综合课程以其独特的价值和意义，在教育领域中逐渐崭露头角，占据着至关重要的地位。综合课程犹如一座桥梁，连接着不同学科的知识岛屿，打破了传统学科之间的壁垒，为学生构建了一个丰富多彩、多元融合的学习世界。它不仅是知识的简单组合，更是教育理念的创新与实践，对于培养学生的综合素养具有不可忽视的作用。在综合课程的引领下，学生不再局限于单一学科的狭隘视野，而是能够从多个角度去认识和理解世界，培养出批判性思维、创新能力和问题解决能力等关键素养。

综合课程对培养学生的综合素养起着举足轻重的作用。它打破学科界限，让学生在知识的海洋中自由穿梭，不仅汲取各学科的专业知识，更能培养批判性思维、创新能力和团队协作精神等综合素质。学生不再是单一学科知识的被动接受者，而是积极主动的探索者和创造者，在综合课程的引领下塑造出全面发展的人格。促进知识的融会贯通是综合课程的又一重大贡献。在这个知识大爆炸的时代，学科之间的联系日益紧密。综合课程恰似一座桥梁，将不同学科的知识有机融合，帮助学生构建起完整的知识体系。学生能够深刻体会到知识的相互依存和相互促进，从而更好地理解世界的复杂性和多样性。同时，综合课程也能适应社会的多元化需求。社会的快速发展对人才提出了更高的要求，具备跨学科能力和综合素养的创新型人才备受青睐。综合课程正是为了满足这一需求而存在的，它为学生提供了丰富的学习体验和实践机会，使他们能够更好地适应未来社会的挑战。

综合课程在教育领域中具有不可替代的重要地位。深入理解综合课程，是把握教育发展趋势的必然选择。只有深刻领会其内涵和价值，才能优化课程设计与实施，提高教育教学质量，为培养全面发展的创新型人才奠定坚实基础。让我们共同探索综合课程的奥秘，为推动教育事业的发展贡献自己的力量。

一、综合课程的属性和概念界定

要界定综合课程，必须先分析其固有的属性。我们认为，综合课程所具有的属性具体表现为以下几个方面[①]。

（一）综合课程以特殊的手段和方法实现教育的固有目的

由于综合课程对于学生特殊的教育作用以及社会对综合型人才的呼唤，设计、开发和实施综合课程已成为一种潮流。综合课程所包容的知识在某个主题或概念上具有相关性或共性，综合的主题或概念在学生的生活经验范围和理解范围之内，有助于学生的发展。

（二）综合课程是课程"整合"而非"拼合"

综合课程这一概念源自西方，在英文中，这一概念中的"综合"一词的表述是"integration"。当然，人们对不同情境中的综合课程的表述会分别选取这一单词的形容词形式、过去分词形式和现在分词形式，即"integrative""integrated"和"integrating"。这一单词在汉语中有多重含义，如"综合""整合""融合""集成""一体化"等。英文中还有一个词表达"综合"，即"comprehensive"，如"comprehensive school"一般译为"综合学校"或"综合中学"。为什么人们用"integration"而不用"comprehensive"来表述综合课程呢？其实，二者在含义上既有相近之处，也有本质区别。"integration"的主要内涵为"整合"，即由系统的整体性及其在系统核心的统摄、凝聚作用而导致的使若干相关部分或因素合成一个新的统一整体的建构、序化的过程。[②]这一过程将导致生成一个新的事物。而"comprehensive"的基本含义为组合、拼合，即将两个或两个以上的物进行简单粘连的过程，这一过程并不意味着一个新事物的生成。"integration"与"comprehensive"的这种区别表明，综合课程中的"综合"不是指单纯地将被分割的东西拼凑在一起，也不是指简单地把各门学科聚合起来，或在同一个主题下包容所有学科的知识，综合课程是指把本来具有内在联系而被人为地割裂的内容重新整合为一体的课程模式。这种内在联系是自然的和真实的，而非人为的和勉强的。综合课程之于课程内容的主旨，与其说是建立联系，不如说是发现联系，它要求教师不仅应发现学科知

---

①崔玉中.关于综合课程概念的界定[J].山东理工大学学报（社会科学版），2004（2）.
②黄宏伟.整合概念及其哲学意蕴[J].学术月刊，1995（9）.

识与目标所具有的内在关联性或共同性，而且应使学生以自然的方式去认识学科间的这种内在关联。

（三）综合课程是相对的和灵活的

尽管综合课程作为课程的一种组织形式是与分科课程相对的概念，然而，综合和分化又绝对不是势不两立的。综合课程与分科课程之间没有清晰的界限，二者之间有着较大范围的交融地带。综合课程并非排斥学科（科目）的分类，而分科课程中，一门学科的教学单元也可以以综合的形式进行教学。杜威就曾指出，分科不必导致学科间的隔离，作为综合课程的典型范例，美国的"2061计划"也划分出新的五大类学科。因此，综合课程并不是否认学科的设置，而是试图建立各学科的联系，使学科之间的界限变得富有弹性。此外，对学科知识的综合因具体情境的变化而有不同的方式，学科的综合和分化应当是相对的。综合了几门学科的知识而形成的新学科最初相对于原来的学科而言是综合性的或跨学科的，但当新学科本身形成了一套完整而不变的体系并独立于其他学科时，它的综合性便弱化了。换言之，学科的综合是动态的过程，分与合要依据实际的需要灵活变化，它不可能有固定不变的模式。这种课程从许多方面来看是源于一个动态的、不断变化的社会环境。

（四）综合课程是有组织、有计划的

无论综合课程的开发主体是教师还是学生，抑或二者兼具，无论综合课程有多么大的灵活性，对于特定的教师和学生群体而言，每一项综合课程的设计、开发和实施都应当是有计划的。具体而言，教师必须考虑到不同学科知识的关联性甚至重叠性，然后明确制订综合课程计划的目的，寻求实施综合课程、综合教学以及开展综合学习的方式，确定综合课程在课程结构中的地位，选择对综合教学或学习实施评价的手段、方式和方法。总之，综合课程的设计、开发和实施，应当有计划、有组织、有条不紊地进行。

通过上述对综合课程属性的分析，我们可以给出综合课程的如下定义：综合课程是将具有内在逻辑或价值关联的原有分科课程内容以及其他形式的课程内容统整在一起，旨在消除各类知识之间的界限，使学生形成关于世界的整体性认识和全新观念，并养成深刻理解和灵活运用各种知识，综合解决现实问题能力的一种课程模式[1]。

---

[1]钟启泉.综合课程论[M].上海：上海教育出版社，2002.

如果将这一定义进行分解，可以得出关于综合课程的如下具体内涵：第一，综合课程所涵盖的课程内容既有学科知识，又有学生获得的主体经验；第二，综合课程以统整的方式将所有课程内容组织在一起；第三，综合课程将所有课程内容组织在一起的依据是课程内容之间的内在逻辑联系，如课程内容属性的关联性和课程内容价值或功能的关联性等；第四，综合课程的价值、职能表现为消除学生原有知识体系中各类知识之间的界限，使学生形成关于世界的整体性认识和全新观念，深刻理解和灵活运用知识，提高综合解决现实问题的相关能力。

应当强调的是，综合课程是一个对学校课程内容进行统整的宏观观念，是对学校课程综合化的一种概括称谓。尽管综合课程是一种课程模式，但它提供给人们的与其说是某种课程的某种运行方式或操作程序，不如说是实现课程综合化的理念。在这种理念的指导下，人们可以根据教育的实际情况和需要开发、设置真正具有可操作性的综合课程的范式。从这个意义上讲，凡是具有上述属性的课程范式都可纳入综合课程的概念范畴，诸如相关课程、交叉课程、广域课程、核心课程以及经验课程等，不过它们只是人们已经开发的并广泛运用的综合课程的具体表现形式。

二、综合课程的历史起源

综合课程在教育领域的发展历程源远流长，其起源可追溯至古代社会，历经近代的初步探索，到现代实现了广泛的兴起与发展。

（一）古代教育中的综合课程思想萌芽

在古代社会，尽管教育内容尚未形成明确的现代学科划分，但其中已然蕴含着综合课程的思想萌芽。

1.古希腊的综合教育理念

古希腊的教育以培养公民的全面素养为目标，其教育内容丰富多样，涵盖了文法、修辞、辩证法、算术、几何、天文、音乐等多个领域[①]。在古希腊的教育体系中，这些知识并非孤立地进行传授，而是相互关联、相互渗透。例如，学习文法不仅是为了掌握语言的规则，更是为了更好地理解文学作品，而文学

---

① 李立国.古代希腊教育 [M].北京：教育科学出版社，2010.

作品中又常常涉及历史、哲学等方面的内容。修辞的学习则需要运用逻辑思维和语言技巧,这与辩证法的学习密切相关。同时,天文知识的学习也不仅仅是对天体现象的观察和研究,还涉及数学和几何学的应用。这种多学科知识的融合体现了一种朴素的综合教育理念。

2. 中国古代儒家教育的综合性特征

中国古代的儒家教育强调"六艺"(礼、乐、射、御、书、数)的学习。"礼"旨在培养学生的道德规范和社会礼仪,涵盖了伦理、政治等多方面的内容;"乐"则注重培养学生的艺术修养和审美能力,同时也具有陶冶情操、协调人际关系的作用;"射"和"御"主要是体育方面的教育,培养学生的身体素质和军事技能;"书"和"数"分别涉及文化知识和数学运算,为学生的智力发展提供基础。这种教育模式旨在培养学生在道德、文化、体育等方面的综合能力,具有一定的综合性特征。例如,在学习"礼"的过程中,可能会涉及历史典故和文学作品的引用,从而与"书"的学习相互关联。同时,"乐"的教育也常常与礼仪活动相结合,体现了艺术与道德的融合[①]。

(二)近代综合课程的初步发展

随着科学技术的不断发展和学科分类的日益细化,近代教育逐渐形成了以学科为中心的课程体系。然而,在这一过程中,人们也开始意识到学科分化带来的局限性。学科分化使知识被割裂成各个独立的领域,学生在学习过程中往往只能接触到单一学科的知识,缺乏对不同学科之间联系的认识。这种知识的割裂不利于学生形成全面的知识体系和综合的思维能力。此外,学科分化也容易导致学生综合能力不足。例如,单纯注重学科知识的学习,可能会忽视学生的实践能力、创新能力和社会责任感的培养。

1. 杜威的教育思想与实践

19 世纪末 20 世纪初,美国教育家约翰·杜威(John Dewey)提出了"儿童中心主义"和"做中学"的教育思想[②]。杜威强调教育要与儿童的生活经验相结合,认为学校教育应该是一种能够反映儿童生活实际的活动。在他的教育理念中,学校应通过活动课程的形式,将不同学科的知识融合在一起,促进学生的全面发展。例如,在一个关于社区建设的活动课程中,学生可能需要运用

---

①毛礼锐,瞿菊农,邵鹤亭. 中国古代教育史 [M]. 北京:人民教育出版社,1997.
②陈春莲. 杜威道德教育思想研究 [M]. 北京:中国社会出版社,2017.

数学知识进行测量和计算，运用地理知识了解社区的位置和环境，运用社会学知识分析社区的人口结构和社会问题，运用艺术知识进行社区美化设计等。这种将不同学科知识融合在实际活动中的教学方式，打破了学科之间的界限，培养了学生的综合思维能力和解决实际问题的能力。

2. 实验学校的综合课程尝试

这一时期，一些实验学校开始尝试开设综合课程，如综合文科、综合理科等，为综合课程的发展奠定了初步基础。这些实验学校通常采用项目式学习、主题式教学等方法，将不同学科的知识围绕一个主题或项目进行整合。例如，在综合理科的教学中，可能会以一个实际的科学问题为线索，引导学生运用物理、化学、生物等学科的知识进行探究。在综合文科的教学中，可能会以一个历史事件为背景，让学生从文学、历史、地理等多个角度进行分析和讨论。这些尝试为后来综合课程的发展提供了宝贵的经验。

（三）现代综合课程的兴起与发展

第二次世界大战后，科学技术的飞速发展和社会问题的日益复杂，对人才的综合素质提出了更高的要求。科学技术的飞速发展使得学科之间的交叉融合日益频繁，许多重大的科学发现和技术创新往往需要多学科的知识和方法。同时，社会问题的日益复杂也需要人们具备综合的思维能力和解决问题的能力。例如，环境污染问题需要运用化学、生物学、地理学等多学科的知识进行分析和解决；社会经济发展问题需要综合考虑政治、经济、文化等多方面的因素。在这种背景下，传统的以学科为中心的课程体系已经难以满足社会对人才的需求，综合课程得到了广泛关注和迅速发展。

1. 美国的"学科结构运动"

20 世纪 60 年代，美国掀起了一场"学科结构运动"，强调要以学科的基本结构为核心来设计课程。这一运动认为，学生只有掌握了学科的基本结构，才能更好地理解和应用学科知识。同时，这一运动也注重学科之间的联系和综合，认为不同学科的基本结构之间存在着一定的相似性和关联性。在"学科结构运动"的推动下，出现了许多新型的综合课程模式，如核心课程、融合课程、广域课程等[①]。核心课程围绕一个核心问题或主题，整合多个学科的知识；融合课程将不同学科的内容融合在一起，形成一门新的学科；广域课程则将具有逻辑相关性的一组学科归纳组成一个领域，进行综合教学。这些新型的综合课

①张斌贤.美国教育改革：1890—1920 年 [M].北京：中国人民大学出版社，2019.

程模式为学生提供了更广阔的学习空间和更丰富的学习资源,有助于培养学生的综合素养和创新能力。

2.综合课程在世界各国的发展

综合课程在世界各国的教育改革中逐渐成为重要的课程形态,不断得到发展和完善。许多国家纷纷制定了综合课程的政策和标准,鼓励学校开发和实施综合课程。例如,英国在中小学课程中强调跨学科学习和主题式教学,注重培养学生的综合思维能力和实践能力。日本也在课程改革中加强了综合课程的设置,如综合理科、综合社会科学等,以适应社会发展的需求。在我国,随着教育改革的不断深入,综合课程也得到了越来越多的重视。一些地区和学校积极探索综合课程的实施模式,如开展项目式学习、主题式教学、综合实践活动等,取得了一定的成效。

综合课程以其综合性、实践性和开放性的特点,为培养具有创新精神和实践能力的高素质人才提供了有力的支持。在未来的教育发展中,综合课程将继续发挥重要作用,不断推动教育改革和创新。

三、综合课程实践中的代表人物及其思想

(一)杜威

杜威是美国实用主义哲学的代表人物,也是对现代教育产生深远影响的教育家。他的教育思想在综合课程的发展历程中占据着重要地位。

杜威所处的时代,传统教育面临着诸多挑战。他深刻认识到传统教育过于强调学科知识的传授,忽视了学生的实际经验和兴趣。杜威提出了"儿童中心主义",认为教育应该以儿童为中心,关注儿童的生活经验和兴趣爱好[1]。在综合课程中,这一理念体现为课程内容的选择和教学方法的设计应以学生的需求和兴趣为出发点。例如,在开展关于"城市可持续发展"的综合课程时,可以先了解学生对城市环境、交通、能源等方面的兴趣点,然后围绕这些兴趣点整合地理、生物、化学、政治等多学科知识,让学生在学习过程中感受到知识与生活的紧密联系。

"做中学"是杜威教育思想的另一个重要方面。他主张将学校教育与社会

①张华.课程与教学论[M].上海:上海教育出版社,2000.

生活紧密联系起来，打破学科界限，开设活动课程，让学生在实践中学习和应用知识。在综合课程的实施中，"做中学"可以通过项目式学习、实地考察、实验探究等方式实现。比如，在进行"植物的生长与环境"综合课程时，学生可以亲自种植植物，观察记录植物的生长过程，同时结合生物学、地理学、化学等知识，分析土壤、水分、光照等环境因素对植物生长的影响。这种学习方式不仅能激发学生的学习兴趣和积极性，还能培养学生的实践能力和创新思维。

杜威的教育思想为综合课程的实践提供了重要的理论指导。他强调学生的主体地位和实践能力的培养，与综合课程的目标和特点高度契合。在综合课程的教学中，教师可以借鉴杜威的思想，引导学生积极参与实践活动，让学生在解决实际问题的过程中掌握多学科知识，提高综合素养。

（二）赫伯特·斯宾塞（Herbert Spencer）

斯宾塞是英国著名的哲学家、社会学家和教育家。他的教育思想对综合课程的发展产生了一定的影响[①]。

斯宾塞提出了"科学知识最有价值"的观点。在他看来，科学知识是人类知识体系中最重要的部分，应该在学校教育中占据主导地位。这一观点为综合课程的内容选择提供了重要的参考依据。在综合课程中，可以将科学知识作为核心内容，同时整合人文、社会等其他领域的知识，使学生形成全面的知识体系。例如，在设计"科技创新与社会发展"综合课程时，可以以科学技术的发展为主线，融入历史、政治、经济等学科知识，让学生了解科技创新对社会进步的推动作用。

斯宾塞还主张按照科学知识的逻辑顺序来组织课程内容，同时注重学科之间的联系和综合。按照科学知识的逻辑顺序组织课程内容，可以使学生系统地掌握知识，避免知识的碎片化；注重学科之间的联系和综合，则有助于培养学生的跨学科思维能力。在综合课程的实施中，可以根据科学知识的逻辑顺序和学科之间的联系，设计课程结构和教学内容。比如，在进行"生态系统与环境保护"综合课程时，可以先从生物学的角度介绍生态系统的组成和功能，然后引入地理学、化学等学科知识，分析人类活动对生态系统的影响以及环境保护的措施。

[①]王策三.教学论稿[M].北京：人民教育出版社，1985.

（三）拉尔夫·泰勒（Ralph Tyler）

泰勒是美国著名的课程理论家，他提出的"泰勒原理"为课程开发提供了系统的方法和框架[①]。

"泰勒原理"包括确定教育目标、选择教育经验、组织教育经验、评价教育计划四个基本问题。在综合课程的设计与开发中，这一原理具有重要的指导意义。首先，确定教育目标是综合课程开发的核心。综合课程的教育目标应该体现学生的综合素养和创新能力的培养，如跨学科思维能力、问题解决能力、团队合作能力等。其次，选择教育经验是关键。教育经验应该与教育目标相符，能够帮助学生实现教育目标。在综合课程中，可以选择学科知识、实践活动、社会调查等多种形式的教育经验。再次，组织教育经验是重要环节。可以根据学科的逻辑顺序和学生的心理顺序来组织课程内容，也可以采用横向组织的方式，将相关的学科知识整合在一起。最后，评价教育计划是保障。评价应该贯穿综合课程开发的全过程，采用多元化的评价方式，全面评价学生的学习成果和发展潜力。

泰勒的课程理论为综合课程的设计与开发提供了科学的方法和框架，有助于提高综合课程的教学质量和效果。

（四）约瑟夫·施瓦布（Joseph Schwab）

施瓦布是美国著名的课程理论家，他提出的"实践课程模式"对综合课程的实施具有重要的启示作用[②]。

施瓦布强调课程的实践本质和教师在课程开发中的核心地位。他认为课程不是预先设定的固定的知识体系，而是教师和学生在具体的教育情境中共同创造和生成的。在综合课程的实施中，这一理念要求教师关注学生的实际需求和兴趣，以实践问题为核心来组织课程内容，通过师生的共同探究和实践活动来促进课程的发展。例如，在开展"社区服务与社会责任感"综合课程时，教师可以引导学生关注社区中的实际问题，如环境卫生、老年人关爱等，然后组织学生进行实地调研、制定解决方案、实施服务活动。在这个过程中，学生不仅能学到多学科知识，还能培养社会责任感和实践能力。

---

① 钟启泉，汪霞，王文静.课程与教学论 [M].上海：华东师范大学出版社，2008.
② 汪霞.课程理论与课程改革 [M].合肥：安徽教育出版社，2007.

施瓦布的思想强调了学生的主体参与和教师的课程创生能力在综合课程中的重要性。学生主体参与可以激发他们的学习兴趣和积极性，提高学习效果。课程创生能力促使教师根据学生的特点和实际情况，设计出富有特色的综合课程，满足学生的个性化需求。

四、综合课程的具体形态及其价值导向

综合课程编制的基本方法有两种：一种是保留学科划分，但扩大学科所包容的范围，加强学科之间的联系；另一种是取消学科划分，以问题或活动为中心组织课程[①]。显然，这两种方法在综合程度上是有差别的，前者只是一些初步的整合，后者的整合程度则要高得多。随着理论上的探究和实践上的探索，这两种方法逐渐趋于融合。目前，国内外学者探讨最多、最成熟的综合课程形态主要有：相关课程、融合课程、广域课程、核心课程以及活动课程（经验课程）等。

相关课程依据知识内容的关联性而把两门或两门以上的独立学科沟通起来。它强调关联性，在学科之间寻求关联和联系，打破了学科之间彼此分割的状况，但仍保留了学科课程的形态，因此整合程度较低，如在地理、历史、公民课程之间建立联系，就形成相关课程。融合课程是指打破学科的框框，把两门或两门以上的学科课程融合在一起，从而形成一门新的综合性的课程，如把物理和化学融合为理科领域。广域课程依据学科的属性将具有相同或相近属性的学科课程整合为一个大的学科领域。它更加注重课程内容与社会问题的整合，避免了学科课程的偏狭和经验课程的盲目性，如设置广域的普通社会科学领域。核心课程以解决社会生活问题的综合经验为核心，围绕这一核心组织不同的学科内容，使其具有内在一致性、立体化的课程结构，使学生通过学习而形成对社会生活问题的一般理解。活动课程（经验课程）关注学生的经验和体验，完全取消学科，以学生的经验为中心组织课程。这类课程的知识必须高度综合，以学生经验的增长为主线，而且，这种知识的获得更多地靠学生的自主探究，而不是靠传统的课堂授课。

[①]杨明全.认识综合课程的意义、形态与价值[J].河南教育，2002（4）.

综合课程在价值导向上致力于打破分科课程"原子化"的、分科主义的思维模式对知识的条块分割以及对学生主体经验和心理发展的漠视，力图以多种形式把人为割裂的、以学科知识为中心的学科课程整合为具有综合性和整体性的课程，从而遵从学生经验和心理整体发展的逻辑，实现培养具有健全人格和均衡发展的新人的理想。可见，综合课程所体现的是一种整体主义的教育理念，它基于整体论的视野关照学生的认知、心理和经验的发展，以学生心理发展的逻辑而不是以知识发展的逻辑为依据组织课程内容。综合课程能够同学生的心理发展和社会要求相适应，涵盖相关学科的内容领域，提供给学生整体性的知识经验而不是零碎的知识。在教学上，综合课程实施合科教学而不是单科教学，能够关照学生的生活经验和体验，因而是一种更为人性化的课程。它充分体现出关注学生主体性和学生整体性发展的理想，能够关注学生的经验，因而能促进学生有意义地学习，对于弥补分科课程的弊端、优化学校课程结构有重要意义。

五、综合课程的特点

（一）综合性

综合课程的综合性是其较为突出的特点之一。这种综合性涵盖了多个层面，对学生的知识体系构建和思维能力发展有重要意义。

在知识内容方面，综合课程将不同学科的知识进行有机整合。例如，在一门跨学科的综合艺术课程中，可能融合音乐、美术、舞蹈等多个艺术领域的知识。学生不仅可以学习到不同艺术形式的表现手法和审美特点，还能通过对比和联系，深入理解艺术的本质和内涵。这种整合打破了传统学科之间的壁垒，使学生能够从更广阔的视角去认识世界。以一个关于历史与文学的综合课程为例，学生可以通过阅读历史文献和文学作品，了解不同历史时期的社会风貌和人们的思想情感。历史知识为文学作品的解读提供了背景，而文学作品又能使历史知识更加生动形象，两者相互促进，帮助学生建立起更加完整的知识体系。

综合性还体现在学习方法的综合运用上。综合课程鼓励学生运用不同学科的研究方法和思维方式来探究问题。在一个关于生态环境的综合课程中，学生可能需要运用生物学的观察实验方法、地理学的空间分析方法以及社会学的调查研究方法等①。通过这种多学科方法的综合运用，学生能够培养跨学科思维能力，提高解决复杂问题的能力。例如，在研究某一地区的生态问题时，学生可以从生物多样性、地理环境、人类活动等多个角度进行分析，提出综合性的解决方案。

（二）实践性

综合课程强调实践活动在学习中的重要性，这一特点有助于学生将理论知识与实际生活紧密结合，培养实践能力和创新精神。

实践活动是综合课程的重要组成部分。通过各种实践项目、实验探究、社会调查等活动，学生能够亲身体验知识的产生和应用过程。以一个关于科技创新的综合课程为例，学生可以参与科技小发明、实验设计等实践项目。在这个过程中，他们不仅能够运用所学的科学知识和技术，还能培养动手能力、创新思维和团队合作精神。通过实践活动，学生能够更好地理解和掌握不同学科知识之间的联系和相互作用。在一个关于农业可持续发展的综合课程中，学生可以进行实地考察，了解农作物的生长环境、种植技术以及农业生态系统的运作。同时，他们还可以运用生物学、化学、地理学等学科知识，分析土壤肥力、水资源利用、气候变化等因素对农业生产的影响，从而提出可持续发展的建议。

实践活动还能够提高学生解决实际问题的能力。在一个关于城市交通拥堵的综合课程项目中，学生需要进行社会调查，了解交通拥堵的原因和影响。然后，他们可以运用数学模型、工程学原理以及社会学的方法，提出改善交通拥堵的具体措施②。通过这样的实践活动，学生能够将所学的知识应用到实际问题中，提高解决问题的能力和综合素质。

（三）开放性

综合课程的开放性使其能够更好地适应社会发展的需求和学生的多样化需求。

在内容方面，综合课程不局限于传统的学科教材和课堂教学，而是能够根据社会发展的需求、学生的兴趣和实际情况进行灵活调整和拓展。例如，随着人工智能技术的快速发展，综合课程可以引入人工智能的相关知识和应用，让

---

①钟启泉，汪霞，王文静.课程与教学论 [M].上海：华东师范大学出版社，2008.
②陈向明.质的研究方法与社会科学研究 [M].北京：教育科学出版社，2000.

学生了解这一前沿科技领域的发展动态①。同时，综合课程还可以结合地方文化特色，开发具有地域特色的课程内容。比如，在一些历史文化名城，可以开设关于当地历史文化遗产的综合课程，让学生深入了解家乡的历史文化，增强文化自信。

开放性还体现在教学方法的多样化上。综合课程鼓励自主探究、合作学习、小组讨论等多种学习方式。在自主探究中，学生可以根据自己的兴趣和问题，选择研究课题，进行深入的探索和学习。合作学习和小组讨论则可以培养学生的团队合作精神和沟通能力。例如，在一个关于环境保护的综合课程中，学生可以组成小组，共同研究某一环境问题，通过分工合作，收集资料、分析问题、提出解决方案。这种多样化的教学方法为学生提供了广阔的学习空间和丰富的发展机会，满足了不同学生的学习需求。

（四）生成性

综合课程在实施过程中具有生成性的特点，这为学生的个性化发展提供了重要契机。由于综合课程强调学生的主动参与和探究学习，学生在学习过程中会根据自己的兴趣和经验，对课程内容进行深入的思考和探索，从而产生新的问题、观点和想法。例如，在关于文学创作的综合课程中，学生在阅读和分析文学作品的过程中，可能会产生自己的创作灵感，进而进行文学创作。这些生成性的内容不仅丰富了课程的内涵，也为学生的个性化发展提供了平台。

教师在综合课程的教学中，要善于捕捉学生的生成性资源，引导学生进行进一步的探究和学习。当学生提出新的问题或观点时，教师可以组织学生进行讨论和研究，激发学生的学习兴趣和创造力。在一个关于科学实验的综合课程中，学生可能在实验过程中发现一些意外的现象，教师可以引导学生对这些现象进行深入分析，探索其背后的科学原理②。教师通过对生成性资源的利用，促进学生知识的建构和能力的提升，使综合课程更加富有活力和成效。

六、综合课程的研究对象

综合课程作为一种具有独特价值的课程形式，其研究对象涵盖多个重要方面，对于推动教育教学的改革与发展具有关键意义。

---

① 李芒.信息化学习方式 [M].北京：北京师范大学出版社，2006.
② 教育部基础教育司.走进新课程：与课程实施者对话 [M].北京：北京师范大学出版社，2002.

（一）学科知识的整合与融合机制

学科知识的整合与融合是综合课程的核心任务之一。在当今知识爆炸的时代，单一学科的知识往往难以满足学生解决复杂问题的需求[①]。研究如何将不同学科的知识进行有机整合，需要深入探索学科之间的内在联系。例如，在数学与物理学科的整合中，可以研究力学问题中数学公式的应用以及物理现象背后的数学原理。通过分析两者的交叉点，找到知识融合的切入点，如利用数学建模解决物理实际问题。同时，还需根据学生的认知规律和学习需求进行知识的重组和优化。不同年龄段学生的认知水平和学习能力存在差异，因此在整合知识时要考虑到学生的接受程度。例如，对于小学阶段的学生，可以将简单的科学知识与数学的计数、测量等内容进行融合，以生动有趣的方式呈现；对于中学阶段的学生，则可以深入探讨化学与生物学科在环境科学领域的知识融合，引导他们从多个学科角度分析环境问题的成因和解决方案。

（二）课程设计与开发的理论与实践

综合课程的设计与开发需要遵循一定的原则和方法。在设计原则方面，要注重综合性、实践性、开放性和生成性[②]。综合性要求将不同学科的知识有机整合，实践性强调通过实践活动培养学生的能力，开放性意味着课程内容和教学方法要具有灵活性，生成性则关注学生在学习过程中的创造性和自主性。在方法和模式方面，可以研究以主题为核心设计综合课程。例如，以"可持续发展"为主题，整合地理、生物、化学、政治等多个学科的知识，设计一系列的教学活动。同时，还可以探索将项目式学习方法应用于综合课程的教学中。项目式学习能够让学生在实际项目中运用多学科知识，提高解决问题的能力和团队合作能力。在课程目标的确定上，要明确培养学生的综合思维能力、创新能力和社会责任感等目标。课程内容的选择与组织要紧密围绕主题，注重知识的关联性和实用性。教学方法的设计要多样化，包括小组讨论、实地考察、实验探究等。评价方式的构建要综合考虑学生的学习过程和学习成果，采用多元化的评价手段。

[①]张华.课程与教学论[M].上海：上海教育出版社，2000.
[②]钟启泉，汪霞，王文静.课程与教学论[M].上海：华东师范大学出版社，2008.

（三）学生的学习心理与学习行为

学生是综合课程的主体，了解学生在学习过程中的心理变化和学习行为特点对于提高教学效果至关重要。学生对综合课程的认知态度会影响他们的学习积极性。如果学生认为综合课程有趣、实用，他们就会更主动地参与学习。因此，需要研究如何激发学生的学习兴趣和主动性。教师可以通过设计有趣的教学活动、引入实际问题等方式吸引学生的注意力。学习动机的激发也是关键，教师要让学生明白综合课程对他们的未来发展有重要意义。在学习策略的运用方面，学生需要掌握跨学科学习的方法，如如何整合不同学科的知识、如何进行合作学习等。合作学习能力的培养对于综合课程尤为重要，学生在合作中可以相互交流、相互启发，提高学习效果。教师要研究学生在跨学科学习中遇到的困难和问题，如知识的衔接困难、思维方式的转换困难等，并通过教学指导帮助学生克服这些困难、解决相关问题。

（四）教师的专业素养与教学能力

教师是综合课程实施的关键人物，他们需要具备特定的专业素养和出色的教学能力。教师的跨学科知识结构是基础，要了解多个学科的知识内容和教学方法。课程整合能力要求教师能够将不同学科的知识有机融合，设计出具有连贯性和系统性的教学内容。教学设计与实施能力包括根据学生特点和教学目标设计教学活动、灵活运用各种教学方法、有效地组织课堂教学等。教学评价能力要求教师能够对学生的学习过程和学习成果进行全面、客观的评价。团队合作能力也很重要，教师需要与其他学科的教师合作，共同开发和实施综合课程。教师培训和教研活动可以提高教师的综合课程教学水平。例如，学校组织跨学科的培训课程，让教师了解不同学科的最新发展动态和教学方法；开展教研活动，让教师分享教学经验和教学资源。教师在综合课程教学中要发挥自身的专业优势，根据自己的学科背景和教学经验，为学生提供个性化的指导。

（五）综合课程与社会发展的关系

综合课程与社会政治、经济、文化等方面密切相关。社会需求对综合课程的影响不可忽视。随着社会的发展，社会对人才的综合素质要求越来越高。综合课程要适应社会发展的需求，培养具有社会责任感和创新精神的人才。例如，根据社会热点问题如人工智能、环境保护等调整综合课程的内容和方向。综合课程对学生的社会适应能力和职业发展也有重要作用，通过培养学生的综合思维能力和实践能力，提高他们在未来社会中的竞争力。同时，综合课程还可以传承和弘扬社会文化，将地方文化特色、传统文化等融入课程内容中，增强学生的文化认同感和民族自豪感。

七、综合课程的存在依据

（一）知识发展的内在要求

在当今时代，科学技术以前所未有的速度迅猛发展，知识的总量爆炸式增长。各个学科领域不断拓展深化，新的研究成果层出不穷。与此同时，学科之间的交叉融合日益频繁，许多重大的科学问题和社会问题已无法单纯依靠单一学科的知识和方法来解决。例如，在应对全球气候变化问题上，需要综合运用气象学、地质学、生态学、经济学等多学科的知识。气象学可以提供气候变化的监测数据和预测模型；地质学有助于了解地球历史上的气候变迁以及地质活动对气候的影响；生态学则关注生态系统对气候变化的响应和反馈；经济学可以分析应对气候变化的政策措施的成本效益。传统的学科课程体系往往将知识分割成独立的学科领域，学生在学习过程中容易形成片面的知识结构和狭隘的学科视野，难以适应知识综合化发展的趋势。

综合课程通过对不同学科知识的整合，打破了学科之间的壁垒，为学生提供了一个更广阔的知识视野。它能够使学生更好地把握知识的整体脉络，了解学科之间的相互关系。例如，在生物技术领域，生物学、化学、物理学、计算机科学等多个学科的知识相互交织：生物学提供了对生命现象的基本认识；化学为生物技术中的合成和分析提供了方法；物理学在生物技术的仪器设备开发中发挥着重要作用；计算机科学则为生物信息学和生物技术的自动化提供了支持。只有具备跨学科知识背景的人才，才能够在该领域取得创新成果，推动生物技术的不断发展。

（二）学生认知发展的规律

学生的认知发展是一个复杂而有序的过程，遵循着从整体到部分、从具体到抽象的规律。在小学和初中阶段，学生的认知水平较低，他们主要通过直观的、具体的经验来学习知识。他们对世界的认识往往是整体的、综合的，难以理解抽象的学科概念和理论。综合课程以主题或问题为核心，将相关的知识和经验整合在一起，符合学生的认知特点。例如，在小学阶段开展的以"植物的生长"

为主题的综合课程，通过让学生观察植物的生长过程、进行种植实验等活动，将科学、语文、美术等学科知识融合在一起。在这个过程中，学生可以通过直观的观察和实践，了解植物的生长规律、形态特征等科学知识；同时，通过语文的写作和表达，描述自己的感受；还可以通过美术的绘画和手工，表现植物的美丽和生机。这样的综合课程既符合学生的认知特点，又有助于促进学生对植物生长相关知识的整体认识。

随着学生年龄的增长和认知能力的提高，他们逐渐具备了对知识进行抽象概括和综合分析的能力。在这个阶段，综合课程能够进一步满足学生对知识深度和广度的需求，促进学生认知结构的完善和思维能力的发展。例如，在高中阶段的综合课程中，可以以"能源与环境"为主题，引导学生综合运用物理、化学、地理、政治等学科知识，分析能源的开发利用与环境保护之间的关系。学生在这个过程中，需要运用物理和化学知识理解能源的转化和利用原理；运用地理知识了解能源的分布和储备状况；运用政治知识探讨能源政策和环境保护法规。通过这样的综合课程，学生可以提高自己的综合分析能力和问题解决能力，培养批判性思维和创新思维。

（三）社会发展对人才培养的需求

现代社会的发展呈现出多元化、全球化和快速变化的特点，对人才的要求也越来越高。社会不仅需要具备扎实专业知识的人才，更需要具备较强综合素养和创新能力的人才。综合课程注重培养学生的综合能力、实践能力和创新精神，使学生在学习过程中学会运用多学科知识解决实际问题，提高学生的社会适应能力和竞争力。综合课程可以通过设置跨文化交流、国际合作项目等活动，培养学生的跨文化沟通能力；通过小组合作学习、项目式学习等方式，培养学生的团队协作能力；通过鼓励学生提出创新想法、进行创新实践等活动，培养学生的创新思维。这样的综合课程能够为学生提供这些能力培养的平台，使学生更好地适应未来社会的发展需求。

（四）课程改革的必然趋势

课程改革是教育发展的永恒主题，其目的是提高教育教学质量，培养适应社会发展需要的人才。传统的学科课程体系在课程目标、课程内容、教学方法等方面存在一些弊端，难以满足现代教育的发展需求。传统学科课程体系往往过于强调学科本位，注重知识的系统性和逻辑性，但容易忽视知识的实际应用和学生的综合能力培养。同时，科目过多也容易导致学生学习负担过重，缺乏对知识的整合和综合运用能力。此外，传统的教学方法往往以教师讲授为主，学生被动接受知识，缺乏主动性和创造性。

综合课程作为一种新型且具有重要教育价值的课程形态，能够弥补学科课程的不足，促进课程体系的优化和完善。它强调知识的整合和综合运用，注重培养学生的综合能力和创新精神。世界各国的课程改革都将综合课程作为重要的改革方向之一，我国新一轮基础教育课程改革也强调要改变课程结构过于强调学科本位、科目过多和缺乏整合的现状，设置综合课程以体现课程结构的均衡性、综合性和选择性。综合课程的设置既可以促进学科之间的融合，打破学科壁垒，培养学生的跨学科思维和综合能力，又可以丰富课程内容，提高课程的趣味性和实用性，激发学生的学习兴趣和积极性。在教育理论与实践中，综合课程发挥着日益重要的作用，通过对其认真学习和深入探讨，我们能更加全面地认识和理解综合课程的本质和内涵。

综合课程的发展是知识发展、学生认知发展、社会发展以及课程改革等多方面因素共同作用的结果，顺应了时代发展的潮流，为培养具有综合素养和创新能力的人才提供了有力支持。在今后的教育教学实践中，我们应进一步加强对综合课程的研究与探索，不断优化课程设计与实施，提高教师的专业素养和教学能力，充分发挥综合课程的优势，为推动教育事业的发展做出更大的贡献。

第二节　综合课程的设计

综合课程作为一种重要的课程形式，在当今教育领域中发挥着越来越关键的作用。它打破了传统学科的界限，将不同学科的知识、技能和方法有机地融合在一起，以培养学生的综合素养和解决实际问题的能力。本节将从课程目标设计、教学内容设计、教学方法与策略设计以及评估方案设计等维度，深入探讨综合课程的设计，为综合与实践育人提供理论支持和实践指导[①]。

---

①张华．课程与教学论 [M].上海：上海教育出版社，2000.

一、综合课程目标设计

综合课程目标设计应从素养角度出发，着重培养学生多方面的综合素养，整合多学科思想，正确利用信息技术，注重培养社会责任感，努力培养全面发展的人，以适应未来社会的发展需求。

（一）明确核心素养导向

1.确定关键素养

分析综合课程所涉及的学科领域和主题内容，确定与之相关的关键核心素养，如创新能力、批判性思维、合作能力、沟通能力、问题解决能力等[1]。例如，在设计一门融合科学、技术、工程和数学（STEM）的综合课程时，可将培养学生的科学探究能力、工程设计思维和数学建模能力等作为核心素养目标。

参考国家教育政策和课程标准中提出的核心素养要求，确保课程目标与国家教育方向一致。例如，依据《中国学生发展核心素养》总体框架，结合综合课程的特点，确定学生在文化基础、自主发展和社会参与等方面的具体素养目标。

2.细化素养目标

将核心素养进一步细化为具体的、可测量的课程目标。例如，将"合作能力"细化为"能够在小组活动中积极倾听他人意见，主动表达自己的观点，共同完成任务，并对小组成员的贡献给予恰当评价"。

针对不同年级或学习阶段，制定层次递进的素养目标。如在小学低年级综合课程中，合作能力目标可以设定为"愿意与同学合作完成简单任务"；在小学中高年级则提升为"能够有效地与小组成员分工合作，解决较为复杂的问题"。

（二）整合多学科知识与技能

1.分析学科之间的关联性

深入研究综合课程所涵盖的各个学科领域，找出学科之间的内在联系和交叉点。例如，在设计一门"自然与社会"综合课程时，分析自然科学中的生态环境知识与社会科学中的人类活动对环境的影响之间的关联[2]。

---

[1]钟启泉.现代课程论[M].上海：上海教育出版社，2006.
[2]王策三.教学论稿[M].北京：人民教育出版社，1985.

绘制学科知识图谱，直观地展示学科之间的关系，为课程目标的整合提供依据。通过知识图谱，可以清晰地看到不同学科知识在综合课程中的位置和作用，有助于确定课程目标中需要涵盖的学科知识和技能。

2. 确定综合目标

基于学科关联性分析，制定融合多学科知识与技能的课程目标。例如，在一门"艺术与科技"综合课程中，目标可以设定为"学生能够运用艺术表现手法和科技手段，创作具有创新性的作品，展示对艺术与科技融合的理解和应用"。

课程目标既要体现学科知识的深度，又要注重学科之间的融合广度。例如，在"历史与地理"综合课程中，不仅要让学生掌握历史事件的发展脉络和地理环境的特点，还要引导学生理解历史事件与地理环境之间的相互影响。

（三）关注学生兴趣与需求

1. 了解学生兴趣

通过问卷调查、访谈等方式，了解学生的兴趣爱好、学习需求和期望。例如，针对小学生设计综合课程时，可以询问他们对动物、植物、太空探索等主题的兴趣，以便在课程目标中融入学生感兴趣的内容。

观察学生在日常学习和生活中的表现，发现他们的潜在兴趣点。例如，发现学生对校园内的植物生长变化很感兴趣，可以设计一门以"校园植物探秘"为主题的综合课程，将科学观察、艺术创作和语文写作等目标融入其中。

2. 满足学生需求

根据学生的年龄特点、认知水平和发展需求，确定课程目标的难度和深度。例如，对于低年级学生，课程目标应侧重于培养他们的观察力、好奇心和动手能力；对于高年级学生，则可以提高目标的抽象性和复杂性，培养他们的分析能力和综合思维。

考虑学生的未来发展需求，将课程目标与职业发展、社会生活等方面相结合。例如，在设计"信息技术与创新"综合课程时，可以将培养学生的编程能力、数字化创新思维等目标与未来信息技术行业的发展需求相联系。

（四）强调实践与体验

1. 设计实践活动

围绕课程目标，设计丰富多样的实践活动，让学生在实践中学习和应用知识与技能。例如，在"农业与生活"综合课程中，可以通过组织学生参观农场、种植蔬菜、制作农产品等实践活动，培养学生的劳动意识、科学探究能力和生活技能[1]。

实践活动应具有真实性和挑战性，能够激发学生的学习兴趣和积极性。例如，在"环保行动"综合课程中，可以让学生参与社区环保项目，调查环境污染问题，提出解决方案，并付诸实践，让学生在解决实际问题的过程中提高综合能力。

2. 注重体验式学习

在课程目标中强调学生的情感体验和价值观培养。例如，在"文化之旅"综合课程中，目标可以设定为"学生通过参观历史文化遗址、体验传统民俗活动，增强对本土文化的认同感和自豪感，培养尊重不同文化的价值观"[2]。

创造积极的学习体验，让学生在学习过程中感受到乐趣和成就感。例如，通过小组竞赛、作品展示等方式，让学生在竞争与合作中体验学习的乐趣，同时增强他们的自信心和自我效能感。

（五）确保可评估性

1. 制定评估标准

针对每个课程目标，制定明确的评估标准。评估标准应具体、可操作，能够客观地反映学生的学习成果。例如，对于"学生能够撰写一篇结构清晰、内容丰富的科学报告"这一目标，可以制定以下评估标准：报告结构完整，包括标题、摘要、引言、正文、结论等部分；内容准确，涵盖实验目的、方法、结果和讨论等方面；语言表达流畅，无错别字和语法错误。

评估标准可以采用等级制或量化指标，以便于对学生的学习成果进行准确评估。例如，对于"学生能够积极参与小组讨论，提出有价值的观点"这一目标，可以采用等级制评估标准，分为优秀、良好、合格和不合格四个等级，分别对应不同的参与程度和观点质量。

2. 选择评估方式

结合课程目标和学生特点，选择多样化的评估方式，包括形成性评估和总结性评估。形成性评估可以在教学过程中进行，如课堂提问、作业批改、小组

---

①裴娣娜. 现代教学论基础 [M]. 2 版. 北京：人民教育出版社，2015.
②李秉德. 教学论 [M]. 北京：人民教育出版社，2001.

讨论反馈等，及时了解学生的学习进展和存在的问题，为教学调整提供依据。总结性评估可以在课程结束时进行，如考试、项目报告、作品展示等，全面评估学生的学习成果。

除了教师评估，还可以引入学生自评和互评的方式，培养学生的自我反思和评价能力。例如，在项目式学习中，让学生对自己和小组成员的表现进行评价，提出改进建议，促进学生之间的相互学习和共同进步。

（六）设计课程目标

1.体现学科融合

在课程目标的设计中，明确体现学科融合的要求。课程目标应既包含各个学科的特定知识和技能目标，又强调学生在综合运用多个学科知识和技能解决问题方面的能力目标。例如，在"科学与艺术"综合课程中，目标可以设定为"学生能够运用科学知识解释艺术作品中的自然现象，同时运用艺术手法表现科学概念，提高科学与艺术的综合素养"。

课程目标可以采用"学科知识与技能＋综合能力"的表述方式，突出学科关联在课程目标中的重要性。例如，在"历史与地理"综合课程中，目标可以设定为"学生掌握历史事件的时间顺序和地理背景，能够分析历史事件与地理环境之间的相互关系，培养历史地理综合思维能力"。

2.分层次设计目标

根据学生的年龄特点、认知水平和学习能力，分层次设计课程目标。可以将课程目标分为基础目标、拓展目标和挑战目标三个层次，逐步提高学生的学科综合能力。例如，在小学低年级的"数学与艺术"综合课程中，基础目标可以是"学生认识简单的几何图形，能够用绘画的方式表现几何图形"；拓展目标可以是"学生运用几何图形进行组合创作，了解图形的对称与旋转等性质"；挑战目标可以是"学生设计并制作具有一定艺术价值的几何图形雕塑作品，展示对数学与艺术融合的理解和创新能力"。

3.关注情感态度价值观

在课程目标中融入情感态度价值观方面的目标，培养学生的跨学科思维、创新精神、合作意识和社会责任感等。例如，在"环保与可持续发展"综合课程中，目标可以设定为"学生树立环保意识，了解可持续发展的重要性，积极参与环保行动，培养关爱自然、珍惜资源的价值观"。

情感态度价值观目标可以通过实践活动、案例分析、小组讨论等教学方式来实现，让学生在学习过程中亲身体验和感悟学科关联的重要性和现实意义。

二、综合课程教学内容设计

综合课程作为一种跨学科的教育模式，旨在打破学科界限，培养学生的综合素养和解决实际问题的能力。教学内容设计是综合课程实施的关键环节，它直接影响教学效果和学生的学习成果。

（一）综合课程教学内容设计的原则

1. 整合性原则

综合课程的教学内容应整合多个学科的知识和技能，形成一个有机的整体。在设计教学内容时，要充分考虑学科之间的关联性和互补性，避免简单的知识叠加。例如，在设计"环境与可持续发展"综合课程时，可以整合地理、生物、化学等学科的知识，探讨环境问题的成因、影响和解决方案[1]。

2. 主题性原则

以主题为核心组织教学内容，使学生在学习过程中围绕一个明确的主题展开探究和思考。主题应具有现实意义和吸引力，能够激发学生的学习兴趣和积极性。例如，"科技创新与未来生活"主题可以引导学生综合运用物理、信息技术、艺术等学科的知识，畅想未来科技对生活的影响[2]。

3. 实践性原则

综合课程强调学生的实践能力和创新精神，教学内容应注重实践活动的设计。通过实验、调查、项目设计等实践活动，让学生在亲身体验中学习和应用知识，提高解决实际问题的能力。例如，在"农业与生态"综合课程中，可以组织学生进行农田生态系统调查和有机农业实践活动[3]。

4. 个性化原则

尊重学生的个性差异和学习需求，设计多样化的教学内容和学习活动，满足不同学生的发展要求。例如，在综合课程中设置选修模块或拓展性学习任务，让学生根据自己的兴趣和特长进行选择[4]。

①张华 . 课程与教学论 [M]. 上海：上海教育出版社，2000.
②钟启泉 . 现代课程论 [M]. 上海：上海教育出版社，2006.
③吴刚平 . 校本课程开发 [M]. 成都：四川教育出版社，2002.
④李臣之 . 综合实践活动课程开发 [M]. 北京：人民教育出版社，2003.

（二）综合课程教学内容设计的方法

1. 学科融合法

将不同学科的知识和技能进行融合，形成新的教学内容。可以采用学科交叉、主题整合、问题导向等方式进行学科融合。例如，在"数学与艺术"综合课程中，通过数学图形的艺术表现、艺术作品中的数学原理等内容，实现数学与艺术的融合[①]。

2. 项目驱动法

以项目为载体，组织教学内容。学生在完成项目的过程中，综合运用多个学科的知识和技能，提高解决实际问题的能力。项目可以是真实的问题情境或模拟的任务，如"校园垃圾分类项目""太阳能小车设计与制作项目"等[②]。

3. 主题探究法

围绕一个主题，引导学生进行探究式学习。通过提出问题、收集资料、分析讨论、得出结论等步骤，让学生在探究过程中掌握知识和技能。例如，在"历史文化名城保护"主题探究中，学生可以从历史、地理、建筑、文化等多个角度进行研究[③]。

（三）综合课程教学内容设计的策略

1. 选择合适的主题

主题的选择应考虑学生的年龄特点、兴趣爱好和认知水平，同时要具有一定的挑战性和现实意义。可以通过问卷调查、访谈等方式了解学生的需求和兴趣，结合社会热点问题和学科发展趋势确定主题。

2. 构建知识网络

以主题为核心，构建知识网络，明确各个学科在主题中的地位和作用。可以采用思维导图、概念图等工具，帮助学生梳理知识结构，建立知识之间的联系。

3. 设计多样化的学习活动

根据教学内容和学生特点，设计多样化的学习活动，如课堂讲授、小组讨论、实验探究、实地考察、作品展示等。不同的学习活动可以满足学生的不同学习需求，提高教学效果。

①王大根. 美术教育论 [M]. 上海：华东师范大学出版社，2000.

②徐国庆. 职业教育项目课程开发指南 [M]. 上海：华东师范大学出版社，2009.

③教育部基础教育司. 走进新课程：与课程实施者对话 [M]. 北京：北京师范大学出版社，2002.

4.整合教学资源

综合课程需要整合多个学科的教学资源，包括教材、教具、多媒体资源、实践基地等。教师要善于挖掘和利用各种教学资源，为教学内容的实施提供支持。

5.评价与反馈

建立科学合理的评价体系，对学生的学习过程和学习成果进行评价。评价方式可以包括形成性评价和总结性评价、教师评价和学生自评互评等。教师通过评价与反馈，及时了解学生的学习情况，调整教学策略，提高教学质量。

综合课程的教学内容设计是一个复杂的系统工程，需要遵循整合性、主题性、实践性和个性化原则，采用学科融合法、项目驱动法、主题探究法等方法，运用选择合适的主题、构建知识网络、设计多样化的学习活动、整合教学资源、评价与反馈等策略。科学合理的教学内容设计，可以提高综合课程的教学质量，培养学生的综合素养和解决实际问题的能力。

三、综合课程教学方法与策略设计

综合课程旨在打破学科界限，培养学生的综合素养和跨学科思维能力。为了实现这一目标，需要精心设计教学方法与策略，采用多种方式进行，以激发学生的学习兴趣，提高教学效果。

（一）问题解决式教学法

问题解决式教学法是以问题为导向的教学方法，通过让学生解决实际问题，培养学生的批判性思维能力、问题解决能力和自主学习能力。

1.教师提出具有启发性的问题

教师根据综合课程的主题和内容，精心设计一系列问题，这些问题应具有一定的挑战性和开放性，能够激发学生的学习兴趣和积极性。例如，在"环境科学"综合课程中，教师可以提出"如何减少城市垃圾污染？""如何保护濒危物种？"等问题。

问题的提出要考虑学生的认知水平和知识基础，确保问题既不过于简单，也不过于复杂，让学生在已有知识的基础上进行思考和探究。

2.引导学生进行思考和探究

提出问题后，教师要引导学生进行思考和探究。可以通过提供一些相关的资料、案例或引导学生进行实地观察等方式，帮助学生拓宽思路，找到解决问题的方向。

鼓励学生运用多种学科的知识和方法来分析问题，培养学生的跨学科思维能力。例如，在解决"如何减少城市垃圾污染？"这个问题时，学生可以运用化学知识了解垃圾的成分和处理方法，运用生物学知识了解垃圾对生态环境的影响，运用社会学知识了解人们的消费行为和环保意识等。

3. 组织小组讨论和合作学习

教师可以组织学生进行小组讨论，让学生在交流和合作中共同解决问题。小组讨论可以促进学生之间的思维碰撞，激发学生的创新思维，同时可以培养学生的合作能力和沟通能力。

在小组讨论过程中，教师要适时地给予指导和引导，确保讨论的方向和深度符合要求。讨论结束后，各小组可以选派代表进行汇报，分享他们的思考过程和解决方案。

（二）项目式教学法

项目式教学法是一种以学生为中心的教学方法，通过让学生参与真实的项目任务，综合运用多个学科的知识和技能，培养学生的问题解决能力、团队合作能力和创新能力[1]。在综合课程中，可以采用项目式教学法让学生围绕实际项目展开学习。

1. 确定项目主题和目标

教师根据综合课程的教学内容和学生的兴趣爱好，确定一个具有实际意义的项目主题。项目主题应具有一定的综合性和挑战性，能够涵盖多个学科的知识和技能。

明确项目的目标和任务，让学生清楚地知道他们需要完成的任务和达到的标准。例如，在"科技创新"综合课程中，可以确定"设计一款环保型智能家居产品"为项目主题，项目目标可以包括产品的功能设计、技术实现、环保性能等方面。

---

[1]巴克教育研究所.项目学习教师指南：21世纪的中学教学法[M].2版.任伟，译.北京：教育科学出版社，2008.

2. 项目实施过程

学生在接到项目任务后，进行分组并制订项目计划。项目计划应包括项目的进度安排、任务分工、资源需求等方面。

在项目实施过程中，学生通过自主探究和合作学习收集资料、进行实验、设计方案等。教师要给予学生充分的自主空间，让学生在实践中掌握知识和技能，提高解决问题的能力。

教师要定期对学生的项目进展情况进行检查和指导，及时发现问题并给予帮助。同时，教师可以组织学生进行项目中期汇报，让学生相互交流和学习，促使项目顺利进行。

3. 项目成果展示和评价

项目完成后，学生进行成果展示。成果展示可以采用多种形式，如报告、演示、作品展示等。通过成果展示，学生可以分享项目成果和经验，同时可以获得来自教师和同学的评价与反馈。

教师和同学对项目成果进行评价。评价可以从项目的创新性、可行性、实用性及团队合作等方面进行。评价结果可以作为学生学习成绩的一部分，同时可以为学生提供改进和提高的方向。

（三）探究式教学法

探究式教学法是以探究为核心，引导学生通过自主探究和合作学习来发现知识和规律的教学方法。在综合课程中，可以采用探究式教学法，让学生围绕主题或问题进行探究。

1. 创设探究情境

教师根据综合课程的教学内容，创设一个具有探究价值的情境。情境可以是一个实际问题、一个实验现象、一个案例等。情境的创设要能够激发学生的好奇心和探究欲望，让学生主动地参与探究活动。例如，在"物理和化学"综合课程中，教师可以创设一个"化学反应中的能量变化"探究情境，通过实验演示化学反应中的放热和吸热现象，让学生观察和思考能量变化的原因与规律。

2. 提出探究问题

在创设探究情境的基础上，教师提出一些探究问题，引导学生进行思考和探究。探究问题应具有一定的开放性和挑战性，能够加大学生的思维深度和广度。例如，在"化学反应中的能量变化"探究情境中，教师可以提出"化学反应中的能量变化与哪些因素有关？""如何利用化学反应中的能量变化？"等问题。

3. 引导学生进行探究

学生在接到探究问题后，进行自主探究和合作学习。教师可以提供一些探究的线索和方法，如查阅资料、进行实验、分析数据等，帮助学生进行探究。

在探究过程中，教师要鼓励学生大胆假设、勇于尝试，培养学生的创新思维和科学精神。同时，教师要关注学生的探究进展情况，及时给予指导和帮助。

4. 总结和交流探究成果

探究活动结束后，学生进行总结和交流探究成果。学生可以通过报告、讨论、展示等方式，分享他们的探究过程和成果，同时可以获得来自教师和同学的评价和反馈。

教师对学生的探究成果进行总结和评价，肯定学生的努力和成果，同时指出存在的问题和不足，为学生指明改进和提高的方向。

（四）合作学习法

合作学习法是一种以小组为单位的教学方法，通过让学生在小组中共同学习和合作完成任务，培养学生的团队合作能力、沟通能力和人际交往能力[1]。在综合课程中，可以采用合作学习法，让学生进行小组合作学习。

1. 分组

教师根据学生的学习情况和个性特点，将学生分成若干个小组。小组的规模一般以 4~6 人为宜，每个小组应包括不同学科背景和学习能力的学生，以保证小组的多样性和互补性。

确定小组的组长和成员的分工，明确每个成员的职责和任务。组长负责组织和协调小组的学习活动，成员根据分工完成各自的任务。

2. 合作学习过程

教师根据综合课程的教学内容，设计一些合作学习任务，如小组讨论、项目合作、实验探究等。任务的设计要具有一定的综合性和挑战性，能够激发学生的合作欲望和积极性。

学生在接到任务后，进行小组合作学习。小组成员之间要相互交流、相互

---

① 王坦 . 合作学习：原理与策略 [M]. 北京：学苑出版社，2001.

合作，共同完成任务。在合作学习过程中，教师要关注学生的合作情况，及时给予指导和帮助，确保合作学习顺利进行。

3. 成果展示和评价

合作学习任务完成后，各小组进行成果展示。成果展示可以采用报告、演示、作品展示等形式。通过成果展示，各小组可以分享他们的学习成果和经验，同时可以获得来自教师和其他小组的评价与反馈。评价可以从任务完成情况、团队合作、创新思维等方面进行。评价结果可以作为学生学习成绩的一部分，同时可以为学生指明改进和提高的方向。

（五）跨学科整合

在当今这个知识爆炸、信息交融的时代，教育领域正面临着前所未有的挑战与机遇。传统的单一学科教学模式已难以满足教育发展的新要求，即培养能够适应未来社会需求的复合型人才。因此，跨学科整合作为综合课程教学的核心策略之一，其重要性日益凸显。赵中建教授指出，通过将不同学科的知识和技能有机地融合在一起，形成一个连贯的教学体系，是提升教育质量和学生综合素质的关键所在。

1. 跨学科整合的内涵与意义

跨学科整合，顾名思义，是指跨越传统学科界限，将多个学科的知识、理论、方法和技术手段进行有机结合，形成新的知识体系和教学模式。这一过程不是知识的简单叠加，而是知识的重构与创新，它有助于拓宽学生的知识视野，更能培养学生的综合思维能力、创新能力和解决复杂问题的能力。在综合课程中，通过主题式教学、单元教学等方式，教师可以将多个学科的内容围绕一个主题或一个单元进行有机整合，使学习内容更加贴近现实生活，更具有实践性和探究性。

2. 跨学科整合的实践路径

以"自然与社会"综合课程为例，可以以"生态环境保护"为主题，巧妙地将地理、生物、化学、政治等多个学科的知识融会贯通。从地理学的角度，学生可以了解生态环境的分布格局及其形成机制；从生物学的视角，他们可以深入探究生态系统中物种多样性与生态平衡的关系；化学为他们提供了分析环境污染物质成分及治理方法的科学依据；政治学引导学生思考环保政策、法律法规以及国际合作在生态环境保护中的重要作用。这样的教学设计让学生从多维度、多层次地理解生态环境保护的重要性和方法，激发他们的环保意识和社会责任感。

3.跨学科整合的价值体现

跨学科整合的价值体现在多个方面：一是它打破了学科壁垒，促进了知识的交叉融合与创新发展；二是它丰富了教学内容和形式，提高了学生的学习兴趣和参与度；三是它培养了学生的综合思维能力和跨学科沟通能力，为他们未来的学习和职业发展奠定了坚实的基础。更为重要的是，跨学科整合还有助于培养学生的社会责任感和全球视野，使他们成为具有国际竞争力和社会责任感的优秀人才。

跨学科整合作为综合课程教学的核心策略之一，对于推动教育改革、提高教育质量、培养复合型人才具有重要意义。在未来的教育实践中，我们应进一步探索和完善跨学科整合的理论体系和实践模式，为培养更多具有创新精神和实践能力的优秀人才贡献力量。

（六）情境教学

情境教学作为现代教育理念的重要组成部分，强调通过创设真实或模拟的情境，让学生在具体情境中学习和应用知识。李吉林教授指出，这种教学方法能够有效提升学生的学习兴趣和积极性，使学习过程更加生动有趣[①]。在综合课程中，情境教学的应用尤为重要，它能够帮助学生将多个学科的知识融会贯通，解决实际问题。

1.情境教学在综合课程中的实践

（1）模拟联合国会议。通过模拟联合国会议，学生可以扮演不同国家的代表，就国际热点问题进行讨论和辩论。在这个过程中，学生需要运用历史、政治、地理等多个学科的知识，了解各国的立场和利益诉求，从而提出合理的解决方案。这种情境教学不仅能够培养学生的全球视野和跨文化沟通能力，还能够培养他们的批判性思维和团队合作精神。

（2）企业经营决策模拟。在企业经营决策模拟中，学生需要扮演企业的管理者，面对市场变化、竞争对手的挑战以及内部管理问题，制定相应的经营策略。这个过程涉及经济学、管理学、市场营销等多个学科的知识，要求学生具备综合分析和解决问题的能力。通过这种情境教学，学生可以更好地理解企业运作的复杂性和挑战性，为未来的职业生涯做好准备。

---

①李吉林.情境教育的诗篇 [M].北京：高等教育出版社，2004.

2. 情境教学的意义与价值

（1）增强学习体验。情境教学通过创设真实的学习环境，使学生能够身临其境地感受知识的应用场景，从而加深对知识的理解和记忆。这种学习体验是传统教学方法无法比拟的，它能够激发学生的学习热情，使他们更加主动地参与学习过程。

（2）提高学习兴趣和积极性。情境教学中的角色扮演和问题解决环节，能够让学生感受到学习的乐趣和成就感。当学生看到自己所学的知识在实际情境中得到应用并成功解决问题时，他们的自信心会得到极大的提升，从而更加积极地投入学习中去。

（3）培养综合能力。情境教学要求学生运用多个学科的知识和技能解决实际问题，这有助于培养学生的综合分析能力和创新能力。同时，情境教学中的团队合作和沟通环节，也能够锻炼学生的团队协作能力和沟通能力。

（4）促进知识迁移。情境教学通过将知识与实际情境相结合，有助于学生将所学知识迁移到其他领域或情境中去。这种知识迁移能力是现代社会对人才的基本要求之一，也是学生终身学习的重要基础。

情境教学在综合课程中的应用具有重要的意义和价值。它不仅能够增强学生的学习体验，提高其学习兴趣和积极性，还能够培养他们的综合能力和知识迁移能力。因此，我们应该在教育教学中积极推广情境教学方法，为学生的全面发展提供有力的支持。

（七）需要兼顾的因素

1. 学生特点

（1）年龄与认知发展水平。不同年龄段的学生具有不同的认知特点和发展需求。例如，小学生的认知处于具体运算阶段，他们更倾向于通过直观的体验和具体的活动来学习；而中学生则逐渐进入形式运算阶段，能够进行抽象思维和逻辑推理。应根据学生的年龄和认知发展水平选择合适的教学方式。例如，对于小学生，可以采用游戏、故事、实验等生动有趣的教学方法；对于中学生，可以增加讨论、辩论、研究性学习等更具挑战性的教学活动[1]。

读者可以参考皮亚杰的认知发展理论等相关研究，了解学生在不同年龄段的认知特点，为教学方法的选择提供依据。

---

[1] 林崇德. 发展心理学 [M]. 2 版. 北京：人民教育出版社，2009.

（2）学习风格与兴趣爱好。学生的学习风格各不相同，有的学生善于通过视觉来学习，有的学生喜欢通过听觉来学习，还有的学生偏好动手操作。在设计教学方法与策略时，应尽量多样化，以满足有不同学习风格学生的需求。例如，可以结合图片、视频、音频等多种媒体资源进行教学，同时提供实践操作的机会。

考虑学生的兴趣爱好，将教学内容与学生感兴趣的话题相结合，激发学生的学习积极性。例如，如果学生对科技感兴趣，可以在综合课程中融入科技元素，如机器人编程、3D 打印等。

2. 教学资源

（1）教材与教具。选择适合综合课程的教材和教具，确保教学内容的丰富性和多样性。教材可以是传统的纸质教材，也可以是电子教材、多媒体资源等。教具包括实验器材、模型、图书资料等[1]。

评估教材和教具的质量与适用性，根据教学需要进行适当的补充和调整。

（2）信息技术资源。利用信息技术资源，如在线课程、教育软件、虚拟实验室等，丰富教学手段，提高教学效果。例如，可以通过在线平台进行小组讨论、作业提交和评价，利用虚拟实验室进行科学实验等[2]。

培训教师和学生掌握信息技术工具的使用方法，确保信息技术资源的有效利用。

3. 教学环境

（1）课堂环境。营造积极、和谐的课堂氛围，鼓励学生参与教学活动。教师可以通过微笑、鼓励、表扬等方式，增强学生的自信心和学习动力[3]。

合理安排课堂空间，为学生提供舒适的学习环境。例如，可以采用小组合作的座位布局，方便学生进行讨论和交流。

（2）学校与社会环境。考虑学校的教学设施、文化氛围等因素，充分利用学校的资源开展综合课程教学。例如，可以利用学校的图书馆、实验室、艺术工作室等场所进行教学活动[4]。

拓展教学空间，将教学活动延伸到社会环境中，如博物馆、科技馆、

---

①钟启泉. 现代课程论 [M]. 上海：上海教育出版社，2006.
②何克抗，吴娟. 信息技术与课程整合 [M]. 北京：高等教育出版社，2007.
③皮连生. 学与教的心理学 [M]. 上海：华东师范大学出版社，2009.
④吴刚平. 校本课程开发 [M]. 成都：四川教育出版社，2002.

社区等。通过实地考察、社会实践等方式，让学生在真实的情境中学习和应用知识[1]。

4.教师能力

（1）学科知识与综合素养。教师应具备扎实的学科知识和卓越的综合素养，能够有效地整合不同学科的知识，设计综合课程的教学内容和教学方法。教师可以通过参加培训、阅读专业书籍、开展教学研究等方式，不断提高自己的专业水平[2]。

鼓励教师跨学科合作，共同设计和实施综合课程，发挥各自的专业优势。

（2）教学方法与技能。教师应掌握多种教学方法与技能，能够根据教学需要灵活运用。例如，教师应具备良好的课堂管理能力、提问技巧、引导学生讨论的能力等[3]。

学校应为教师提供参加培训和教学交流的机会，让教师分享教学经验，学习新的教学方法和技能。

四、综合课程评估方案设计

综合课程作为一种跨学科的教学模式，旨在培养学生的综合素养和解决实际问题的能力。为了确保综合课程的教学质量和学生的学习效果，需要设计一套科学、全面的评估方案。评估方案不仅可以为教师提供教学反馈，帮助教师改进教学方法和策略，还可以为学生提供学习反馈，促进学生自我反思和学习进步[4]。

（一）评估目的

1.衡量学生的学习成果

评估学生在综合课程中的知识掌握、技能提升和情感态度价值观的发展情况，衡量学生的学习成果。评估结果可以为学生的学习成绩评价提供依据，也可以为学生的综合素质评价提供参考。

---

①郭元祥.综合实践活动课程设计与实施[M].北京：首都师范大学出版社，2001.
②叶澜，白益民，王枬，等.教师角色与教师发展新探[M].北京：教育科学出版社，2001.
③陈琦，刘儒德.当代教育心理学[M].2版.北京：北京师范大学出版社，2007.
④张华.课程与教学论[M].上海：上海教育出版社，2000.

2. 反馈教学效果

评估教师的教学方法、教学内容和教学资源的组织使用情况，反馈教学效果。教师可以根据评估结果调整教学策略，改进教学方法，提高教学质量。

3. 促进课程改进

通过评估综合课程的整体设计、实施过程和学习效果，发现课程中存在的问题和不足，为课程的改进和完善提供依据。评估结果可以为课程的修订和优化提供参考，促进综合课程的持续发展。

（二）评估内容

1. 学生学习表现

文化素养：评估学生对不同学科领域的文化知识的了解和掌握程度，包括文学、历史、艺术、科学等方面。评估学生是否能够欣赏和理解不同文化的价值，是否具备跨文化交流的能力。

科学素养：考查学生对科学知识的理解和应用能力，包括科学概念、科学方法、科学思维等方面。评估学生是否能够运用科学方法解决实际问题，是否具备科学探究的精神和能力。

创新素养：衡量学生的创新思维和创新能力，包括创造力、想象力、批判性思维等方面。评估学生是否能够提出新颖的观点和解决方案，是否具备创新实践的能力。

合作素养：评估学生在团队合作中的表现，包括沟通能力、协作能力、领导能力等方面。评估学生是否能够与他人有效地沟通和协作，是否能够在团队中发挥自己的优势。

自主学习素养：考查学生的自主学习能力，包括学习动机、学习方法、学习策略等方面。评估学生是否具备主动学习的意识和能力，是否能够独立地制订学习计划和完成学习任务。

社会责任感：衡量学生对社会问题的关注和参与程度，包括环保意识、公益意识、公民意识等方面。评估学生是否能够积极参与社会实践活动，为社会做出贡献。

2. 教师教学表现

教学目标：评估教师的教学目标是否明确、具体、可衡量，是否符合综合课程的教学要求和学生的发展需求。

教学内容：评估教师的教学内容是否丰富、准确、新颖，是否涵盖了综合课程的核心知识和技能，是否与学生的生活实际和社会热点问题相结合。

教学方法：评估教师的教学方法是否多样化、灵活化、个性化，是否能够激发学生的学习兴趣和积极性，是否能够促进学生的自主学习和合作学习。

教学资源：评估教师的教学资源是否丰富、实用、有效，是否能够满足教学需要，是否能够提高教学效果。

3.课程设计与实施

课程目标：评估综合课程的目标是否明确、具体、可衡量，是否符合国家教育方针和学校的办学理念，是否能够满足学生的发展需求。

课程内容：评估综合课程的内容是否丰富、准确、新颖，是否涵盖了多个学科领域的知识和技能，是否与学生的生活实际和社会热点问题相结合。

课程实施：评估综合课程的实施过程是否顺利、有序、有效，是否能够按照教学计划和教学大纲的要求进行教学，是否能够充分发挥学生的主体作用和教师的主导作用。

课程评价：评估综合课程的评价方式是否科学、合理、公正，是否能够全面、客观地反映学生的学习成果和教师的教学效果，是否能够为课程的改进和完善提供依据。

（三）评估方法

1.形成性评估与总结性评估相结合

形成性评估：在教学过程中进行，通过课堂提问、作业批改、小组讨论、项目评估等方式，及时了解学生的学习进展和存在的问题，为教师调整教学策略和学生改进学习方法提供依据。

总结性评估：在课程结束时进行，通过考试、论文、报告、作品展示等方式，全面评估学生的学习成果和教师的教学效果，为学生的学习成绩和教师的教学评价提供依据。

2.定性评估与定量评估相结合

定性评估：通过观察、访谈、问卷调查等方式，对学生的学习表现、教师的教学表现和课程的设计与实施进行描述性评价，分析其优点和不足，提出改进建议。

定量评估：通过考试成绩、作业得分、项目评分等方式，对学生的学习表现、教师的教学表现和课程的设计与实施进行量化评价，计算其平均分、标准差、相关系数等指标，分析其差异和相关性，提出改进建议。

3. 自评与他评相结合

自评：学生和教师对自己的学习表现和教学表现进行自我评价，分析自己的优点和不足，提出改进计划。

他评：学生对教师的教学表现进行评价，教师对学生的学习表现进行评价，教师之间进行教学表现评价，专家对课程的设计与实施进行评价，通过多方面的评价，全面、客观地反映学生的学习成果和教师的教学效果，为课程的改进和完善提供依据。

（四）评估标准

1. 学生学习表现评估标准

文化素养：能够准确地理解和表达不同文化的内涵，具备跨文化交流的能力，对文化多样性抱有尊重和包容的态度。

科学素养：掌握科学知识和方法，能够运用科学思维解决实际问题，具备科学探究的精神和能力。

创新素养：具有创新思维和创造力，能够提出新颖的观点和解决方案，具备创新实践的能力。

合作素养：能够与他人有效地沟通和协作，具备团队合作的精神和能力，能够在团队中发挥自己的优势。

自主学习素养：具备主动学习的意识和能力，能够独立地制订学习计划和完成学习任务，具备自我管理和自我评估的能力。

社会责任感：关注社会问题，具备环保意识、公益意识和公民意识，能够积极参与社会实践活动，为社会做出贡献。

2. 教师教学表现评估标准

教学目标：教学目标明确、具体、可衡量，符合综合课程的教学要求和学生的发展需求。

教学内容：教学内容丰富、准确、新颖，涵盖了综合课程的核心知识和技能，与学生的生活实际和社会热点问题相结合。

教学方法：教学方法多样化、灵活化、个性化，能够激发学生的学习兴趣和积极性，促进学生的自主学习和合作学习。

教学资源：教学资源丰富、实用、有效，能够满足教学需要，提高教学效果。

3.课程设计与实施评估标准

课程目标：课程目标明确、具体、可衡量，符合国家教育方针和学校的办学理念，能够满足学生的发展需求。

课程内容：课程内容丰富、准确、新颖，涵盖了多个学科领域的知识和技能，与学生的生活实际和社会热点问题相结合。

课程实施：课程实施顺利、有序、有效，能够按照教学计划和教学大纲的要求进行教学，充分发挥学生的主体作用和教师的主导作用。

课程评价：课程评价方式科学、合理、公正，能够全面、客观地反映学生的学习成果和教师的教学效果，为课程的改进和完善提供依据。

（五）反馈机制

1.及时反馈

在评估过程中，及时将评估结果反馈给学生和教师，让他们了解自己的学习表现和教学表现，发现存在的问题和不足，及时调整学习方法和教学策略。

2.个性化反馈

根据学生和教师的不同特点与需求，提供个性化的反馈意见和建议，帮助他们更好地发挥自己的优势，克服自己的不足。

3.持续改进

建立持续改进的机制，根据评估结果和反馈意见，及时调整教学计划、教学内容、教学方法和教学资源，不断提高综合课程的教学质量和学生的学习效果。

综合课程评估方案设计得恰当，有助于确保综合课程教学质量和学生学习效果。明确评估目的、确定评估内容、选择评估方法、制定评估标准以及建立反馈机制等，可以为综合课程的评估提供科学、全面、有效的指导和操作方法。在实际应用中，应根据综合课程的特点和学生的实际情况，不断调整和完善评估方案，以提高综合课程的教学质量和学生的学习效果。

第三节　综合课程案例分析

案例一：开朗喜悦，爱我校园

一、课程信息

开发团队：北京十二中朗悦学校（李叶、许世丹、陈婧）。

课程性质：任务驱动的综合课程，融合语文、数学、美术、劳动等多个学科。

课时：共 6 课时，40 分钟 / 课时。

参加对象：小学高段学生。

二、课程背景

（一）理论背景

核心素养时代呼唤着学校课程与课堂的转型，世界涌动的基于核心素养的教育改革热潮推动着基于核心素养的课程转型（从知识本位课程转向素养本位课程）与课堂转型（从教师单向传递知识转向学生能动地学习、建构知识）。传统的学校学科课程重视学科本身的系统与逻辑性，尽管能够为学生奠定扎实的知识基础，但是往往忽略学生的能力发展。因此，要实现学生核心素养培养的教育目标，就需要关注课程教学与学生生活的联系，帮助学生形成整体的认识，让学生在做中学，实现知识、能力、意识、品质等全面发展。

《义务教育课程方案（2022 年版）》明确指出："原则上，各门课程用不少于 10% 的课时设计跨学科主题学习。"跨学科主题学习不仅有利于学生加强对本学科知识的理解与运用，更能让学生从学科内走向学科外，开阔学习视野，提升综合素养。

跨学科学习强调整合两个或两个以上学科的知识、观念与方法去探讨一个中心主题或问题，这为学生提供了一个在做中学的机会，让学生以综合和关联的方式，在真实情境与生活中展开实践，提高其问题解决能力和批判思维能力。

（二）实践背景

校园是学生学习和生活的载体，是学生学习和生活的主要场所，学生的世界观、人生观和价值观是在学校逐渐形成和完善的。北京十二中朗悦学校是一所九年一贯制的学校，学生在这所学校度过漫长的九年校园生活，这在学生一生的校园生活中将占据一半以上。我们的学生通过进一步了解校园的各个角落，关注校园的文化建设，能够对校园的方方面面有进一步的了解，对校园有更深刻的认知，这对学生的校园生活是非常有利的。在这个了解的过程中，学生能够产生想法，尝试着从自己的视角解读校园，尝试着对校园的部分场所进行设计，增强对校园的归属感，促进健康成长。

为了激发学生学习的自觉性和主动性，提高他们解决实际问题的能力和创造力，我们积极鼓励学生利用所学知识，大胆地去探索校园、去展示校园、去改造校园。这是一次平面与立体、感受与表达、想象与实践的探索之旅。

对于学校来说，校园环境是我们营造的育人阵地。我们期待这次项目式学习活动对学生、老师、学校都有意义。

三、课程目标

（1）生活体验和生命体验是学生塑造健全人格的重要途径，学生的成长必须在自我体验中获得。尊重学生的成长需求，倡导迁移利用、自然输出、自然习得、自然发展的学习模式，通过真实的生活情境来学习和解决问题，培养学生自觉主动学习和探索的精神，增强动手实践能力。

（2）通过学生的实地观察、采访、文献查阅、自主学习和合作探究，整合不同学科的知识，锻炼学生的分析、概括、口语交际、操作能力；着力发展学生的思维能力，提升学生的核心素养，培养学生的勇于探索、乐于实践的精神和态度。

（3）通过一系列的任务驱动，引导学生积极思考自己在本次项目活动中的站位，引导学生充分利用自己的优势，合作共赢，在活动中呈现较为满意的作品。同时，通过不同的学习体验，学生对校园产生热爱之情，获得健康成长的辅助力。

四、课程内容

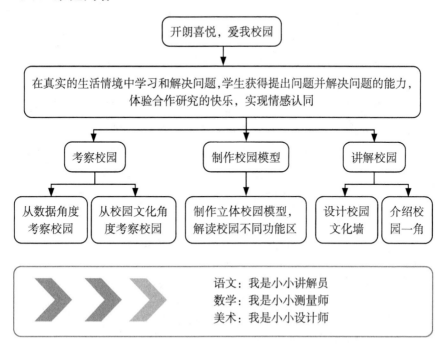

```
开朗喜悦，爱我校园
        ↓
在真实的生活情境中学习和解决问题,学生获得提出问题并解决问题的能力,
体验合作研究的快乐，实现情感认同
```

考察校园 ── 制作校园模型 ── 讲解校园

- 从数据角度考察校园
- 从校园文化角度考察校园
- 制作立体校园模型，解读校园不同功能区
- 设计校园文化墙
- 介绍校园一角

语文：我是小小讲解员
数学：我是小小测量师
美术：我是小小设计师

五、课程实施

任务一：考察校园（一）

任务目标：测量学校的占地面积；测量学校各教学楼的体积。

核心问题：学校的占地面积有多大呢？怎样测量学校各教学楼的体积？如何选择合适的测量工具进行测量？

活动安排：

（1）任务介绍。项目活动教师向学生介绍任务的内容、目标以及要求等。

（2）小组讨论。将参与活动的学生进行分组，组内展开讨论，每组选出组长，教师引导学生从不同角度提出自己的想法和见解，组长及时收集大家的意见并进行记录。

（3）实际考察。学生结合小组研究内容的实际情况，在学校进行实地测量。小组成员分工合作，灵活运用各种测量方法进行测量，及时记录相关数据。

（4）数据处理。各小组根据测量的实际数据进行整理，并分别选择自己的方法计算面积。

测量占地面积，画出校园平面图过程课例展示

第一阶段：在讨论中规划方案

1. 小组讨论：一张科学、准确的校园平面图应该是什么样的？

讨论结论：

（1）图上画的形状和建筑的形状是一样的且数据真实。

（2）建筑物的确切位置、建筑物之间的相互关系准确。

（3）平面图上应包含方向标、比例尺、建筑物的轮廓图。

（4）比例尺的确定要有明确的数据依据。

2. 小组讨论：科学、准确地画出"我的学校"要分几步？

小组讨论并制订方案。

第二阶段：测量数据，整理方案

（一）明晰方案细节

"得到数据"要考虑哪些问题？你是怎样想的？具体怎样做？应注意哪些细节？有什么窍门？针对以上问题进行小组讨论。

讨论结论：

（1）测量工具：卷尺

（2）贴地测量，减少误差。

（3）短距离测量可用步量，计步数。步数 × 步长 = 实际长。

（4）分组测量更节省时间。

（5）爱护卷尺，用时轻拉，及时卷起。

（6）及时、清晰、准确地记录数据。

（7）测量后各组汇总数据。

（二）方案细化

由于各组分区域测量，所以各组分别选出一名联络员，负责组与组之间的联系，并及时传达给组内成员。

小组按照方案中规划的步骤及注意事项，根据草图上标注的测量位置进行合理分工，准备实地测量。

第三阶段：整理数据，绘制图形

（一）完善数据

各小组汇报测量数据，全班集体整理数据。

（二）绘制图形

确定好比例尺，求出图上距离，画出校园平面图。提醒大家，画图时要同时考虑两个方向的图上长度，不能只用长来确定比例尺，可以用长和宽分别确定，然后选择小的比例尺作为整张图的比例尺。

第四阶段：交流评价、反思完善

小组制作好平面图之后，教师指导其反思回顾，准备汇报分享。

教师给出了汇报提纲的参考建议：

（1）测量的时候用到了哪些数学知识？

（2）用到了哪些测量数据的方法？

（3）测量的时候遇到了哪些之前没有预料到的问题（困难）？是怎么解决的？

（4）反思整个测量过程，想一想：还有哪些细节可以做得更简单、省力？

（5）你有哪些收获？汇总分析。各小组展示最终的测量方案、测量方法、测量数据和计算结果并进行交流。

任务二：考察校园（二）

任务目标：

（1）在真实的情境中与小组成员一起参与挑战，加强团队协作能力。

（2）收集整理关于校园历史文化的资料，提高逻辑思维能力。

（3）讲解校园，提高学生的语言表达能力。

核心问题：怎样讲解我们的校园呢？

活动安排：

活动一：收集资料

（1）实地观察学校的教学楼、办公楼、体育馆等，收集讲解资料。

（2）采访：通过观察了解展示墙所体现的校园文化相关内容，采访教师了解展示墙背后的文化含义以及校园历史发展情况。

（3）查阅资料：查阅难以理解的展示墙中的文化信息。

活动二：整理资料

（1）将收集到的资料进行归类。

（2）对收集到的资料进行增删改修正。

活动三：列提纲

（1）根据整理好的资料做一份讲解提纲。

（2）制作讲解小卡片，标注要讲的关键信息。

活动四：讲解我们的校园

（1）在讲解时，条理要清楚，语气、语速要适当，可以用动作、表情辅助讲解。

（2）可以根据听众的反应调整讲解的内容。

活动五：讲解活动评价

方面	评价标准	互评
讲解员	条理清楚，重点突出	☆☆☆
	语气、语速适当	☆☆☆
	使用了适当的动作、表情	☆☆☆
	能根据听众的反应及时调整讲解内容	☆☆☆
听众	能认真倾听讲解员的讲解	☆☆☆
	能积极、礼貌地与讲解员互动	☆☆☆

任务三：制作校园模型

任务目标：

（1）在真实的情境中与小组成员一起参与挑战，加强团队协作能力。

（2）进行校园规划、楼道文化设计，提高逻辑思维能力。

（3）构建校园立体图，提升空间想象能力。

（4）进行自我测评，培养反思能力。

核心问题：你知道从空中看我们的校园是什么样子吗？校园中有哪些平面图形或立体图形呢？

活动安排：

活动一：空间方位

（1）熟悉平面图形，为后续活动做前期准备。

（2）能够为熟悉的校园绘制简单的平面图。

活动二：设计草图

（1）小组成员合作完成校园的功能分区布局图。

（2）培养沟通协作能力，运用基础的几何知识绘制平面图形、垂线、平行线等。

活动三：建造立体图形

（1）熟悉各种立体图形及其展开图。

（2）能够运用展开图折纸模板，做成立体图形。

（3）在展开图上绘制符合建筑功能的外观。

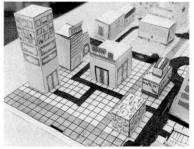

活动四：宣传作品

（1）通过设计海报、明信片、宣传语等多种方式，来介绍自己小组所负责的校园角落。

（2）通过向同学展示、宣传自己的作品，训练语言表达能力。

（3）进行自我测评，培养反思能力。

任务四：设计校园文化墙

任务目标：

（1）在真实的情境中与小组成员一起参与挑战，加强团队协作能力。

（2）进行校园规划、楼道文化设计，提高逻辑思维能力。

（3）用平面图、文字打造校园文化墙，提升空间想象能力、语言表达能力。

核心问题：在学校整体布局的基础上，探讨如何设计人们喜闻乐见的校园文化墙。

活动安排：

（1）梳理筛选有用信息，同时，利用网络等补充相关信息。

（2）画设计图，画出设计区域或需要改进区域的主体框架图。

（3）及时拍照记录设计过程，还可以拍成小视频。

（4）制作简易版的学习成果。

（5）交流展示，把好的方案推荐给学校学生成长部，说服学生成长部采用自己的设计方案。

任务五：介绍校园一角

任务目标：

（1）搜集校园资料，介绍朗悦校园一角，制作最美校园宣传册。

（2）把校园独特之处推荐给他人，表达对校园的赞美之情。

核心问题：充分利用做好的立体校园模型，研讨如何将最美校园一角介绍给他人。

活动安排：

（1）任务介绍。项目活动教师向学生发布任务内容、目标以及要求等。

（2）活动分组。将参与活动的学生分组，各组从不同角度提出问题，组长进行汇总。

（3）活动内容为寻找最美校园一角。活动学生询问教师或者不同年级的同学，可做简单记录，也可以拍摄校园照片，说说自己选择某一处成为最美一角的原因。

（4）活动学生对搜集到的资料进行整理，筛选资料。

（5）组织交流。

（6）整理资料，撰写最美校园宣传册。小组成员以图片加文字说明的形式制作"我为校园代言"名片，小组成员将搜集的学校特色活动整理汇总，撰写宣传稿等。全体参与学生以小组为单位汇总制作最美校园宣传册。

（7）以小组为单位介绍最美校园宣传册。

六、课程评价

学生对综合实践活动有初步的了解，具备了一定的自主思考、小组合作探究的能力，初步掌握了观察、记录的方法，能够根据自己的观察进行记录、分析与讨论，也能够通过小组合作进行简单的计划与探究，同时在探讨过程中能够搜集资料、解读资料，利用资料做好小小讲解员。

学生表现出极高的参与度和热情。活动的范围拓展至校园的每个角落，走进生活，将知识与生活链接，在不同的生活场景中获得了丰富体验。

在活动过程中，学生能够根据评价标准进行反思与调整，在自评、互评中开展讨论，教师通过对小组的个性化指导，对学生的探究方法、探究过程进行评价与指导，帮助学生在分工合作、制作、展示等方面获得提升。

七、课程特色

（1）明确教学目标，关注教学评一致性。培育学生的综合素养，不仅要在知识习得中进行，还要在知识的应用中进行；不仅要在课堂中进行，还要在生活的各种场景中进行。本节课在真实的生活场景中进行，使教学目标更加多元化，不局限于测量、简单计算、讲解，而是强调应用价值、解决问题、形成素养。本次课程强调在生活中体验，在体验中成长，尊重学生的成长需求，倡导迁移利用、自然输出、自然习得、自然发展的学习模式，通过真实的生活情境来学习和解决问题，培养学生自觉主动学习和探索的精神，增强动手实践能力。设计了"开朗喜悦，爱我校园"的综合课程，通过学生的实地观察、采访、文献查阅、自主学习和合作探究，整合不同学科的知识，锻炼学生的分析、概括、口语交际、操作能力；着力发展学生的思维能力，提升学生的核心素养，培养学生勇于探索、乐于实践的精神和态度。

（2）跨学科主题学习，体现综合性与实践性。本节课中研究的任务源于学生真实的生活场景——校园生活。创造与语文、数学、美术、劳动等多学科相关的综合性实践活动，引导学生观察、测量校园，绘制平面图，制作立体校园模型，用图文并茂的方式设计校园文化墙，能向大家讲解、介绍校园。

（3）解决实际问题，实现情境素材的育人价值。在真实情境中提出能引发学生思考、行动的系列问题，设计有层次、有梯度的问题链"精确认识校园""设计校园一角""讲解魅力校园"，促进学生的思维从无序状态向有序状态提升，让学生充分认识到学习课堂知识与生活实践之间的关系，促进学生的深度思考和深度学习，鼓励学生在解决问题的过程中提出独特的策略和方法，激发创造热情，形成创新意识。这样的教学设计，不仅提高了学生解决问题的能力，还帮助他们培养了在实际生活中的综合能力，激发学生热爱校园的情感。

案例二：品味文化端午，感悟家国情怀

一、课程信息

开发团队：黄城根小学房山分校四年级语文教研团队（傅晨宇、赵亚、张丹）。

课程性质：综合实践性课程，融合语文、美术、劳动技术、道德与法治及信息技术等多个学科领域。

课时：4课时。

参加对象：四年级学生。

二、课程背景

本课程紧密围绕生活问题，根植于学生的实际需求，聚焦于中华民族的传统佳节——端午节。结合语文新课标中拓展型学习任务群的跨学科学习要求，以及第二学段语文学习的具体目标，本次活动特别以"端午节"这一传统节日的临近为契机，设定了"如何度过一个别出心裁的端午节"这一核心驱动问题。通过精心指导，以及小组合作与深入探究的学习方式，教师旨在引导学生明确问题、精心策划活动方案、创作富有创意的作品，并展示其成果，最终进行评价与表彰。

对于四年级的学生而言，已对传统节日有了初步的认识，对端午节也积累了一定的体验，但这些了解往往停留在表面，缺乏深入的探索。幸运的是，这一年龄段的学生学习兴趣盎然，对实践活动充满热情，已具备一定的自主合作研究能力和动手实践经验。然而，在实际操作与实践中，他们仍需有效的方法指导。鉴于四年级学生正处于价值观形成的关键阶段，作为教师，应给予他们充分的探索与研究空间，引导他们深入感受中华文化的魅力，从而增强民族自豪感和自信心。

三、课程目标

（1）端午节是中国的传统节日，通过端午节活动让学生更加了解中国的传统节日，用心去体会我国的传统节日中所蕴含的意义，更好地继承和弘扬中华优秀传统文化。

（2）让学生成为实践活动的主角，培养学生的合作意识与动手能力、探究能力、创新能力。

（3）让学生感受浓浓乡情和融融亲情，培养学生的民族自信心和自豪感，增强学生对中华传统文化的了解和热爱。

四、课程内容

任务一：主题确定课（1课时）

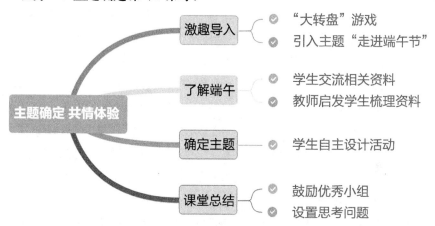

在启动这场充满趣味的"走进端午节"主题活动时，教师巧妙地运用了一种激发学生兴趣的方法——引入"大转盘"游戏。这个游戏一开始就瞬间吸引了所有学生的目光，他们兴奋地转动着转盘，转盘上的每一个格子都藏着一个与端午节紧密相关的惊喜。当转盘缓缓停下，指向了"艾草"这个选项时，教师顺势揭开了活动的序幕，通过一段生动的介绍，让学生在轻松愉快的氛围中邂逅端午节的这位传统"守护者"。

为了让学生的探索之旅更加深入和全面，教师鼓励他们走出课堂，走进图书馆、网络世界，去搜集关于端午节的点点滴滴。几天后，当学生带着满满的收获回到课堂时，一场别开生面的分享会便拉开了帷幕。学生纷纷走上讲台，有的讲述端午节的悠久历史，有的分享家乡独特的端午习俗，还有的朗诵起了与端午节相关的经典诗词。

为了帮助学生更好地整理和消化这些信息，教师将其分为美食、习俗、诗词、传说等几个主要板块。在美食板块中，教师不仅展示了各式各样的粽子，还详细讲解了它们的制作工艺和背后的文化寓意；在习俗板块中，学生通过角色扮演的方式体验了赛龙舟、挂艾草等传统活动；在诗词板块中，一首首脍炙人口的端午诗词被学生深情朗诵；而在传说板块中，关于屈原的悲壮故事更是让学生听得入神，学生对端午节的情感也越发深厚。

为了进一步激发学生的兴趣，教师还特意准备了一些实物和视频资料。当香囊、雄黄酒、粽子等实物一一呈现在学生面前时，他们的眼中闪烁着好奇与兴奋的光芒；而当一段段关于端午节的视频资料在屏幕上播放时，学生更是被那浓浓的节日氛围感染，纷纷表示要亲自体验一番。

在学生对端午节有了全面了解之后，教师引导他们自主设计端午活动方案。这个环节充分发挥了学生的想象力和创造力，他们有的想要组织一场别开生面的包粽子大赛，有的则计划举办一场端午诗词朗诵会，还有的希望能亲自参与一次赛龙舟活动。通过小组交流的方式，经过热烈的讨论后，每个小组最终选出了本小组最想开展的活动。同时，他们还为自己的活动取了一个个响亮而富有特色的名称，如"粽香袅袅大比拼""《离骚》读书会""粽子'大胃王'"等，这些名称不仅展现了他们的创意和团队合作精神，也让整个活动更加生动有趣。

总之，这场"走进端午节"的主题活动不仅让学生对端午节有了更加全面和深入的了解，还激发了他们对传统文化的兴趣和热爱。

最后，在课堂总结环节，教师特别表扬了那些在本节课中表现突出的同学和小组，并在结尾处抛出一个引人深思的问题："既然现在已经明确了活动的主题，那么接下来，我们应当如何精心策划并成功实施这次的活动呢？"

任务二：方法指导课（2课时）

在方法指导课上，教师巧妙地运用了小组活动方案与活动展示方案这两大精心设计的表格。不仅详尽地列出了活动的各个环节与步骤，还融入了丰富的方法指导与策略建议，旨在为学生提供全方位的支持与帮助。教师在课上耐心解答学生的疑惑，鼓励他们勇于尝试、敢于创新，自主设计并不断完善自己的方案。在这一过程中，学生的独立思考与创新能力得到了极大的锻炼与提升。

"走进端午节"第 _____ 小组活动方案

活动名称				
活动目的				
组长		小组成员	指导教师	
活动内容及分工	活动内容			负责人
	1.			
	2.			
	3.			
	4.			
	……			
活动所需物品				
可能遇到的困难				
组内反思				

端午节活动展示方案

组别		组长	
组员			
活动主题			
活动过程	具体内容		负责人
成果展示方式			
不足及反思			

值得注意的是，此阶段的教学并非一蹴而就的，而是需要时间的沉淀与积累。方法指导课虽如灯塔般为学生指明了方向，但真正的实践活动则更多地依赖于小组成员在课余时间的紧密合作与明确分工。他们或埋头于图书馆查阅资料，或热烈讨论于教室的某一个角落。教师则以多重身份——指导者、参与者、合作者，深入各小组的活动之中，细致观察并准确把握各小组的工作方法与进展状况，适时地给予鼓励与引导，帮助各小组克服困难、突破瓶颈，确保活动顺利进行。

尤为重要的是，教师在引导学生选择研究题目时，始终强调贴近实际、小而精的原则。教师鼓励学生从生活中寻找灵感与素材，将理论知识与实际问题相结合，从而确保研究内容既具有现实意义又易于实践。在展示方案时，教师鼓励学生展现多样性与创造性。他们鼓励学生采用多种形式，如 PPT 展示、视频演示、实物模型等来呈现自己的研究成果，力求将抽象的理论转化为具体、可感的成果。这样的展示方式不仅让观众眼前一亮，更让学生深刻体会到了知识的力量与魅力。

任务三：成果展示课（1 课时）

在这一教育环节中，教师引领学生重温了活动的点点滴滴。学生以小组为单位走上讲台分享。有的小组以一场别开生面的端午知识接力赛，让知识与欢笑在教室中交织；有的则以感人至深的端午故事会，将观众带入一个个充满温情与传奇的世界；有的通过深情的诗歌朗诵，将对传统文化的热爱与敬意倾泻而出。

在准备过程中，学生展现了无尽的创意与努力。他们不仅深入研究了端午节的历史渊源与文化内涵，还亲手制作了精美的端午节主题手工艺品，如栩栩如生的龙舟模型、色彩斑斓的香囊等，每一件作品都凝聚着他们的心血与汗水。此外，他们还利用现代科技手段制作了精美的 PPT、短视频等多媒体展示材料，将传统与现代完美融合，让人眼前一亮。

这次活动不仅是对学生学习成果的一次集中展示，更是对他们综合素质与能力的一次全面检阅。它让学生在实践中学会了团队合作、勇于创新、敢于表达自我等重要品质，为他们未来的学习与生活奠定了坚实的基础。同时，它也让教师了解到，传统文化已在学生心中生根发芽，教师也看到了学生在传承与弘扬传统文化方面所做出的积极努力与贡献。

任务四：拓展延伸

在此丰富多彩的端午节活动阶段，教师精心规划了校内与校外两大板块，旨在通过多样化的活动形式，让学生深入了解并体验这一传统节日的深厚文化底蕴。

在校内拓展方面，教师敏锐地捕捉到了端午假期前夕这一黄金时机，精心策划了一系列富有创意与文化内涵的趣味活动。活动以"传承文化，情系端午"为主题，教师组织学生亲手编织五彩绳。作为端午节的传统饰物，五彩绳不仅色彩斑斓，更蕴含着祈福避邪的美好寓意。学生在编织过程中，不仅锻炼了动手能力，更深刻体会到了传统文化的独特魅力。同时，教师还开设了香囊制作课程。香囊内填充着各种中草药，散发出淡淡的清香，不仅能够驱蚊防虫，更寄托了人们对健康平安的美好祈愿。学生在教师的指导下，一针一线地缝制香囊，每一个细节都充满了他们对传统文化的热爱与尊重。

校外延伸侧重于将所学知识与技能融入家庭生活中，让学生在与家人的互动中感受传统文化的温度。教师鼓励学生利用端午假期的时间，与家人共同策划并举办一个别具一格的端午节庆祝活动。许多家庭积极响应，纷纷以各自独特的方式庆祝这一传统节日。有的家庭选择以雄黄酒画额的方式祈福，用雄黄酒在孩子的额头上画上一个"王"字或"虎"字，寓意孩子能够健康成长、百毒不侵。有的家庭则更加注重亲子互动，一起动手制作粽子。从准备材料到包粽子、煮粽子，每一个步骤都充满了欢声笑语。当热腾腾的粽子出锅时，那份成就感与幸福感更是溢于言表。此外，还有的家庭选择了煮蛋、挂艾草等传统习俗，让端午节的氛围更加浓厚。

这些丰富多彩的活动不仅让学生亲身体验了传统文化的魅力，更激发了他们对传统文化的兴趣与热爱。在班级群中，学生纷纷分享自己的精彩瞬间与感悟。有的学生感慨道："以前只知道吃粽子、赛龙舟是端午节的传统习俗，但通过这次活动，我更加深入地了解了端午节的文化内涵与历史背景。"还有的学生表示："与家人一起制作粽子、挂艾草，让我感受到了传统节日的温暖与亲情的力量。"

总之，此次端午节活动通过校内与校外两大板块的有机结合，让学生在轻松愉快的氛围中深入了解了传统文化的魅力与内涵。我们相信，这些宝贵的经历将成为学生成长道路上的一抹亮丽色彩，激励他们更加热爱并传承中华民族的优秀传统文化。

五、课程实施

为了打破传统知识传授的框架，促进学生自主学习能力的飞跃，教师依托学科间的深度交融，实施了新的学习策略。在课程的实际运作中，教师依据课程内容的独特魅力，巧妙地融入了设计思维的精髓。

六、课程评价

以表现性评价的核心理念为基石，本课程巧妙地将过程性评价与总结性评价相结合，致力于全面监控并反馈教学活动的每一个细节。为此，教师精心构思了一系列评价量表，这些评价量表通过学生本人、同伴以及教师的共同参与，确保了评价的高度客观性。

（一）评价方式

在本次精心策划的活动中，教师构建了四大板块的评价体系，旨在全方位、多角度地评估学生的综合素质与成长轨迹。以下是对这四个评价板块的深入剖析与细致描绘：

1. 主题活动成果展示的小组评价：团队荣耀的璀璨舞台

在主题活动成果展示的舞台上，教师创新性地引入了"小粽贴"投票机制，这一温馨而又富有童趣的方式，不仅让投票过程变得生动有趣，更在无形中激发了学生之间的良性竞争与合作精神。学生手持小粽贴，慎重地投给自己心目中的"最佳团队"，每一次的粘贴都是对团队努力的认可与赞赏。通过这样的方式，教师不仅表彰了优秀团队，更在全校范围内营造了一种积极向上、勇于探索的良好氛围。

2. 校内拓展活动的个人评价：匠心独运，展现真我风采

在校内拓展活动中，教师特别设置了手工编织五彩绳和制作香囊两个环节，旨在培养学生的动手能力和创新思维。学生用五彩斑斓的线编织着属于自己的梦想与希望；在香囊的缝制过程中，他们更是将传统文化与现代审美巧妙融合，创造出了一件件既实用又美观的艺术品。教师对学生的评价不局限于作品的完成度，更看重他们在制作过程中的创意发挥、细节处理以及解决问题的能力。通过这样的评价方式，教师鼓励学生勇于尝试、敢于创新，让每一位学生的独特风采都能得到充分的展现。

3.校外延伸活动的家庭活动评价：家校共育，携手成长

校外延伸活动作为连接学校与家庭的桥梁，其重要性不言而喻。教师鼓励学生与家长共同参与，通过一系列亲子活动增进彼此之间的了解与默契。在评价环节，教师充分利用了现代科技手段，以学生发到班级群的图片、视频为主要依据，全面记录并展示了学生在家庭活动中的表现与成果。教师关注的不仅仅是活动的结果，更在于过程中的家庭参与度与亲子互动。通过这样的评价方式，教师旨在促进家校共育的深入发展，让家庭成为孩子成长道路上最坚实的后盾。

4.学生全程参与程度的评价：激发潜能，助力成长

为了确保每位学生都能在活动中得到充分的锻炼与成长，教师还特别设计了对学生全程参与程度的评价。这一评价体系贯穿活动的始终，从活动前的准备、活动中的表现到活动后的反思与总结，每一个环节都纳入了评价的范畴。教师鼓励学生积极参与、主动探索，通过自我挑战与团队协作不断提升自己的综合素质。同时，教师也注重对学生学习主动性和自觉性的培养，通过及时的反馈与激励机制激发他们的内在潜能。这样的评价方式不仅让学生在活动中收获了知识与技能，更让他们学会了如何成为一个有责任感、有担当的人。

（二）评价量表

评价项目	水平1——合格	水平2——良好	水平3——优秀
小组成果展示	声音洪亮，吐字清晰，内容与端午节主题相符合	声音洪亮，吐字清晰，内容紧扣端午节主题，成果丰富	声音洪亮，吐字清晰，内容紧扣主题，汇报形式丰富、生动、有趣
校内活动展示（编五彩绳、制作香囊）	能够基本完成手工作品	能够比较熟练地完成手工作品	能够完成精美的手工作品，并能讲出其寓意
校外活动展示（开展家庭端午活动）	能够根据学习所得，组织开展家庭端午活动	能够开展一定项目的家庭端午活动并分享到班级群	能够开展丰富多彩的端午实践活动，过一个独具匠心的端午节，并乐于分享在班级群
学生参与程度	态度基本端正，能够参与项目学习	态度端正，积极参与项目学习	积极主动参与项目学习，并能够深入研究问题，有创新精神

七、课程特色

本次综合实践活动精心设计了三种课型，跨越 4 个课时，具体涵盖主题确定课（1 课时）、方法指导课（2 课时）以及成果展示课（1 课时）。活动以学生的自主探究和小组合作探究为核心，鼓励学生根据个人兴趣选择探究方向，深入探索端午节的各个方面。通过实践活动，学生不仅能够深入了解端午文化的精髓，掌握实践方法，更能深刻感受中国传统文化的独特魅力，从而增强爱国情感。

在成果展示环节，学生以小组为单位，全方位展示了端午节的起源、美食、习俗，以及与之相关的诗词歌赋、传说故事等，实现了知识的全面覆盖。同时，通过资料搜集、团队交流，学生的团队合作能力、组织协调能力以及表达能力均得到了显著提升。此外，端午节知识竞赛、端午诗词查找等活动，更是激发了学生勇于质疑、深入探究的热情。而端午节故事传说的讲解、风俗的介绍，则引导学生更加关注中华传统文化，进而激发他们热爱祖国、报效国家的壮志豪情。

案例三："本草园"综合课程

一、课程信息

1. 开发团队

姓名	性别	年龄（岁）	学历	专业职称	研究专长	承担任务
于莹	男	39	本科	一级教师	教育研究与管理	课程负责人，统筹推进课题研究，指导督促各项任务进程
崔山林	男	54	本科	高级教师	教学管理	课题研究组织与管理
毕晶	女	34	本科	二级教师	德育管理	课程实施与组织管理
尤春朝	女	45	本科	高级教师	语文教学	德育、智育、美育研究，学科课程指南、课程故事

续表

姓名	性别	年龄（岁）	学历	专业职称	研究专长	承担任务
武晓	女	32	本科	二级教师	美术教学	智育、美育、劳育研究，学科课程指南、课程故事
刘晓澎	女	42	本科	二级教师	道德与法治教学	德育、智育研究，学科课程指南、课程故事
姜云丰	男	53	本科	高级教师	历史教学	智育、美育研究，学科课程指南、课程故事，编辑成果集
王建厂	男	42	本科	一级教师	体育教学	智育、美育、劳育研究，学科课程指南、课程故事
高荣涛	女	42	本科	一级教师	数学教学	智育、美育研究，学科课程指南、课程故事
刘硕	男	36	本科	二级教师	生物学教学	德育、智育、美育、劳育研究，学科课程指南、课程故事
高燕荣	女	48	本科	一级教师	劳动教育	德育、智育、美育、劳育研究，学科课程指南、课程故事
王雅倩	女	27	硕士研究生	二级教师	英语教学	德育、智育、美育研究，学科课程指南、课程故事，整理成果集

2. 课程性质

建构学校"本草园"课程，解决项目式课程的开发问题，形成"本草园"课程指南。跨学科实施"本草园"课程，解决课程实施中师生的教学方式的转型和教师之间深度合作开展德智体美劳教育的问题，在学校扎实地落实"五育"并举的要求。

3. 课时安排

每学期20课时，总课程跨4个学期，共计80课时。

二、课程背景

（一）历史背景

2018年我校与北京中医药大学共建，借助北京中医药大学的物质资源优势，在校园内已大面积种植20余种中草药，如金银花、祁菊花、凌霄花、决明子等，绿化美化校园，形成了"本草园"；借助北京中医药大学的人力资源优势，前期曾开设校园食育、中草药种植采摘、中医膏剂制作、心理疏导等方面的特色社团活动，初步培养了学生对中医药传统文化的兴趣。

2018年9月，习近平总书记在全国教育大会上提出，要努力构建德智体美劳全面培养的教育体系，形成更高水平的人才培养体系。自2018年开始，国家教育纲领性文件将开展德智体美劳全面教育、培养学生"五育"全面发展作为当前教育工作和未来教育发展关注的重点内容。

由于现有的"五育"并举的相关研究中没有和"本草园"相关联的；"五育"并举的相关研究中涉及初中学段的相对较少。所以本课题将尝试构建"本草园"课程，研究初中学段"五育"并举的相关内容。

（二）现实背景

2022年4月，教育部印发义务教育课程方案和课程标准，要求于2022年秋季学期开始全面实施。课程方案确立的义务教育培养目标是"使学生有理想、有本领、有担当"，德智体美劳全面发展。党的二十大报告提出"推进健康中国建设""促进中医药传承创新发展"。

为深化教学改革、实现中学教育良好发展，在贯彻立德树人、实现人才培养"五育"并举的教育背景下，如何把握"五育"并举的内涵要求并实现在当前中学教学中的渗透是需要重点关注和研究的问题。

本课题旨在通过建构"本草园"课程，实施跨学科实践育人，传承优秀中医药传统文化，实现"五育"并举育人。

三、课程目标

1.学校课程建设目标

（1）充分挖掘校内中草药课程资源，建构学校"本草园"课程，形成"本草园"课程指南。

（2）跨学科实施"本草园"课程，开展德智体美劳教育，在学校扎实落实"五育"并举，落实"立德树人"的教育目标。

2. 学生成长目标

（1）德育方面，依托于中医药开展传统文化、感恩、心理健康教育和实践。

（2）智育方面，通过认知中草药，开展生物学相关知识的学习和实践。

（3）体育与健康方面，通过药食同源的食育来促进学生身体健康发展。

（4）美育方面，通过制作中草药标本、中草药绘画或粘贴画等课程发展审美能力。

（5）劳育方面，通过中草药种植及菊花茶、决明子茶、膏剂制作等，发展劳动能力和素养。

3. 教师成长目标

（1）教师"本草园"课程设计能力提升。

（2）教师跨学科合作实施课程，"五育"并举育人能力提升。

四、课程价值和意义

（一）价值

1. 课程价值

立德树人目标的实现迫使中学教学更加关注学生的全面发展，更加关注学生德智体美劳的培育，从"五育"的局部重视到"五育"并举，并通过"五育"并举来提高学生的核心素养，实现"五育"并举在教学中渗透的重要意义不言而喻。

2. 理论价值

立足于落实立德树人、实现德智体美劳全面培养"五育"并举的教育发展背景，对"五育"并举渗透教育现状进行调查，现有的"五育"并举相关的研究中没有和"本草园"相关联的；"五育"并举的相关研究中涉及初中学段的相对较少。本研究能在一定程度上弥补理论上的空缺。

3. 应用价值

探索利用中草药资源建构"本草园"课程，实现德智体美劳全面培养的有效策略方法，主要体现为以培养有理想、有本领、有担当的德智体美劳全面发展的社会主义建设者和接班人为目标，打破单一学科教学，统整课程内容，创设学习情境，设计跨学科主题教学，突出实践，依据学生完成学习任务的难点及所需的帮助，不同学科的教师参与到学生的学习中来，或进行知识补充，或进行方法指导，强化知行合一、学思结合，"做中学""用中学""创中学"，促进学生全面发展。

（二）课题意义（对教育教学改革的现实意义、长远意义等）

从课程培养目标出发，研究如何构建"本草园"课程，培养德智体美劳全面发展的学生。发挥教师已有的学科课程实施经验，利用学校现有的草药资源，探索"走进中草药"项目化学习，跨学科设计主题学习任务，让学生在真实情境中发现问题、解决问题，掌握基本的生活技能，树立健康意识，强身健体，健全人格，向善尚美，提升合作能力、团队精神，传承中华优秀传统文化。在这一过程中，项目式课程的开发、课程实施中师生的教学方式的转型、校内外资源的整合以及教师之间的深度合作是关键。通过学习培训、交流分享、实践改进，推进"本草园"课程建设，落实"五育"并举。探讨实现德智体美劳全面培养的有效策略方法，为中学教育进行"五育"并举教学活动提供指导参考、相关启示和有益借鉴。开展"本草园"课程的"五育"并举研究，增强中学教师对德智体美劳"五育"的一致性重视，真正提升学生核心素养，促进学生全面发展。

五、课程内容

1. "本草园"的定义

"本草园"以药用植物为主，意在将以中草药为主要内容的中医药传统文化作为学校特色生长点。

2. 课程内容（按领域、跨学科建设"本草园"课程）

学科	内容	领域
道德与法治、语文	中医哲学、《千金要方》《本草纲目》《伤寒杂病论》《汤头歌诀》	德育、智育
语文、历史	古汉语与《本草纲目》、中草药与古诗词、古代先贤对中草药的探索、中医传统文化	德育、智育、美育
体育与健康、心理	食育、中医保健理论、个人自我心绪调节	智育、体育

续表

学科	内容	领域
美术、信息科技	中草药写生、粘贴画、网络资源、电脑绘画	智育、美育、劳育
劳动	中草药的种植（耕读文化）、采摘、炮制、将成品赠送师长，药食同源，生活中（厨房中）的中草药	劳育、德育
生物	认识中草药、中草药的药性功效	德育、智育、美育
地理	中草药的生长条件	智育
数学	田亩、中医与数	智育
英语	专有名词、英语校园导游	德育、智育

　　教师进行对项目式课程的探索，这一过程提升了教师的课程实施能力，培养了学生的劳动技能、合作精神。劳动学科教师带领学生开展项目学习，种植、采摘中草药，制作菊花茶、金银花茶、决明子枕头等。

　　美术教师带领学生画中草药，在校园中认识美、发现美、创造美。生物教师带领学生从植物角度研究身边的中草药，采摘中草药，学习中草药知识，合作探究，关注课堂生成，促进学生思考，让学生在真实的情境中学习知识、明辨是非、发现问题、研究问题、寻找解决问题的办法，开展学科德育。数学教师带领学生开展量一量中草药的土地、茎叶花以及产量计算、土地利用等实践活动，语文教师带领学生查找关于中草药的诗词、写校园中草药观察日记，让学生解决现实生活中的问题。

六、课程实施

　　教师之间深度合作进行跨学科教学研究，提升课程实施能力，培育必备品格和关键能力。学科教师依据课标和学校育人目标，利用学校中草药资源，开展跨学科实践活动，将德智体美劳"五育"融入学科教学之中，具体而言：德育方面，依托于中医药开展传统文化、感恩、心理健康教育和实践；智育方面，通过认知中草药，开展生物学相关知识的学习和实践；体育与健康方面，通过药食同源的食育来促进学生身体健康发展，引进校园食育、中医膏剂制作、心理疏导等方面的特色课程，让学生明白吃动平衡，合理膳食、加强运动，从而在体育课上积极主动地进行锻炼，培养学生的动手能力，激发学生的学习兴趣，提升学生的综合素质；美育方面，通过制作中草药标本、中草药绘画或粘贴画等课程发展审美能力；劳育方面，通过中草药种植及菊花茶、决明子茶、膏剂制作等，发展劳动能力和素养，劳动学科教师和道德与法治学科教师合作采菊花、送菊花，学生以解决问题为导向学习有用的知识，培养学生的合作、担当精神，培育必备品格和关键能力。

七、课程评价

在实践的基础上，编制"本草园"课程指南，用"本草园"系列课程将"五育"整合其中，培育"有爱、奋进、坚韧、担当"的逐梦少年。

时间	预期成果及表现形式	成果名称	负责人
2023 年 9—11 月	学科课程指南　文本	"本草园"课程实施指南	崔山林（学科教师）
2024 年 12 月	成果集　文本	"本草园"课程案例、故事集	毕晶（学科教师）

八、课程特色

1. 发掘本草资源，建设跨学科学习场域

"本草园"室外区域由"多样植物观察区""药用植物观察区""室外种植体验区"三大功能区组成。其中，"多样植物观察区"和"药用植物观察区"有几十种特色本草植物；"室外种植体验区"按班级、社团等划分为不同区域，为学生提供个性化的学习空间。"本草园"课程融科技、文化、中医药传统元素为一体，开发了以"弘扬中草药传统文化，关注生命教育"为价值追求的特色课程群，建构了"本草园"课程的开发、实施、评价框架，形成了以"本草园"为核心的学校文化。

2.开设本草课程，落实跨学科学习内容

学校课程建设和硬件设置在命名上均融入"本草"元素，寓意将中医药传统文化作为学校特色生长点，将中草药课程打造成传承中华民族传统文化、普及中草药知识的科学启蒙课程。"本草园"课程立足学生的个性发展需要，为学生多元化发展提供了必要的支持。课程从"人与自然""人与文化""人与科技""人与人"等维度组织课程内容，涉及中草药的基础知识、历史与文化及种植应用等，授课教师系统研究中医药理论与实践，为不同年龄段的学生提供针对性的课程服务。

3.传播本草魅力，增强跨学科空间影响力

学校依托"本草园"活动场域，不断迭代、提升课程品质。自2023年，学校启动校园"本草园"课程，师生全员参与，积极性高。

近年来，学校定期向周边社区居民普及各种中草药知识，推广健康环保的生活理念；联合部分社区医院、北京中医药大学等高校，开展中医药文化宣传教育活动。今后，学校将继续拓展"本草园"课程的外延，不断优化跨学科综合学习空间的"学习生态群"，助力中医药传统文化更好地走进课堂、走向社区，以人们喜闻乐见的方式普及中医药知识、传播健康理念、扩大社会影响力，倡导绿色健康的生活理念，将跨学科综合学习空间打造成"无边界"的学习新场域。

案例四：跨越时空，与"猿"相见

一、课程信息

开发团队：赵云莎、范大维、曾超、王丽英、韩阳、宋雪晴、陈小云。

课程性质：多学科综合实践课程。

课时：12课时。

参加对象：高一、高二学生。

二、课程背景

周口店北京人遗址作为世界闻名的古人类遗址，承载着不可估量的历史文化价值。这里保存着丰富的古人类化石，犹如一座时光宝库，生动地呈现远古人类的生活画卷与进化轨迹，能让处在高中学段的学生深刻感受先人的智慧与创造力，进而增强民族自豪感和文化认同感。

　　综合实践课程致力于培养学生的综合素质与实践能力。本课程融合了化学、地理、历史及生物学等多学科知识，为学生搭建了一个独特的学习平台。学生走出传统课堂，来到周口店北京人遗址博物馆，将书本知识与实地观察、亲身体验紧密结合。这种学习方式不仅能激发学生的学习兴趣，提升学习效果，还能培养他们的观察力、思考力和创新能力。多学科知识的融合有助于学生打破学科界限，促进对不同学科知识的理解与运用，拓宽知识视野，提升综合素养。

三、课程目标

　　本课程主要面向普通高中学生开展，由历史、地理、化学、生物学教师组织实施，体现了校内知识学习与校外研学实践的知行合一，目标如下：

（一）时间的使者任务目标

　　以周口店北京人遗址中的考古证据为依据，从微观角度认识周口店北京人遗址中涉及的物质组成，认识原子结构，了解原子核外电子的排布和元素性质变化的规律。深入理解碳钟以及同位素测年法的原理。认识化学在考古研究中的重要作用，增强学生保护文化遗产和运用化学知识为社会服务的责任感。

（二）空间的媒介任务目标

　　能够正确看待地理环境与人类活动的相互影响，深入认识两者相互影响的不同方式、强度和后果。理解人们对人地关系认识的阶段性表现及其原因，形成尊重自然、和谐发展的态度。通过考察、实验、调查等方式获取地理信息，探索和尝试解决实际问题，具备活动策划、实施等行动能力。

（三）人类的起源任务目标

　　了解中国境内有代表性的石器时代的文化遗存，认识它们与中华文明起源以及私有制、阶级和国家产生的关系。引导学生运用历史唯物主义的基本立场、观点、方法，在历史时空框架下把握重要的历史事件、历史人物和历史现象。理解历史进程中的变化与延续、继承与发展、原因与结果，建构历史发展的前后联系，认识历史发展的总体趋势。

（四）生命的进化任务目标

让学生参与调查、观察、实验和制作等活动，引导学生基于生活经验发现和提出问题。如搜集北京猿人进化证据及生物进化理论发展的资料，探讨生物进化观点对人们思想观念的影响；学习有关概念、原理、规律和模型，应用有关知识分析和解决实践中的问题，体验科学家探索生物生殖、遗传和进化奥秘的过程。

四、课程内容

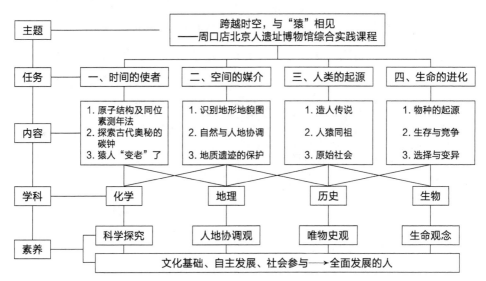

本课程以周口店北京人遗址博物馆为研学基地，以房山区已有的优秀校本课程为基础，在高中学段整合化学、地理、历史及生物学等多学科知识，开发综合实践课程。

本课程以"跨越时空，与'猿'相见"为主题，设计了时间的使者、空间的媒介、人类的起源、生命的进化四个学习任务，通过校馆协同、小组合作、实践探究等多维活动的开展，发展学生的唯物史观、人地协调观、生命观念、科学探究等核心素养和家国情怀。

五、课程实施

课程分为三个阶段：

第一阶段为行前准备，主要指研学课程实施前的预备工作，包括教学准备和学校课程，教学准备包括教师准备和学生准备，学校课程突出问题式教学，引发学生思考，培养学生的探究意识，做好与场馆课程的衔接。

第二阶段为行中研学，主要指实施设计好的研学课程。场馆课程包含六个部分，分别是课程主题、活动目的、活动前提、活动设计、背景资料以及研学记录卡。课程主题结合学校课程与场馆资源进行设计，活动目的细化至活动设计，明确活动设计的意图以及预期成果。活动前提包括课标分析、教材分析、学情分析。活动设计是场馆课程的核心部分，突出强调学生的主体性，充分发挥教师的引导作用。活动设计以参观记录、动手操作、探究推理等活动为主，鼓励学生真正参与，学会学习。背景资料辅助教材内容和场馆资源，帮助学生更好地了解所学，运用所学。研学记录卡是用于引导学生学习和记录的学习手册，既是学生活动过程中必不可少的学习工具，也是课后教学评价的重要依据。

第三阶段为行后总结，主要指场馆课程实施之后，教师和学生及时总结学习心得。设计学校课程，以总结场馆活动的收获，拓展和深化该课的内容，对本次研学活动进行评价并反馈给博物馆教育工作人员，校馆合力优化博物馆研学课程。

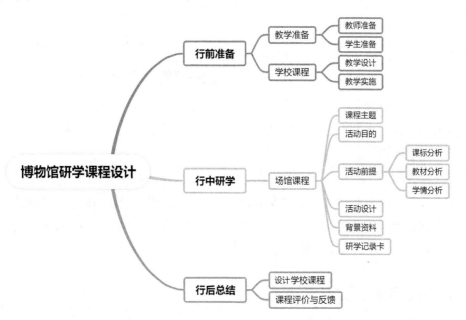

具体的课程活动设计如下：

学习任务	学习活动	设计意图
时间的使者	1.原子结构及同位素测年法 　　有些同位素是不稳定的，随着时间的推移将衰变成一种或多种同位素，每种同位素放射衰变的速率是恒定的。同位素衰变为最初总量的一半所需要的时间称为该同位素的半衰期。累积的衰变产物与原始同位素剩余量的比值，可用来测定含有放射性矿物的岩石年龄	理解微观化学原理及技术对考古学的重要价值
	2.探索古代奥秘的碳钟 　　美国化学家威拉得·利比（Willard Libby）根据碳-14的半衰期这一特性，创立了一种崭新的化学分析法——放射性碳-14断代法。由于这种方法应用广泛、准确无误，具有重大的科学价值，因此，他于1960年获得了诺贝尔化学奖。 　　考古工作者对碳-14的别称是碳钟，这是因为碳-14的半衰期是5730年，即经过5730年，碳-14的含量才减少一半。因此，在远古年代的物品中，都能检测出尚未衰变的碳-14。所以，考古工作者从遗址、古迹中采集到一块木片，只要测定一下其中碳-14的含量，就可以推算出这块木片的年代，从而得出该遗址、古迹的年代	了解碳钟的原理及实际价值
	3.猿人"变老"了 　　《"北京猿人变老"成热点　部分报道与事实有出入》（中新网，https://www.chinanews.com/cul/news/2009/03-18/1606855.shtml）	感受科技进步对科学研究发展的重要价值
空间的媒介	1.识别地形地貌图 　　学习地形图的判读，如等高线地形图、分层设色地形图、地形剖面图等	识别周口店地区地形地貌
	2.自然与人地协调 　　人地关系思想：任何生物在生存和发展过程中，都与自然环境发生了相互的作用，包括我们人类，一方面我们需要向自然环境索取各种我们生存和发展所需要的物质与能量，包括空气、水资源、矿产资源、土地资源、生物资源等；另一方面我们在利用来自自然环境的各种物质和能量的过程中，会产生一些废弃物，人类社会内部无法利用消化，就需要将其排放到自然环境中去	正确看待地理环境与人类活动的相互影响

续表

学习任务	学习活动	设计意图
空间的媒介	3.地质遗迹的保护 地质遗迹是指在地球演化的漫长地质历史时期，由于内外力的地质作用，形成、发展并遗留下来的珍贵的、不可再生的地质自然遗产。其主要类型包括：有重大观赏和重要科学研究价值的地质地貌景观；有重要价值的地质剖面和构造形迹；有重要价值的古人类遗址、古生物化石遗迹；有特殊价值的矿物、岩石及其典型产地；有特殊意义的水体资源；典型的地质灾害遗迹；等等。 人类对地质遗迹资源的利用是通过对地质遗迹资源的开发和保护过程实现的。当前，切实保护好珍贵的地质遗迹资源，对促进国民经济发展、改善人民生活和生态环境具有重要的意义。地质遗迹保护是自然保护的重要内容	形成从空间—区域视角认识地理事物和现象的意识，对地理事物和现象的空间格局有较强的观察力
人类的起源	1.造人传说 人类是如何诞生的？随着现代科学的不断发展，人们发现并否定了达尔文的进化论中关于人是从猿猴进化而来的观点。在地球的发展史中，人类似乎跟其他物种有着巨大的差异。 华夏神话造人传说——女娲被称为"始祖母神"。 西方主流神话造人说——把亚当、夏娃当作始祖	体会人类在认识自身过程中精神上的需求和认识上的进步
	2.人猿同祖 英国生物学家达尔文发表《物种起源》一书，指出生物经过生存斗争、自然选择，由低级向高级逐渐发展变化才形成了多种多样的生物世界，并在该书的末尾部分暗示人类是由动物起源的。文章发表后遭到教会的猛烈攻击。赫胥黎积极地支持这一观点，他在1863年提出人类和猿类由同一祖先分化而来，也即人猿同祖论。达尔文在1871年又发表了《人类的由来及性选择》，指出了人类也是进化的产物，通过变异、遗传和自然选择从古猿进化而来	引导学生运用历史唯物主义的基本立场、观点、方法，在历史时空框架下把握重要的历史事件、历史人物和历史现象

续表

学习任务	学习活动	设计意图
人类的起源	3.原始社会 　　原始社会是人类社会发展的第一阶段，处于原始社会的人类生产力水平很低，生产资料都是公有制的。随着生产力水平的提高，出现产品的剩余之后，就出现了贫富分化和私有制，原先的共同分配和共同劳动的关系被破坏，进而被"剥削与被剥削"的关系代替	通过了解中国境内有代表性的石器时代的文化遗存，认识它们与中华文明起源的关系
生命的进化	1.物种的起源 　　随机变异自然选择学说提出了"物竞天择""适者生存""遗传变异"等影响巨大的观点，并用大量资料证明了形形色色的生物都不是上帝创造的，而是在遗传、变异、生存斗争和自然选择中，由简单到复杂、由低等到高等不断发展变化的，这种变化是自然界内部矛盾斗争的结果	通过游戏感受宇宙的进化历程
	2.生存与竞争 　　在宇宙中，物质之间的关系有许多种，包括非生物之间、非生物与生物之间、生物与生物之间的关系。自从生物出现在这个世界上，它就处在一个不断演化的趋势中，生物的进化是在竞争这样的物质作用模式下实现的。 　　自然选择不过是生物进化的表象原因，而生物进化的实质是宇宙物质结构及关系的演化。生命的存在受到环境中各种因素的影响，不仅受地理、气候环境的影响，同时受其他生物存在的影响。生物之间的关系是更高层次上的物质关系，我们通常所说的生态体系是一个由不同生物所组成的相互关系体系。自然界中有不同种类的生物及个体，生物内在和环境外在的因素，导致了生物之间竞争关系的产生	引导学生基于生活经验发现和提出问题

续表

学习任务	学习活动	设计意图
生命的进化	3. 选择与变异 从生物学的角度来看，遗传是为了适应，从而持续保持下去，而变异则是为了获得新的适应。 生物的繁殖会使生物产生大量的后代。在繁殖的过程中会出现变异，变异的后代和未变异的后代之间会存在差异。环境能够容纳的个体数量是一定的，后代中必然会有大量的个体被淘汰，只有少量优秀的后代能存活下来。这个淘汰的过程就是"自然选择"的过程。当变异的后代存活下来时，生物就发生了进化	应用有关知识分析和解决实践中的问题，体验科学家探索生物生殖、遗传和进化奥秘的过程
成果展示	问题解决类成果： 制作研学方案、路线图 制作展品名片 制作"跨越时空，与'猿'相见"主题文创 担任展馆义务讲解员等	预设展示方式、展示对象、展示内容、评价标准等
	个人成长类成果： 制作海报或 PPT，交流学习体会 组织相关主题辩论赛等	

六、课程评价

对课程采取定量评价和定性评价相结合的方式，定量评价参见下表；定性评价借用研学旅行档案袋进行，将研学旅行中的成果和研学旅行报告以及教师对本次研学旅行的评语进行整理装袋，作为研学评价的重要参考。

研学评价量表					
评价内容		评价指标	评分		
			自评	组评	师评
表现性评价	课堂综合	上课专注、积极思考、积极参与活动			
		能独立思考，具有创造性思维，能提出不同的方法解决问题			
	研究学习	能有效提取资料中的关键信息			
		能依据资料进行有逻辑的推理、分析			
		能得出科学、合理的研究结论			
		能对现象进行精准表述			
	表达交流	勇于表达自己的观点，条理清晰			
		擅于与他人合作，虚心听取别人的意见			
		能对项目成果进行生动展示			
结果性评价	成果完成	完成任务一成果			
		完成任务二成果			
		完成任务三成果			
		完成任务四成果			
	知识生成	发展化学学科相关素养			
		发展地理学科相关素养			
		发展历史学科相关素养			
		发展生物学科相关素养			
赋值方法	完全能做到：3 分　部分能做到：2 分 偶尔能做到：1 分　完全做不到：0 分				
总成绩（自评 30%，组评 30%，师评 40%）					

周口店北京人遗址博物馆多学科综合实践课程——"跨越时空，与'猿'相见"是一门极具教育价值的课程。从课程内容来看，以周口店北京人遗址博物馆为研学基地，充分利用了当地优秀的校本课程资源，将化学、地理、历史及生物学等多学科知识进行有机整合，为学生提供了丰富多元的学习体验。四个学习任务——时间的使者、空间的媒介、人类的起源、生命的进化，设计巧妙且主题明确，能够引导学生从不同角度深入探索人类的发展历程和生命的奥秘。

在教学方法上，校馆协同、小组合作、实践探究等多维活动的开展，极大地激发了学生的学习兴趣和主动性。学生在合作中学会沟通与协作，在实践探究中培养了科学探究能力和创新思维。同时，这种教学方式也有助于发展学生的唯物史观、人地协调观、生命观念等核心素养，使学生在学习知识的同时，树立正确的价值观和世界观。

课程注重对学生核心素养的培养。通过对周口店北京人遗址的深入研究，学生不仅能够了解人类的起源和进化，还能深刻体会家国情怀。学习历史能够培养学生的唯物史观，让他们明白人类社会的发展规律；地理知识的融入使人地协调观得以强化，学生认识到人类与自然环境的相互关系；生物学的内容则有助于学生树立生命观念，尊重生命、珍惜生命。

第三章

变革育人方式：跨学科主题学习

第一节　跨学科主题学习的概述

一、什么是跨学科主题学习

跨学科主题学习的概念并不是一蹴而就的，它的萌芽可以追溯到 20 世纪中叶，随着社会对综合型人才需求的增加，教育界开始反思传统分科教学的局限性。随后，项目式学习和探究式学习的发展，为跨学科学习的研究提供了实践基础。21 世纪，随着全球化和科技的迅猛发展，跨学科教育理念得到了更广泛的认可和实践，特别是在 STEM（科学、技术、工程和数学）教育的推动下，跨学科主题学习成为教育改革的前沿。

跨学科主题学习以发展学生核心素养为目标，整合两个或两个以上学科的知识、方法、思维、思想等内容的学习主题，考察与探究主题之下的问题，这种学习方式兼具综合性与探究性，本质上是一种集综合性与探究性于一体的尝试学习方式。这种学习方式鼓励学生在实际问题解决中，综合运用数学、科学、文学、历史、艺术等多个学科的理论与实践知识。与传统的分科教学相比，跨学科主题学习更注重知识的横向联系，强调学习的实践性和综合性。它打破了传统学科之间的界限，将不同领域的知识和技能有机融合，使学生在解决实际问题的过程中，不仅能拓宽视野、深化理解，还能培养批判性思维、创新精神和团队协作能力。这种学习方式不仅能满足学生全面发展的需要，更是使学生能适应未来社会发展的必然选择。

2022 年版义务教育课程标准设置了跨学科主题学习，但提法并不完全相同。如在语文学科中它被称为"跨学科学习"；在数学学科中它被纳入综合与实践领域，主要包括"主题活动"和"项目学习"；在历史、地理、信息科技、体育与健康学科中它被称为"跨学科主题学习"；在化学学科中它被称为"化学与社会·跨学科实践"；在生物学学科中它被称为"生物学与社会·跨学科实践"；在物理学科中它被称为"跨学科实践"。撇开学科角度，我们对各学科课标的相关要求做总体浏览，可大致将其分为两类：一类跨学科主题学习常常有明显的主导性学科，多从该学科的知识、概念出发确定主题和目标，也基本不涉及其他学科教师的实质性参与，这类学习有时也被称为"学科实践活动"。另一类通常以某个复杂的自然科学或社会性议题为核心，要求学生综合运用多学科的知识、概念等来思考和解决问题，教师则需要从自己的学科"跨"出来，与其他学科教师集体备课、联合教研，以帮助学生实现复杂问题的解决。参照义务教育课程标准的规定，虽然各学科使用的概念稍有差异，比如"跨学科主题学习""跨学科实践""综合与实践"等，但在超越传统单一学科的视角审视一个重要主题、问题或议题这一点上，跨学科主题学习的概念有一定的综合性。义务教育各学科所确立的不少于 10% 课时的跨学科主题学习主要是指基于学生的素养发展需求，围绕某一研究主题，以本学科课程内容为主干，运用并整合其他学科的知识与方法开展综合学习的一种方式。

二、跨学科主题学习的重要意义

1. 激发学生的学习兴趣

传统的分科教学往往导致学生对单一学科产生厌倦情绪，而跨学科主题学习则通过多样化的学习活动和情境模拟，让学生在实践中感受知识的魅力和价值。对于学生来说，解决实际问题的兴趣往往高于单纯学习理论的兴趣。跨学科主题学习通过设计有趣和具有挑战性的学习任务，提高学生学习的积极性。例如，在"设计景区参观路线"的跨学科主题学习中，以设计一个景区游览路线图为任务，综合运用数学、美术和语文等学科的知识，如数学学科中的实际测量、方向与位置、描述路线等内容，美术学科中的绘画与设计、色彩搭配与运用等内容，语文学科中的口语交际等内容。这种实际操作和创造性的学习任务，不仅能激发学生的学习兴趣，还能培养他们的创新思维。

2. 提高学生的实际问题解决能力

跨学科主题学习通过设计真实的学习情境，帮助学生将学科知识应用于实际问题，提高他们的实际问题解决能力。例如，在"能量及物质的转化利用——设计载人航天器用化学电池与氧气再生方案"跨学科项目中，根据载人航天领域的真实问题，设计了两个微项目：一是化学电源的选择与优化（含学生实验），二是氧气再生方案的设计与选择。这两个微项目活动都要求学生在运输成本高、物质与能量稀缺的限定条件下进行方案设计，并进行选择与优化，意在综合应用以化学为主的多学科知识，实现复杂陌生情境下能量及物质的转化利用。本项目学习以课堂教学为主，延伸至课后新型电池的评价及项目方案设计相关问题的讨论，引导学生尝试综合运用多学科知识解决新问题。

3. 培养学生的团队合作能力

跨学科主题学习通常需要学生通过小组合作的方式完成学习任务。在团队合作中，学生需要分工合作、互相交流和分享经验，培养他们的团队合作和沟通能力。例如，在"保护北京人遗址之我行"这个跨学科主题学习活动中，提出了保护猿人洞面临哪些问题，地理、化学、生物三科教师与学生一起到北京人遗址博物馆进行实地参观考察。学生分为地质组、大气组、水系组、土壤组、植被组五个研究小组，分别研究地壳运动、附近大气、附近水系、遗址及附近土壤的岩体组成和附近植被对猿人洞的影响，每组负责研究不同的影响因素，然后通过合作整合各自的研究成果，课堂上学生把获得的各种信息进行汇总并交流，师生共同分析猿人洞保护面临的问题，提出相应的可行性保护方案。这种团队合作的学习过程，有助于学生提高他们的团队合作能力。通过团队协作，他们深化了对学科知识的理解，学会了如何倾听他人意见、协调分歧和共同解决问题。这种学习方式，不仅培养了学生的自主学习能力，还提高了他们的社会交往能力和团队合作、沟通的能力。

4. 促进学生的综合能力发展

跨学科主题学习通过整合不同学科的知识，帮助学生建立全面的知识体系，培养他们的综合能力。在"我是家乡小导游"这一跨学科主题活动中，从学生熟悉的家乡着手，把如何介绍身边的景区这一问题转化为每个小组的研究主题。在活动过程中，学生以小组的方式开展活动，选择一个景点，通过实地考察、访问、搜集信息等方式，深入了解这个景区的历史文化、景点特色，最后以诗歌、线路图、导游讲解等方式展示研究成果，培养了学生的综合素质。这种综合性的学习过程，有助于学生全面发展，提高他们的知识整合能力和实际应用能力。

三、跨学科主题学习的主要特点

1. 主题中心性

跨学科主题学习以一个具有广泛吸引力和现实意义的主题为学习的出发点，这个主题能够激发学生的学习兴趣，促进知识的主动探索。在主题开发与学习内容选择时，要重视学生自身的发展需求，尊重学生的自主选择。教师要善于引导学生围绕学习主题，从特定的角度切入，选择具体的学习内容，并制定目标任务，提升自主规划和管理能力。

2.学科整合性

跨学科主题学习超越传统单一学科方法的束缚，在解决真实问题中借用、移植多学科的方法，拓展认知边界，强调不同学科知识的相互渗透和整合，通过跨学科的视角分析问题，使学生理解知识间的内在联系，形成更全面的知识结构。在跨学科主题学习中，教师通过设计跨学科的项目，将不同学科的知识进行整合，使学生能够从更广泛的视角理解问题。这种整合的方式不仅能帮助学生加深对个别学科知识的理解，也能提高他们对知识整体性的把握。

3.学生主体性

跨学科主题学习鼓励学生主动参与，通过探究式学习，培养自主学习能力、团队合作能力和沟通能力，使学生在学习过程中更加积极。跨学科主题学习强调学生亲身经历学习活动，实际操作和解决问题，通过项目、实验、实地考察等形式，在"动手做""实验""探究""设计""创作""反思"的过程中进行"体验""体悟""体认"，在全身心参与的活动中，发现、分析和解决问题，增强学习的实用性和体验性，发展创新能力。

4.评价多元化

评价不能局限于传统的书面考试，而要采用项目评估、自我反思、同伴评价等多种方式，更加全面地评估学生的学习过程和成果。突出评价对学生的发展价值，要充分肯定学生学习方式和问题解决策略的多样性，鼓励学生自我评价与同伴间的合作交流和经验分享。提倡多采用质性评价方式，避免将评价简化为分数或等级。要将学生在跨学科主题学习中的各种表现和学习成果作为分析考查学生学习状况的重要依据，对学生的学习过程和结果进行综合评价。

四、跨学科主题学习设计与实施的要求

成功的跨学科主题学习需要精细的课程设计和规划、有效的教学方法、灵活的评价与反馈机制以及教师的专业素养。教师需要具备跨学科的知识和技能，能够灵活运用各种教学方法和策略。此外，评价与反馈机制也是跨学科主题学习的重要组成部分，通过有效的评价可以及时发现问题并进行调整。

1.精心设计教学活动

（1）主题要适切。

在跨学科主题学习的实践中，选择一个能够整合多个学科知识的主题是跨

学科主题学习课程设计的关键。主题不仅决定了学习内容的深度和广度，还直接影响了学生的学习动力和兴趣。所以，主题的选择应基于学生的兴趣和实际需求，确保学习内容与学生生活紧密相连，具有现实意义和挑战性，能够激发学生的探究欲望。

主题的选择还需考虑其跨学科融合的可能性与深度。一个好的跨学科主题应当能够自然地连接多个学科领域，促进知识的交叉与融合。以"北京人遗址保护"为例，这一主题不仅涉及历史学的知识，还融合了艺术、社会学、地理学等多个学科的内容。通过跨学科的学习，学生能够更全面地理解文化遗产的价值与意义，掌握多种保护方法和技能，形成综合性的知识结构和能力体系。

在确定主题时，还可以借鉴一些分析模型或理论框架，以确保主题的合理性和科学性。例如，可以使用 SWOT（优势、劣势、机会、威胁）分析来评估不同主题的潜在价值和挑战；或者采用布鲁姆教育目标分类法来明确学习目标和评价标准。这些工具和方法有助于我们更系统地思考和规划跨学科主题学习的内容和过程。

此外，值得注意的是，跨学科主题的选择并非一成不变的，而应随着时代的发展和学生的需求进行动态调整。在确定主题时，应鼓励学生和教师共同参与讨论和决策过程，让学习主题更加贴近学生的实际需求和发展方向。

（2）教学目标要明确。

在设计跨学科主题学习课程时，需要明确教学目标。这些目标应包括知识目标、技能目标和态度目标。教学目标可以分级呈现，如跨学科总目标、学科分目标及各环节具体目标。例如，在"星际生态园"探险记跨学科项目实践学习中，设计了如下教学目标。

跨学科总目标：使学生能够综合运用生物学、化学、物理学、艺术及社会学等多学科知识，深入理解"星际生态园"中的物种多样性、生态系统运作机制，以及它们与人类社会的相互关系。同时，培养学生的科学素养、创新思维、环保意识和跨学科综合解决问题的能力，为未来解决复杂问题奠定坚实基础。

学科分目标如下：

学科	目标
生物学	科学观念：理解物种多样性的概念，掌握生物分类的基本方法，认识生态系统中的生物组成、结构、功能和相互关系。 科学思维：运用观察、比较、归纳等方法分析生物特性，理解生物与环境的相互作用，形成生态系统的整体观念。 科学探究：通过实验和实地观察，探究生物的生长习性、繁殖方式等，培养提出问题、设计实验、收集数据和分析结果的能力。 科学态度与责任：树立尊重生命、保护生物多样性的观念，形成可持续发展的环保意识
化学	科学观念：了解土壤、水等自然环境中化学物质的组成、性质及其对生物的影响。 科学思维：运用化学知识分析"星际生态园"中植物生长所需的营养元素，理解施肥对土壤和植物的影响。 科学探究：进行土壤 pH 值测定、肥料效果对比等实验，培养实验设计和数据分析能力。 科学态度与责任：树立科学使用化学物质的观念，关注化学污染对生态环境的影响
物理学	科学观念：理解能量在生态系统中的流动和转化过程，如光合作用中的光能转化为化学能。 科学思维：运用物理学原理分析生态系统中的物理过程，如水分循环、热量传递等。 科学探究：通过模型制作、模拟实验等方式，探究生态系统中的物理现象。 科学态度与责任：关注能源利用效率和节能减排，培养可持续发展的物理观
艺术	审美素养：提高学生对自然美的感知能力，通过艺术创作展现"星际生态园"的美丽与和谐。 创意表达：运用绘画、雕塑、摄影等艺术形式，表达对"星际生态园"物种多样性和生态美的理解。 跨学科融合：将艺术与生物学、生态学相结合，创作具有科普意义的艺术作品
社会学	社会认知：了解"星际生态园"在社区中的作用，以及人类活动对生态环境的影响。 公民责任：参与环保宣传和社区清洁活动，增强社会责任感和环保意识。 跨学科交流：在跨学科项目中与不同背景的同学合作，培养团队协作和沟通能力

各环节具体目标如下：

环节	目标
初入"星际生态园"——生物多样性的探索	掌握外星生物多样性的基本概念和分类方法，能够识别并描述不同外星生物的特征。 培养观察力和记录能力，学会用科学的方法收集和整理信息
深入观察——物种特性的探究	深入了解几种外星生物的行为习性、生存策略等特性，理解它们如何适应外星环境。 培养分析能力和批判性思维，学会从不同角度审视问题，提出自己的见解。 通过物种特性的揭秘，进一步理解生物多样性与生态系统稳定性的关系
生态网络构建——物种与生态的关系	掌握食物网模型的基本原理和构建方法，能够构建并解释星际生态系统的食物网关系。 培养系统思维能力和逻辑思维能力，学会从整体上把握生态系统的结构和功能。 通过生态网络的构建，深刻理解物种间相互依赖、相互制约的关系，以及这种关系对生态系统稳定性的影响
能量之谜——星际生态系统的动力	理解星际生态系统中能量的流动和转换机制，掌握能量金字塔、能量循环等基本概念。 培养跨学科整合能力，将物理学、化学等学科知识应用于生态学问题的分析中。 通过对能量流动的探究，理解能量在生态系统中的重要作用及其对生物生存和繁衍的影响
环境挑战——外星土壤与生物的适应	分析外星土壤、气候等环境因素对生物生长的影响，提出应对策略和解决方案。 培养创新能力和问题解决能力，学会在复杂环境中寻找机会并创造价值。 通过对环境挑战的应对，进一步理解生物与环境之间的相互关系以及生态平衡的重要性
创意无限——环保艺术的宇宙之声	通过艺术创作展现"星际生态园"的生态美。 培养审美素养和创意表达能力，促进艺术与科学的融合
星际联盟——环保行动与团队协作	培养艺术素养和审美能力，通过艺术手段传递环保信息，增强公众的环保意识。 通过作品的展示和交流，提升学生的表达能力和自信心，促进同学间的相互学习和启发

不管是跨学科总目标，还是学科分目标，或各环节具体目标，要做到上一级目标制约下一级目标，下一级目标的落实可以有效推进上一级目标的实现。明确的目标为教学活动提供了具体的任务支持，为教学评价提供了依据。

（3）教学计划要详细。

在确定主题和教学目标后，需要制订详细的教学计划。教学计划应包括课程的时间安排、教学内容、教学方法和评价方式等。教师可以通过团队合作，共同制订和完善教学计划，确保各学科内容的有机整合。

（4）整合利用资源。

跨学科教学需要丰富的教学资源，包括教材、实验设备、信息技术工具等。教师应充分利用学校和社区的资源，如图书馆、实验室、博物馆等，为学生提供多样化的学习材料和实践机会。

2. 选择高效的教学方式

教师可以以"问题"为中心组织教学活动，指导学生学习。不同类型的学习活动有不同的要求和要素。

（1）考察与探究。

考察与探究是学生基于自身兴趣，在教师的指导下，从自然、社会和学生自身生活中选择和确定研究主题，开展研究性学习，在观察、记录和思考中，主动获取知识，分析并解决问题的过程，如野外考察、社会调查、研学旅行等。它注重运用实地观察、访谈、实验等方法，获取材料，形成理性思维、批判质疑和勇于探究的精神。考察与探究的关键要素包括：发现并提出问题；提出假设，选择方法，研制工具；获取证据；提出解释或观念；交流、评价探究成果；反思和改进。这类探究式学习强调学生通过自主探究和实验，理解和应用知识。在跨学科教学中，教师可以设计开放性的问题，引导学生通过探究和实验，整合和应用不同学科的知识。例如，关于传统节日的主题学习活动，可以结合时令，选择端午节、中秋节、重阳节、春节等一个或几个传统节日，利用收集资料、访问、实地考察等方法，了解节日的来历、习俗、故事等；参与体验该节日的1~2种习俗，并进行交流分享，增强对传统文化的探究意识和认同感。

（2）社会服务。

社会服务指学生在教师的指导下，走出教室，参与社会活动，以自己的劳动满足社会组织或他人的需要，如公益活动、志愿服务、勤工俭学等。它强调学生在满足被服务者需要的过程中，获得自身发展，促进相关知识技能的学习，提升实践能力，成为履职尽责、敢于担当的人。社会服务的关键要素包括：明确服务对象及其需要；制订服务活动计划；开展服务行动；反思服务经历，分享活动经验。例如，"我为社区做贡献"的主题实践活动，可以针对社区管理和社区居民的实际需求，让学生利用自己的知识和技能为社区提供力所能及的服务，例如生活援助、公共卫生、困难帮扶、敬老爱老、亲情陪伴、科普宣传等，增强社会责任意识和热心公益、志愿服务的意识。

（3）设计与制作。

设计与制作指学生运用各种工具、工艺进行设计，并动手操作，将自己的创意、方案付诸现实，转化为作品的过程，如动漫制作、编程、陶艺创作等。它注重提高学生的技术意识、工程思维、动手操作能力等。在活动过程中，鼓励学生手脑并用，灵活掌握、融会贯通各类知识和技巧，提高学生的技术操作水平、知识迁移水平，让其体验工匠精神等。设计与制作的关键要素包括：创意设计；选择活动材料或工具；动手制作；交流展示物品或作品，反思与改进。

例如，"阳光智慧手拎包"跨学科主题学习活动，源于学生在学校生活中常常需要携带体育用品、课外书籍、个人生活用品等多种物品，而传统的书包或文具袋已无法完全满足他们日益增长的多样化需求。这是针对小学高年级学生开展的一项跨学科的手拎包设计制作实践探究活动。首先，学生进行了需求调研，通过组织小组讨论和发放调查问卷等方法，全面收集学生对手拎包功能和样式的期望。其次，学生分组对常见的校园用品进行了细致的尺寸测量，并分析数据以确定手拎包的容量和内部结构。再次，学生前往商场、文具店等地，观察并记录现有手拎包的款式，深入分析其结构、材质和外观设计的优劣。基于调研和观察结果，结合自身的创意，学生绘制了设计草图，并在班级内进行展示和交流，互相提出宝贵的修改建议。又次，学生根据最终确定的设计方案挑选合适的材料进行制作，在此过程中教师提供必要的技术指导和安全提醒。最后，学生展示自己精心制作的手拎包，介绍设计理念和功能特点。在交流与展示中，学生反思作品存在的不足，明确改进方向。

3. 评价与反馈机制

（1）评价方式多元化。

跨学科教学需要多元化的评价方式，以全面评价学生的知识、技能和态度。

除了传统的笔试和作业，教师还可以采用表现性评价、项目评价和自我评价等方式。例如，在一个跨学科主题学习结束后，教师可以通过学生的项目展示、报告和反思日志，评价他们的学习效果。

（2）过程性评价与总结性评价相结合。

过程性评价和总结性评价相结合，可以更全面地评价学生的学习过程和最终成果。过程性评价可以通过课堂观察、学生自评和小组互评等方式，及时发现和解决学习中的问题；总结性评价则可以通过项目展示、报告等方式，评价学生的最终学习成果。

（3）反馈要及时有效。

反馈是评价的重要组成部分，及时有效的反馈可以帮助学生了解自己的学习进展和不足，促使他们持续改进。反馈方式应多样化，如口头反馈、书面反馈和同伴反馈等。

4.有专业素养的教师合作团队

跨学科教学对教师的专业素养提出了更高的要求。教师不仅需要具备深厚的学科知识，还需要了解其他相关学科的基本知识和方法。通过参加专业培训和继续教育，教师可以不断提升自己的跨学科知识和技能。

跨学科教学需要教师之间的密切合作和协作。教师可以通过组建跨学科教学团队，共同设计和实施跨学科课程。在团队合作中，教师可以分享各自的专业知识和教学经验，互相学习和借鉴，共同提升教学效果。

跨学科教学需要教师具备创新精神和反思能力。教师应不断探索新的教学方法和策略，勇于尝试和创新。同时，通过反思教学实践，教师可以总结经验和教训，不断改进和优化跨学科教学。

跨学科教学作为一种创新的教育模式，具有重要的理论和实践意义。跨学科教学的优势在于促进学生的综合能力发展、激发学习兴趣和创新思维、培养团队合作和沟通能力、提高实际问题解决能力以及促进教师专业素养提升。

第二节　跨学科主题学习的设计

通过检索文献发现，近两年我国很多学者对跨学科主题学习的设计开展过深入的理论研究。本节主要从设计策略和设计步骤两个维度进行综述。

一、跨学科主题学习的设计策略

跨学科主题学习的设计首先应当关注学生"学"的变化。伍红林[1]认为，跨学科主题学习应当关注"学"的转向，即从知识本位转向素养本位，从封闭固化转向开放增值（学习空间与学习资源处于开放状态），从低通路迁移转向高通路迁移（强调建构结构化的单元网络，在新的大问题解决、大任务完成和旧知识之间建立联系，促进知识与方法的结构化，提升跨学科知识的整合性）。突破学校传统课程组织的固有疆界，引导师生拓宽学科视野、眼光、立场，主动将学科教学与其他相关学科建立关联，实现不同学科知识、方法、思维、视角的多维交叉互动，形成学科间知识、方法、思维和问题解决及任务完成过程的联结，获得对外部世界、复杂事物、真实生活的整体认识，养成综合学习和以综合方式解决真实情境中复杂问题的习惯和能力。同时关注"学"的突破，即学习结构的突破（学习者要进行协同性学习，注重形成问题解决的方法论元策略，开展跨学科深度学习，并最终回到载体学科，实现对载体学科的深度理解）；学习方式的突破（侧重问题解决或任务完成的综合学习，鼓励学生在做中学、悟中学、用中学和创中学）；减负增效的突破。还要关注"学"的重心，即注重学科实践、注重单元视角的整体安排、注重打造"学科+"的融合课程体系。

另外，需要关注的是跨学科主题设计的主战场大多在学校。为了实现真正意义上的"跨学科"，应当在学校层面逐步建立健全跨学科主题学习的校本研发机制。伍红林等[2]认为，首先，学校应当组建研发团队，即各学科需要建立以学科负责人为首，核心骨干示范、全体教师参与的研发队伍，而非单兵作战。其次，理论应适度先行。即在可能的条件下寻求相关理论专家指导，并开展专门的理论学习，然后在实践中转化，建立"理论学习形成新认识—基于新认识形成新方案—基于新方案开展新尝试—基于新尝试发现新问题—基于新问题开展新学习、新重建……"的研发循环。再次，及时固化研发成果，形成校本化实施特色方案、标准和路径。针对优势学科先行尝试一些专题研究，并依托这些专题研究形成专门的跨学科主题学习方案建构跨学科主题学习的"原型"，

① 伍红林. "双新"背景下跨学科主题学习的边界、转变与学校行动 [J]. 课程・教材・教法，2023，43（8）.

② 伍红林，田莉莉. 跨学科主题学习：溯源、内涵与实施建议 [J]. 全球教育展望，2023，52(3).

然后基于实施过程进一步完善方案并做好充分反思。通过这些先行探索做出"原型"，为其他学科、其他教师"打样"，在此基础上进一步推广，逐步使专题研究日常化，并学会在新的日常研究中确定新的研究专题。最后，开展节点活动辐射推广。即当专题研究取得一定突破时，可以及时总结、概括、提炼，在校内或校外开展专门的研讨活动。

二、跨学科主题学习的设计步骤

（一）确定学习主题

在确定学习主题时，伍红林等[①]认为，教师需要从学科（教材）内（如学科大概念、大任务、大问题），或学科（教材）外（通常是学生的校园生活、社会生活、社会热点、研究前沿、大自然等），确定具有通约性的主题，然后以此主题来设计学习单元。具体而言，跨学科主题学习强调学生围绕综合性的主题，展开体验、探究和问题解决、任务完成的全过程，关注学生生活经验、知识经验的结合，贯通多学科知识、技能、思维、方法，然后在真实情境、真实生活及问题解决、任务完成中加以应用。在此过程中建立以主题为聚焦的知识结构（非散点、碎片化的知识）、掌握以主题为聚焦的大问题或大任务的方法结构及过程结构，从而达成对载体学科相关学习内容的深度理解。具体来说，首先，应明确主题选择的要求，注重通约性、生活性、进阶性。其次，应确定主题类型和来源，关注学生的生活事件和生活经验、社会事件和社会问题等，最后，需明确主题使用的要求，即让学生在完成主题任务的过程中深化主题认识。在确定学习主题时，不应仅将目光局限于不同学科的某个知识点间的微观关联，而是应该提高站位，优先从课程 / 学段目标、学业质量，即从核心素养的要求切入，思考学科育人层面的有意义关联，确定单元主题的名称和内容[②]。

需要注意的是，跨学科主题学习的主题选择需要在坚持真实性的同时关注虚拟价值。郭华等[③]认为，跨学科主题学习的"真实"，既非偶然自在生活的直接反映，也非无事实根据的凭空捏造，而是能够激发学生学习活动的问题和

---

①伍红林，田莉莉.跨学科主题学习的"跨""学""评""行"[J].湖南师范大学教育科学学报，2023，22（5）.

②崔允漷，郭洪瑞.跨学科主题学习：课程话语自主建构的一种尝试[J].教育研究，2023，44（10）.

③郭华，袁媛.跨学科主题学习的基本类型及实施要点[J].中小学管理，2023（5）.

情境。它是符合逻辑的、合情合理的。跨学科主题学习的真实情境或真实问题，既要反映原型，又要经过教育的提取与加工。例如，就语言类学科的跨学科主题学习而言，真实的语言学习情境，是能够唤起和引导学生以逻辑的或情感的方式来组织语言与他人对话、辩论、讨论的情境，是能够引导学生在活动中进一步开阔视野、发展能力、形成责任意识和担当意识的情境。跨学科主题学习的"真实"，也并不都是生活问题与情境的提炼与萃取。所谓的"真实问题"也可以来自学科问题，来自学科史、实验情境或虚拟情境等。许多科学概念、科学问题只有放在学科发展脉络里才能被理解。在这个意义上，真实的情境与问题一定根植于学科发展史、概念发展史或问题发展史。

对于新手教师来说，可以尝试先从课程标准和教材中寻找主题，即参考各学科的课程标准和教材内容，寻找具有跨学科性质的主题，如语文中的"传统文化"、数学中的"数据分析与统计"等，这些主题可以与其他学科如历史、地理、科学等相结合，然后在此基础上与其他学科教师一同研讨，共同确定主题。在确定主题时可以遵循一些原则[1]：主题选择需要承载本学科的核心内容，需要联结多学科知识结构，需要紧密联系社会生活，需要考虑学生的兴趣和接受程度，具有可操作性。

（二）明确学习目标

对于跨学科主题学习目标的设计，不同的学者有不同的认识。李刚[2]认为，跨学科主题学习活动的设计应当以重要观念为目标引导。他认为重要观念不同于核心概念，代表的是专家思考的思维方式，而不是专家总结的知识结果。跨学科主题学习活动需要以重要观念为目标引导，最大限度地扩展不同学科的学习空间，透过学习活动的纽带发展学生对重要观念的理解及迁移。

李刚[3]提出，活动目标与主题活动之间的先后顺序需要根据具体情况而定。若是先设置活动目标，则遴选对应的活动主题；若是先遇到较好的活动主题，

①张鸿儒，王小莲.跨学科主题学习之主题选择的"五项原则"[J].中小学管理，2023（5）.
②李刚.义务教育跨学科主题学习活动的内涵指向与设计思路[J].课程·教材·教法，2023，43（7）.
③李刚.义务教育跨学科主题学习活动的内涵指向与设计思路[J].课程·教材·教法，2023，43（7）.

可以分析其可以实现的目标内容。他同时指出，目标的设置需要满足"准确而复杂"的特征。一方面，跨学科主题学习活动目标的设置需要根据预期学习结果进行清晰准确的表述，说明学生能够通过什么来证明其学会什么，并能够根据可观察或可测量的学业行为来明确教师设计学习活动的目的是什么。另一方面，对于跨学科主题学习活动来说，越具体的活动目标，就越容易失去价值。这是因为跨学科主题学习活动对于理解、推理和问题解决有着更高的要求，仅仅使用单个具体任务已经不足以说明更深层次的预期教育结果。

从最基本的角度来看，跨学科主题学习的目标应首先关注学生核心素养的培养，如批判性思维、创新能力、沟通合作能力等。在此基础上关注课程标准间的关联点，确定跨学科主题学习的共同目标，确保学习活动的整合性和连贯性。

（三）组织学习内容

崔允漷等人[1]提出，内容应当结构化，即用一个有意义或价值负载的主题整合两门及以上的科目内容，并将其设计成有组织的学习经验，以便实现联结学习与深度学习。首先，教师在进行教学设计时超越传统的知识本位，站在学生学习经验建构的立场上，以终为始思考学生需建构什么样的经验，在核心素养育人目标的统领下，统整设计知识内容。其次，应坚持以主题为抓手，按需整合三种结构化路径（强调以学生前备知识为基点纵向归纳建构；强调以学科概念为基点纵向演绎建构；结合真实的具体活动横向整合[2]）。跨学科主题学习强调"跨科目"，其结构化组织方式应当是"横纵交叉"的，教师在设计时应选择上述归纳建构或演绎建构的一种，同时以主题为抓手，借由真实情境中的探究活动设计实施。

（四）设计学习活动

基于主题、目标和内容，教师需要设计更具体的学习情境或项目，让学生在解决实际问题的过程中学习和应用跨学科知识。学习活动的形式是多样的，可广泛采用项目式学习、探究式学习、合作学习等多种学习方式，激发学生的

---

[1] 崔允漷，郭洪瑞.跨学科主题学习：课程话语自主建构的一种尝试 [J].教育研究，2023，44（10）.

[2] 张紫红，崔允漷.论课程内容结构化：内涵、功能与路径 [J].课程·教材·教法，2023（6）.

学习兴趣和主动性。在学习活动中，鼓励学生综合运用不同学科的知识和技能，形成跨学科的学习体验。

李刚[①]认为，设计学习活动时应以结构化情境进行过程组织。所谓结构化情境，是指真实情境围绕重要观念经过删减、去除多余的甚至会阻碍学生认清重要观念本质的细枝末节，保留关键性的体现重要观念的事实与特征的实践情境[②]。情境的结构化程度越高，学生重要观念发展过程与其认知水平越一致，越能促进学生的理解与迁移。

伍红林等[③]认为，跨学科主题学习是多种学习方式的综合应用，在教学实践中，学生的跨学科主题学习可以围绕资料收集、方案设计、概念理解、框架构建、路径探索、作品完成、创意发明、假设验证等方面具体展开。其学习时间可长可短、学习空间可以贯通校内校外、学习任务可大可小、学习小组可多可少、学习途径和学习结果多种多样。因此，跨学科主题学习的开展没有固定形式或范式，给予了师生广阔的创作空间，其根本意义在于为师生提供了一种多学科交叉融通的新型学科生活和学习生活的可能。

具体来说，基于不同的学习类型，可选择不同的任务设计路径。例如，当学习目标是"在跨学科主题学习中综合认识知识"时，可以采用探究式学习等形式设计学习任务；当学习目标是"综合运用不同学科知识以解决复杂问题"时，可以采用项目式学习等形式设计学习任务；针对"单学科主导的跨学科主题学习"，要以本学科内容为主干，同时运用并整合其他学科的相关内容开展综合学习；针对"多学科主导的跨学科主题学习"，要以多个学科的共通学习内容为立足点，从不同学科视角出发设计学习任务[④]。

（五）创建学习评价

跨学科主题学习活动的评价设计与普通学习活动的评价设计相比，独特性在于：既要评价学生素养导向下的深度学习水平（考查学生能否运用知识在真

---

①李刚.义务教育跨学科主题学习活动的内涵指向与设计思路[J].课程·教材·教法，2023，43（7）.
②陈友芳.学科任务导向的思想政治学科核心素养测试策略：基于信息不对称博弈理论的思考[J].课程·教材·教法，2016（9）.
③伍红林，田莉莉.跨学科主题学习的"跨""学""评""行"[J].湖南师范大学教育科学学报，2023，22（5）.
④江笑，邢晓明.跨学科主题学习任务设计的关键问题[J].中小学管理，2023（5）.

实情境中解决复杂问题），又要评价学生对于知识的掌握情况[①]。评价要遵循过程性评价与结果性评价相结合，关注学生在学习过程中的表现，如参与度、合作能力、创新思维等，同时注重学习成果的评价。引入学生自评、互评及教师评价等多种评价方式，确保评价的全面性和客观性。

　　李刚[②]认为，跨学科主题学习活动的评价需要基于活动目标并通过设计一个富有深层意义的事实、事件或场景，使学习者利用已有知识去发掘事实和方法背后的含义，生成或揭示一些有意义的结构，并最终解决现实问题，从而捕捉相应证据，准确判断一个学习者是否能够真正将所学内容进行结构化组织。所以，跨学科主题学习活动需要以学生的真实表现为依据。他在此基础上提出，以学生的"三维度、四领域"表现空间为评价依据。"三维度"包括流畅性维度、创造性维度和生长性维度。其中，流畅性维度重在考查学生在不同表现领域的协调程度，创造性维度重在考查学生在不同表现领域的创新改进程度，生长性维度重在考查学生在不同表现领域的进步程度。"四领域"包括知识整合领域、表达合作领域、信息加工领域和批判反思领域。其中，知识整合领域重在评估学生如何进行跨学科知识的融合、关联与重组，表达合作领域重在评估学生在解决问题时如何进行观点阐释与相互交流，信息加工领域重在评估学生如何收集、整理以及分析所获得的各类信息，批判反思领域重在评估学生面对现实问题如何选择解决方案并进行优化改进。他认为，以真实表现为评价依据一方面需要教师围绕学生在解决真实问题过程中所表现出来的创新思维、创造能力以及合作能力等方面设计评价框架；另一方面需要教师在学习活动结束之后全面考察每个学生的获得过程，整体描绘学生个性化成长画像，并提供给学生、教师和家长三方，使他们都能看得到学生发展的过程、结果以及可改进的路径。

　　李俊堂等[③]依据不同类型的跨学科主题活动，进一步具体化了评价的维度。对于指向解决复杂问题的跨学科主题学习评价设计可以特别关注以下两个方面：第一，评估学生能否发现和解决新问题，即评估学生能否完成以下实践活动：识别新情境、表征新问题、整合现有知识、提出并实践解决方案、检验解决成效。一是识别新情境，即考查学生能否意识到面临的情境有新的条件、

①李俊堂，钱玮.跨学科主题学习的评价设计要点 [J].中小学管理，2023（5）.
②李刚.义务教育跨学科主题学习活动的内涵指向与设计思路 [J].课程·教材·教法，2023，43（7）.
③李俊堂，钱玮.跨学科主题学习的评价设计要点 [J].中小学管理，2023（5）.

影响因素，使现象更为复杂。二是表征新问题，即考查学生能否把感知到的经验冲突转化为带有变量关系的研究问题。三是整合现有知识，要求学生罗列关联哪些学科知识点，解释列出它们的理由，并将这些知识整合成大概念。四是提出并实践解决方案，即评估学生的方案计划条件变量是否齐备、步骤是否有条理、是否有可操作性、预计结果是否合理等。五是检验解决成效，追踪学生对结果是否有正确预期、有无计划和方法验证方案、能否正确对待问题解决的结果以及进行合理归因等。第二，考查学生在复杂情境中的反省和创造性思维。首先，反省是内隐的意识活动，无法直接评价，需要通过过程性评价来间接考查。评价指标包括如下几项：学生是否承担分工任务、提出核心观点、加工和创新观点、设计探究方案、开展自主学习、对学科知识与生活信息进行加工分析、对项目进行反思、提出与众不同的想法等。其次，创造性思维凝结在学生学习结果之上，可利用总结性评价考查作品的科学性、条理性和艺术性表现，反映学生较之他人是否具有更为卓越的思维表现。对于单学科主导的跨学科主题学习，则可以从以下三个方面进行评价：一是围绕学科知识深化培养学生问题观察和思考能力。即可将学业要求作为起始标准，在此基础上对照学生活动的成果，考查其是否有新发现、新认识。二是紧扣学科核心知识拓展评价逻辑链。即评价设计要把握学科的核心知识及其相关的核心素养，再结合具体活动任务转化成评价指标，由此形成"知识—价值—问题任务—评价指标"的评价逻辑链。三是重点评价学科知识在现实生活情境中的迁移应用情况。即评价需要以学生在活动中如何构思、组织和实施问题解决为线索，评估学生知识应用各方面能力的表现情况。

第三节　跨学科主题学习案例分析

案例一　锦上添"码"——当书法遇上二维码

基本信息		
单元（或主题）名称	锦上添"码"——当书法遇上二维码	
学科：信息科技	学段：第二学段	年级：四年级
涉及的其他学科课程或领域	小学书法学科	
主要参考教材	书名：《信息科技活动指导手册：四年级上》 出版社：北京出版社　　出版时间：2024 年 8 月	

单元（或主题）指导思想与理论依据

习近平总书记强调："求木之长者，必固其根本；欲流之远者，必浚其泉源。"中华优秀传统文化是中华民族的精神命脉，是涵养社会主义核心价值观的重要源泉，也是我们在世界文化激荡中站稳脚跟的坚实根基。增强文化自觉和文化自信，是坚定道路自信、理论自信、制度自信的题中应有之义。要推动中华优秀传统文化创造性转化、创新性发展，以时代精神激活中华优秀传统文化的生命力。中华优秀传统文化是中华文明的智慧结晶和精华所在，是中华民族的根和魂。

小学书法教育，以《中小学书法教育指导纲要》为指导，落实《中共中央　国务院关于深化教育教学改革全面提高义务教育质量的意见》。以"经典碑帖、汉字文化与实用硬笔"为三大基本内容，加强对汉字的理解与热爱，以提高汉字书写能力和书法艺术审美能力为基本目标，以课堂教学与课外实践为基本途径，适时融入中华优秀传统文化教育。

《义务教育信息科技课程标准（2022 年版）》提出要反映数字时代正确育人方向。坚持以习近平新时代中国特色社会主义思想为指导，全面贯彻党的教育方针，落实立德树人根本任务，发挥课程育人功能。

中华优秀传统文化是中华民族的精神命脉，是强大的文化软实力。中华成语和书法是中华优秀传统文化中的重要组成部分，人工智能等新兴技术的不断发展，为中华优秀传统文化的传承与发展提供了新的土壤。

基于以上的分析，本案例将中华优秀传统文化中的书法和中华成语、信息科技相结合，以中华成语为内容，结合书法的表现形式，同时融入信息科技中的编码，将中华优秀传统文化和现代新兴技术融合起来，推动中华优秀传统文化的创造性发展，提升学生的文化素养和数字素养

单元（或主题）教学背景分析

一、教学内容分析及课时分配

《义务教育信息科技课程标准（2022 年版）》指出，信息科技学科要培养的核心素养包括：信息意识、计算思维、数字化学习与创新、信息社会责任。结合核心素养标准和小学高年级学生的认知水平，本主题注重培养学生的信息意识和数字化学习与创新能力，学生能够通过典型的应用实例，了解编码在信息社会中的重要价值；能够列举数字设备对社会发展和人们生活的影响，知道数据编码的作用与意义；能够使用一些数字化工具，开展数字化学习，知道如何使用编码建立数据之间的联系；能够利用数字化工具开展合作学习与创新活动。

课程标准还提出要坚持立德树人的课程价值观，全面落实习近平新时代中国特色社会主义思想，将社会主义先进文化、革命文化、中华优秀传统文化、国家安全、生命安全与健康等重大主题教育有机融入课程，增强课程思想性。

在书法教育教学中，以普及书法教育、弘扬传统文化、传承国学经典、树立文化自信为宗旨，贯彻思维教育，落实"三个创新"，深究"两个必问"，打磨"一幅作品"。面向全体，让每一个学生写好简化字、熟知繁体字；遵循书写规范，关注个性体验；加强技能训练，提高文化素养。

基于以上分析，本主题以中华优秀传统文化为切入点，将书法和中华成语有机结合起来，学生用书法呈现中华成语，提升汉字书写能力和书法艺术审美能力，弘扬传统文化，同时融入信息科技学科中的二维码，丰富书法作品的表现形式，解决学校书法作品展中没有作品信息或作品信息有限的真实问题，在解决生活中实际问题的过程中，了解二维码的作用和特点，体会数字化表示信息的优势，提高数字化学习与创新能力，提升数字素养。

本案例主要分为三个课时，分别为：中华成语我书写、二维码我来了、锦上添"码"我创意。三个课时之间相互联系且层层递进。主要通过问题驱动、探索实践、小组探究等多种方式引导学生对活动进行分析，在实践中体会数字化表示信息的优势，提升数字素养，同时弘扬中华优秀传统文化，提升文化自信。

在第一课时的学习中，围绕中华成语我书写的主题活动，学生结合中华历史，自选成语进行书写，并介绍成语背后的古诗，内化中华优秀传统文化的精神内核。在第二课时的学习中，结合学校书画作品展中没有作品信息或作品信息有限的真实问题，丰富书法作品表达的内容，让学生了解二维码的作用和特点，体会数字化表示信息的优势，提高数字化学习与创新能力，提升数字素养。在第三课时的学习中，学生为作品制作二维码，为书法作品添新衣，二维码的内容不限，可以是对作品的

续表

单元（或主题）教学背景分析
文字介绍，也可以是故事讲解，或者是收集建议，实现互动等，将传统文化和新兴技术相结合，推动传统文化的创造性发展，提升学生的文化素养和数字素养。 **二、学生情况分析** 　　本主题的学习对象为四年级学生，作为"数字土著""电子原住民"，四年级学生本身就处于一个信息大爆炸、技术飞速发展的现实中，学生已经可以从生活中感受到信息技术的广泛应用，接触了很多智能终端等，对信息技术较敏感，对计算机有浓厚的学习兴趣。在生活中，学生对二维码并不陌生，有一定的应用体验，对二维码有一定的感性认识。已经学了点、横、竖、撇，以及横折、横钩、竖钩、弯钩等笔画。在学习中能够用专业语言分析简单的汉字结构，有一定的自主分析能力。已有两年多的软笔书法学习经验，欣赏过一些名家碑帖，了解过汉字的字源知识，对很多典故有浓厚的兴趣，这也为本主题的学习打下了基础

单元（或主题）教学目标		
总目标	以传承中华优秀传统文化为宗旨，同时融入数字技术，助力中华优秀传统文化的传承与创新发展，培养学生的文化素养，提升其文化自信及数字素养与技能	
第一课时	正确使用文房四宝，保持正确的"双姿"，养成良好的书写习惯	掌握基本笔画的书写方法，并将所学笔法熟练运用到成语书写当中	感受中华优秀传统文化的魅力，树立科学、正确的文字观，坚定文化自信
第二课时	结合生活中的二维码，体会二维码在生活中的作用，感受图形化编码对信息社会发展的作用，提升信息意识	在小组探究和动手验证的过程中，知道二维码的识别结果和二维码的大小、颜色、方向等无关	在扫描和使用二维码的过程中，建立使用二维码的安全意识，形成在线社会安全观
第三课时	结合主题，在利用在线平台制作二维码的过程中，掌握二维码的制作方法，体会数字化表示信息的优势	能够借助信息科技进行简单的作品创作、展示、评价，尝试开展数字化创新活动，提升数字化学习与创新能力	在展示交流评选的过程中，感受中华优秀传统文化的魅力，体会数字技术对发扬中华优秀传统文化的作用，提升数字素养和文化自信

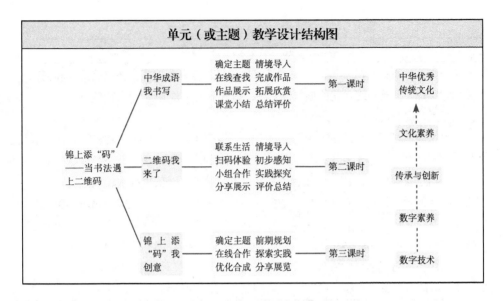

主要教学过程			
第一课时　中华成语我书写			
教学阶段	教师活动	学生活动	设计意图
确定主题 情境导入	教师播放视频，介绍中华成语的意义。 师：在之前的学习中我们已经学会书写很多成语，学校要举办一次"跟着历史学成语"的书法展。今天我们就一起来书写中华成语吧	学生了解成语，知道很多成语源自历史故事，提升兴趣。 学生思考，预设自己想要书写的成语内容	通过成语的介绍，激发学生对本课的浓厚兴趣并对传统文化有一定的了解。以成语为线贯穿中国历史的发展
在线查找 完成作品	（1）确定内容，了解意思。小组合作，在线查找成语背景故事，确定成语内容。 （2）查找字帖，确定书体。借助 PAD 将要书写的单字查找出来，将文字放入黄金米字格中进行观察	小组讨论，阐述选择成语的理由，每个小组最终选择一个成语书写。 通过 PAD 查找书写成语出处及背后的历史故事，并汇报	感受中华优秀传统文化的魅力，树立科学、正确的文字观，坚定文化自信

续表

主要教学过程			
第一课时　中华成语我书写			
教学阶段	教师活动	学生活动	设计意图
在线查找 完成作品	（3）单字练习，模卡通关。 （4）集字方法及规则讲解。 教师介绍规则，注意相同笔画的不同写法。 （5）书写成语，完成作品。 教师巡视指导	通过PAD在众多字帖中查找出适合自己的书体。 先练习单字，再书写整幅作品。 观察、分析、临写。 检查自己的书写习惯，提高书写技能	
作品展示 拓展欣赏	引导学生进行自评、同伴互评等	学生依据要点，组间进行互评，推选最佳作品上墙展示	在展示分享中，提升观察分析和语言表达能力，提高学生的书法审美水平
课堂小结 总结评价	教师总结	总结本节课所学知识，为下节课做准备	学生在总结评价中提升文化自信
第二课时　二维码我来了			
教学阶段	教师活动	学生活动	设计意图
联系生活 情境导入	对比作品：今天老师给大家带来了这两幅作品，从这两幅作品中，你能得到哪些信息？ 教师总结两幅作品的不同。 师：这个二维码呈现了一段作品介绍的视频，二维码可以表达更多的信息，今天我们就一起来认识二维码吧	学生观察作品，扫码体验，思考并回答问题。 表达自己的想法	从生活情境出发，对比作品中的二维码，初步体会二维码的作用，从而激发学生的学习积极性

续表

主要教学过程			
第二课时　二维码我来了			
教学阶段	教师活动	学生活动	设计意图
扫码体验初步感知	1. 生活中的二维码 提出问题：生活中，你在哪些地方见过二维码？它们有什么作用呢？ 教师结合课件中多种多样的二维码进行总结。 活动一——扫码体验：扫描生活中物品的二维码，这些二维码呈现了哪些类型的信息？ 教师总结。 2. 二维码的原理 提出问题：计算机是如何将这些文字、视频等数据信息转变成二维码图形的呢？ 播放视频：我们来观看一段视频。 看完视频后，师：你对二维码有了哪些新的认识？ 教师总结。 活动二——试一试：如果用0代表□，用1代表■，下面的图形可以用0和1来表示吗？请同学们完成学习单上的活动一。 学生上台，展示自己的学习单。 教师总结	学生结合自己的生活经历，简单介绍自己所看到的二维码以及二维码的作用。 学生结合教师准备的素材，进行扫码体验，感受二维码的作用。 学生展示自己小组的二维码包含的信息。 学生观看视频，思考并回答。 学生自主探索，用0和1来表示图形，初步了解二维码的编码原理。 学生展示图形对应的二进制数	结合二维码在生活中具体应用的实例，学生不仅能够认识到二维码的应用之广，更能了解二维码存在的意义。 通过观察图形、活动体验，从具体到抽象，学生初步了解二维码的原理
小组合作实践探究	展示二维码：生活中有很多不一样的二维码。 提出问题：这些二维码和之前的二维码相比有什么特点呢？	学生欣赏不一样的二维码。 学生结合生活体验，思考并回答。 小组合作探究，根据提供的素材，验证自己的猜想	学生提出猜想，合作探究验证猜想，知道二维码的识别结果和二维码的大小、颜色、方向等无关

主要教学过程		
第二课时　二维码我来了		
教学阶段	教师活动	学生活动	设计意图

教学阶段	教师活动	学生活动	设计意图
小组合作实践探究	教师总结。 探究主题：二维码的大小、颜色、方向会影响识别结果吗？你的猜想是什么呢？ 教师提出探究要求，巡视指导。 学生分组分主题进行展示，教师进行总结。 提出问题：我们了解了这么多的二维码，那你能说说什么是二维码吗？ 教师总结	小组代表汇报探究结果，三个小组依次展示验证结果。 学生结合自己的生活体验和探究体验，思考、回答什么是二维码	
分享展示评价总结	联系生活，提出问题：教师最近收到了一个陌生快递，里面有一张蟹卡，上面有一个领取二维码，我们可以扫描吗？为什么呢？ 播放视频，了解二维码的"功"与"过"。 教师总结。 拓展思考：文本、音频、视频等都可以转变成二维码，那么二维码容纳的信息量是无限的吗？	学生结合生活体验思考并回答。 学生认真观看视频，提升信息安全意识和信息社会责任感。 学生拓展思考	二维码是一种新兴科技，不能只看到它的优点，还要让学生建立使用二维码的安全意识，对二维码的应用发展有正确的认识，提升信息安全意识和信息社会责任感
第三课时　锦上添"码"我创意			
教学阶段	教师活动	学生活动	设计意图
确定主题前期规划	教师欣赏学生的书法作品，提出问题：如果想把学生的精彩讲解融入书法作品中，怎么办？ 教师总结确定主题：今天就让我们一起来锦上添"码"吧！ 提出问题：除了将讲解视频做成二维码，你还想为你的作品制作哪些二维码呢？ 请小组合作规划书法作品的二维码内容	学生展示并介绍自己的书法作品。 学生联系自己的生活经历，思考并回答。 学生小组讨论，确定二维码的内容。 利用PAD录制视频或者音频等	从真实问题出发，小组讨论，确定主题，体会二维码在生活中的作用，感受图形化编码对信息社会发展的作用

续表

主要教学过程			
第三课时 锦上添"码"我创意			
教学阶段	教师活动	学生活动	设计意图
在线合作探索实践	提出问题：我们如何把视频、音频等内容转换成二维码图形呢？ 师：具体的操作方法可以参考老师发送的锦囊视频或者通过小组讨论解决。 教师巡视指导。 教师针对重点问题进行演示讲解。 教师展示学生的二维码。 师：除了黑白的二维码，我们还可以针对自己选择的主题，对二维码进行颜色和形状的美化	学生自主探索，参考视频资源，登录二维码制作在线网站，小组合作完成二维码的制作。 观看教师的演示，修改完善自己的二维码。 改变二维码的颜色和形状等，进而美化二维码	结合主题，在利用在线平台制作二维码的过程中，掌握二维码的制作方法
优化合成分享展览	教师巡视指导。 收集学生的二维码作品，将小组推选出的二维码作品打印出来。 发布跟着历史学成语书法作品召集令，评选出参加校级展览的作品。 教师为参加校级展览的作品进行颁奖，播放数字技术助力中华优秀传统文化传承创新的视频。 教师总结：中华优秀传统文化是中华文明的智慧结晶和精华所在，是中华民族的根和魂，发扬中华优秀传统文化，在传承中创新，提升文化自信	学生结合评价建议，对二维码进行二次优化。 小组推选出组内代表，将组内推选出的作品发给教师打印，参加班级竞选。 学生上台为书法作品张贴二维码，展示自己的锦上添"码"作品。 学生用 PAD 进行扫码体验。 学生投票，选出班级参加校级书法展览的作品。 观看视频，体会数字技术对发扬中华优秀传统文化的作用	学生在展示、评选的过程中，感受中华优秀传统文化的魅力，体会数字技术对发扬中华优秀传统文化的作用，提升数字素养和文化自信

单元（或主题）的作业设计及学习效果评价设计

一、作业设计

学生结合自己的其他书法或美术作品，丰富作品内容，可录制一些视频进行介绍，利用在线平台制作二维码，并进行优化。

二、学习效果评价设计

（1）过程性评价：教师利用成长赞和奖励券进行过程性评价，对学生的学习态度、课堂表现等进行评价，激励学生，激发学生的学习兴趣。

（2）结合作品和学生的展示进行互评与自评。

评价内容	评价标准			评分
	水平一	水平二	水平三	
数字素养	能够了解图形化编码对信息社会发展的作用，有一定的信息意识	能够借助信息科技进行二维码作品创作、展示、评价，尝试开展数字化创新活动	有一定的使用二维码的安全意识，形成在线社会生存的安全观	★★★
艺术素养	合理安排例字结构，二维码能正确被扫描	正确辨认古今异体字，明确"软笔适古，硬笔写今"的原则，二维码外形规范，显示完整	书法作品美观，意境深远，二维码颜色、形状等和作品协调统一	★★★
文化素养	知道成语背后的精神含义	对中华成语有自己的见解和理解	践行中华优秀传统文化的精神内涵，增强文化自信	★★★
创新思维	能够独立思考，提出富有创造性的观点	能够合理利用数字资源和平台，实现自己的想法	能够评估和分析作品，提出完善建议，提出多种方案	★★★
总评				

学生自评、互评和教师评价，全方位对学生的表现进行反馈，学生根据评价表自评是否完成了作品，达到本节课的学习目标，学生之间通过展示分享、交流经验，指出值得学习的地方和需要完善的地方，共同进步，感受中华优秀传统文化的魅力，体会数字技术对发扬中华优秀传统文化的作用，提升数字素养和文化自信

案例分析

特色之处：

（1）数字技术助力中华优秀传统文化的发展。将中华优秀传统文化和数字技术相结合，在传承中创新。本主题以中华优秀传统文化的传承与创新为出发点，以中华成语为内容载体，以书法为表现形式，以信息科技中的二维码为创新补充，使学生在书法实践中感受中华优秀传统文化的魅力，提升文化素养与文化自信。

（2）结合真实情境，借助 PAD 等数字化设备，在实践中提升数学素养。结合学校组织的跟着历史学成语的书法展活动，利用数字技术解决学校书法作品展中没有作品信息或作品信息有限的真实问题，在解决实际问题的过程中了解二维码的作用和特点，体会数字化表示信息的优势，提高数字化学习与创新能力，提升数字素养。

（3）跨学科融合，传承中创新，促进学生的思维发展。信息科技和书法学科相融合，学生通过书法的形式呈现中华成语，利用数字化工具、智能终端设备等为跟着历史学成语的书法作品展制作二维码，其他学生在欣赏书法作品的同时，利用 PAD 等设备扫描二维码，了解更多内容，促进思维的发展。

（4）活动融合，打破界限，提升教师的专业素养。本主题以跟着历史学成语的书法展为契机，以信息科技为创新补充，首次尝试将信息科技和书法相结合，打破学科的界限，进行整体的活动设计与实施，教师在此过程中提升了课程融合设计和开发能力。

不足和需要改进的地方：

学生的合作分工需更加明确。学生的合作交流不充分，大多数学生是自主探索完成作品。在以后的教学中，可根据具体情境填写分工表，提升学生的合作意识和合作能力。

评价方式不够多元，在后续的教学中可以加入数字化平台工具，利用问卷星或者二维码等对作品进行实时的评价和反馈

设计者：北京市黄城根小学房山分校　武国立

案例二　开心农场之收获快乐篇

基本信息		
单元（或主题）名称	开心农场之收获快乐篇	
学科：劳动	学段：第三学段	年级：五年级
涉及的其他学科课程或领域	美术：创意实践能力是综合运用多学科知识，紧密联系现实生活，进行艺术创新和实际应用的能力。创意实践能力的培育，有助于学生形成创新意识，提高艺术实践能力和创造能力，增强团队精神。（核心素养：创意实践） 观察学习与生活用品，了解"实用与美观相结合"的设计原则，从舒适、美观和便利的角度发现其不足之处，用手绘草图等形式呈现自己的改进想法	
主要参考教材	无	

单元（或主题）指导思想、理论依据及教育教学功能与价值
一、指导思想 　　《义务教育劳动课程标准（2022年版）》指出："在劳动过程中，学生是实践任务的操作者和完成者，教师是学生实践的启发者、指导者和呵护者。"实践活动凸显学生的主体地位。劳动过程分为情境创设指导、准备阶段指导、实施阶段指导、反思阶段指导等几个过程。在劳动过程当中提升学生劳动素养。 **二、理论依据** 　　习近平总书记在党的二十大报告中强调："教育是国之大计、党之大计。培养什么人、怎样培养人、为谁培养人是教育的根本问题。育人的根本在于立德。全面贯彻党的教育方针，落实立德树人根本任务，培养德智体美劳全面发展的社会主义建设者和接班人。"在全国教育大会上，习近平总书记强调了构建德智体美劳全面培养的教育体系的重要性，并提出了一系列具体的工作要求。劳动教育是中国特色社会主义教育制度的重要内容。劳动教育，植根中华优秀传统文化，承载以劳动立德树人理念，对推动劳动创新、建设教育强国意义重大。 　　杜威的做中学理论全面深刻地阐述了动手的意义和价值，他认为，个体要获得真知，就必须在活动中主动体验、尝试、改造，必须去做，因为经验都是从做中得来的

续表

单元（或主题）指导思想、理论依据及教育教学功能与价值
儿童在有兴趣的活动中学习，就有助于成长和发展。综合实践倡导以探究式学习为重要学习方式，强调做中学和学中思，学生通过合作与探究逐步培养良好的思维习惯，养成科学的思维方式。 **三、教育教学功能与价值** 　　本课程以劳动教育为依托，以种植活动为切入点，引导学生在做中学，通过耕地、播种、间苗、采摘、设计、制作、分享等系列活动，让学生以职业体验的活动方式在真实情境中学习农作物种植技法，体悟劳动者的辛勤，以达到教育立德树人的根本目的

单元（或主题）教学背景分析
一、教学内容分析及课时分配 **（一）课标要求** 　　《义务教育劳动课程标准（2022年版）》提到，以情境创设指导、准备阶段指导、实施阶段指导、反思阶段指导等几个指导过程开展活动。在劳动过程当中提升学生劳动素养。 　　开心农场是校外大棚种植基地，学生每年都在这里参与种植活动的实践与探究。"开心农场实践活动"这一课程分为三个主题活动：播撒希望篇、辛勤耕耘篇、收获快乐篇。"开心农场之收获快乐篇"是第三个主题活动，通过了解蔬菜的营养价值、设计既有营养又美观的果蔬拼盘、开展果蔬拼盘大赛等活动感受劳动的快乐，分享收获的喜悦 **（二）主题内容与其他学科的联系** 　　美术：创意实践能力是综合运用多学科知识，紧密联系现实生活，进行艺术创新和实际应用的能力。创意实践能力的培育，有助于学生形成创新意识，提高艺术实践能力和创造能力，增强团队精神。（核心素养：创意实践） 　　观察学习与生活用品，了解"实用与美观相结合"的设计原则，从舒适、美观和便利的角度，发现其不足之处，用手绘草图等形式呈现自己的改进想法。 **（三）课时分配及教学内容** 　　本主题活动共分为三课时：第一课时"收获快乐——采摘"、第二课时"设计主题拼盘——设计"、第三课时"果蔬拼盘大赛——制作"

续表

单元（或主题）教学背景分析			
主题	实施阶段	课时分配	主要教学内容
开心农场之收获快乐篇	准备阶段	第一课时：收获快乐——采摘	1. 农业有技术； 2. 采摘有方法； 3. 反思与总结
	实施阶段	第二课时：设计主题拼盘——设计	1. 蔬菜有营养； 2. 小组齐上阵； 3. 交流与分享； 4. 反思与调整
	总结阶段	第三课时：果蔬拼盘大赛——制作	1. 课前准备； 2. 回顾活动； 3. 果蔬拼盘制作； 4. 各组代表陈述设计理念； 5. 打分环节； 6. 宣布成绩； 7. 小记者采访； 8. 分享劳动成果　升华活动意义

　　本主题活动借助多种手段进行教学，通过学习采摘技法，让学生收获果实，在喜悦中体认劳动创造价值，开展劳动教育；课前，小组调查所需果蔬营养，讨论确定设计主题，与美术学科相结合绘制设计图，完成设计单；最终，将劳动的收获以果蔬拼盘的艺术形式分享给大家。

二、学生情况分析

　　本主题的教学对象是我校五年级的学生，虽然本校地处京郊，但大部分学生是来京务工人员的子女，他们随着父辈涌入城市，城市化进程使他们远离土地，他们没有任何种植经验和种植条件，对种植方法知之甚少，所以对本主题活动充满兴趣。他们在之前的学习中已经掌握了搜集资料、调查探究、小组合作等基本研究方法，然而他们还不能使学科知识在综合实践活动中得到延伸、综合、重组与提升，实践创新能力相对较弱。因此培养学生在实践活动中灵活运用学科知识是本节课的重点，将劳动成果创意物化并制作拼盘是难点

教学目标	
单元（或主题） 教学目标	各课时教学目标
知识与技能：通过探究掌握农作物护理方法，了解现代农业技术，通过动手操作实践，初步掌握采摘、收获与设计、烹饪的方法。	**第一课时：** **知识与技能**：在专业种植教师的指导下，掌握采摘与收获技法，了解现代农业原理，完成采摘任务。 **过程与方法**：通过观察、实践、探究掌握采摘的技法，完成小组内的蔬菜采摘任务，并填写任务单进行记录。 **情感态度与价值观**：在实践操作过程中，体验收获的乐趣，感受农民职业的魅力，激发学生对农作物种植与现代农业的兴趣
过程与方法：在教师的指导下，结合在开心农场种植活动中遇到的问题提出自己感兴趣的问题，并通过探究解决问题。	**第二课时：** **知识与技能**：结合学科知识了解所收获蔬菜的营养价值，小组讨论确定本组主题，并绘制拼盘设计图。 **过程与方法**：课前，调查所需果蔬营养，讨论确定设计主题的立意、造型、营养搭配，与美术学科相结合绘制设计图，并协商分工，最终完成设计单。 **情感态度与价值观**：通过多学科融合，使学科知识在实践中得到延伸与应用，培养学科融合意识；通过调查研究，树立科学饮食的观念；通过小组讨论确定主题、分工任务，培养团队合作意识
情感态度与价值观：在开心农场活动实践课程中，能够小组分工合作，体认不同的职业角色，最终能够将一定的想法创意物化	**第三课时：** **知识与技能**：通过开心农场主题活动课程果蔬拼盘大赛，使用劳动果实以小组合作的方式完成主题鲜明、造型新颖、颜色搭配有艺术感的果蔬拼盘，体验收获果实与团结合作的乐趣。 **过程与方法**：在参与果蔬拼盘大赛的活动中，通过小组设计任务单、分工合作、小组汇报、小组互评等方式，学习分析问题、解决问题的方法。 **情感态度与价值观**：通过参与开心农场主题实践活动课程，了解植物生长特征，体验种植全过程，体悟劳动艰辛，体认农民、小记者、主持人、值周生等不同职业角色。同时在种植学农与烹饪制作中将劳动的喜悦进行分享，收获对职业生涯的真切理解，帮助学生形成正确的劳动观念和人生志向

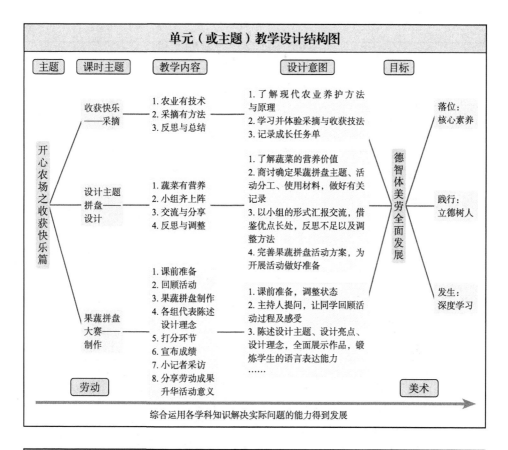

主要教学过程

第一课时　收获快乐——采摘

教学阶段	教师活动	学生活动	设计意图
环节一：农业有技术	组织学生分组，有序进入开心农场种植大棚基地。 专业种植教师讲解大棚种植知识、滴灌知识等现代农业知识。 解答学生提出的相关问题	学生以小组为单位近距离观摩大棚种植。 认真倾听种植教师讲解的专业知识，并做好笔记。 为了解得更加深入，提出现代农业的相关问题	了解现代农业养护方法与原理

续表

主要教学过程			
第一课时　收获快乐——采摘			
教学阶段	教师活动	学生活动	设计意图
环节二：采摘有方法	种植教师讲解、演示采摘方法与注意事项。 提示： 1. 采摘绿叶蔬菜时挑选脆嫩成熟的。 2. 采摘黄瓜等秧苗类蔬菜时在茎部折断。 3. 采摘时要爱护幼苗，遵循节约环保原则。 4. 全程注意采摘安全。 种植教师全程指导	学生先认真观看种植教师的示范。 分组进行绿叶类和秧苗类蔬菜的采摘	学习并体验采摘与收获技法
环节三：反思与总结	组织学生安全返回校园。 1. 组织各小组完成实践活动记录单。 2. 小组交流本节课的收获与感受。以小组为单位展示课时学习单。 3. 引导学生讨论如何以果蔬拼盘大赛的形式将收获的成果分享给老师和同学们	1. 各小组完成课时学习单。 2. 以小组为单位在班级内分享课时学习单以及本课收获。 3. 研讨出如何以果蔬拼盘大赛的形式制作美食分享给师生	
第二课时　设计主题拼盘——设计			
教学阶段	教师活动	学生活动	设计意图
环节一：蔬菜有营养	1. 组织学生进行蔬菜营养价值的调查，并在班级分享结果。 2. 讨论：如何合理搭配才能让拼盘更有营养？	1. 课前对所采摘蔬菜的营养价值进行调查，并在课上分享调查结果。 2. 分享自己的营养搭配心得	了解蔬菜的营养价值

续表

主要教学过程			
第二课时　设计主题拼盘——设计			
教学阶段	教师活动	学生活动	设计意图
环节二：小组齐上阵	1.引导各小组研讨、确定本组主厨和助手以及果蔬拼盘的主题、果蔬拼盘使用的材料，做好记录。 2.指导各小组完成果蔬盘设计图的初步设计。 3.指导各小组将研讨结果记录在果蔬拼盘设计单中	1.通过小组讨论，明确分工与职责。确定主厨和助手。以采摘的蔬菜为主要材料进行设计，搭配出营养均衡的果蔬拼盘。 2.完成果蔬拼盘的初步设计。 3.将研讨结果记录在设计单中	商讨确定果蔬拼盘主题、活动分工、使用材料，做好有关的记录
环节三：交流与分享	1.组织各组进行研讨后的交流汇报。 2.请同学们认真倾听，思考：汇报小组哪里值得自己学习借鉴？哪里还可以做得更好？	1.小组代表进行分享。 2.认真倾听交流建议	以小组的形式汇报交流，借鉴优点长处，反思不足以及调整方法
环节四：反思与调整	请大家在组内反思交流，并调整本组方案与设计图，确定最终的设计	以小组为单位反思本组方案，调整、绘制设计图	完善果蔬拼盘活动方案，为开展活动做好准备
第三课时　果蔬拼盘大赛——制作			
教学阶段	教师活动	学生活动	设计意图
环节一：课前准备	调整好多媒体，播放PPT，组织学生就位	主持人、值周生、小记者、主厨就位 学生分组就位	课前准备，调整状态

续表

主要教学过程			
第三课时　果蔬拼盘大赛——制作			
教学阶段	教师活动	学生活动	设计意图
环节二：回顾活动	播放课件	1. 主持人主持开场，回顾开心农场系列活动。 2. 询问学生在活动中有哪些收获？ 小结：我们不仅学会了种植方法，还体悟到劳动者的艰辛	主持人提问，让同学回顾活动过程及感受
环节三：果蔬拼盘制作	朗读比赛要求，并强调制作要点。 1. 以从开心农场收获的蔬菜为主要原材料，小组合作完成主题鲜明、造型新颖、颜色搭配有艺术感的果蔬拼盘。限时20分钟。 2. 制作过程中每小组的评价代表巡视六组，从卫生、纪律、分工等方面进行过程性打分，分数计入总成绩	主持人宣布要求，并统计用时。 小组分工合作，利用手中材料制作拼盘	
环节四：各组代表陈述设计理念	强调要从主题、设计亮点、设计理念三方面陈述	请六组的陈述代表依次到讲台前陈述本组作品的理念，陈述时间2分钟。	陈述设计主题、设计亮点、设计理念，全面展示作品，锻炼学生的语言表达能力
环节五：打分环节	统计主厨得票。 教师依次颁发奖项并祝贺获奖主厨	请一名小组代表到前面进行打分。 主厨依次站到讲台上。代表将相应的3张色卡贴到主厨衣服上	学生自评、互评选出心目中的最佳作品

续表

主要教学过程			
第三课时　果蔬拼盘大赛——制作			
教学阶段	教师活动	学生活动	设计意图
环节六： 宣布成绩	组织学生活动	值周生宣读本次成绩真实有效	在职业体验中增强职业兴趣
环节七： 小记者 采访	组织学生活动	小记者对两位第一名进行赛后采访	回顾主题活动过程，总结收获，分享体会，在职业体验中增强职业兴趣
环节八： 分享劳动 成果升华 活动意义	1.叮嘱学生珍惜粮食，将拼盘作品在组内分享食用。 2.分享完劳动成果后，请各小组讨论分享自己的收获与感受	1.学生分享喜悦，食用果蔬拼盘。 2.学生积极分享在本次主题活动中的收获与感悟，以及遗憾与不足	开心农场综合实践活动在分享的喜悦中达到高潮，同时升华了活动意义：培养学生热爱劳动、感悟职业魅力、珍惜粮食的意识

单元（或主题）的作业设计及学习效果评价设计

一、作业设计

1.第一课时　收获快乐——采摘

"开心农场"实践活动	
班级：　　　　　姓名：	
蔬菜名称	
间苗 / 采摘方法	
收获与感悟	
绘画记录成长	

续表

单元（或主题）的作业设计及学习效果评价设计

2. 第二课时　设计主题拼盘——设计

果蔬拼盘设计单		
组别：	主厨：	助手：
所需果蔬及工具		
拼盘主题		
收获与感悟		
拼盘设计图及设计思路（参赛选手可以从造型表现、颜色搭配、营养搭配等多个方面进行阐述）		
菜品营养价值		

3. 第三课时　果蔬拼盘大赛——制作
为家长制作营养丰富的果蔬拼盘

二、学习效果评价设计

（一）评价目标

（1）能够自主学习相关蔬菜的营养价值及如何合理搭配；以小组研讨的方式确定果蔬拼盘制作方案，完成组内分工与果蔬拼盘设计草图。

（2）小组协作，综合利用多学科知识完成果蔬拼盘的制作，分享劳动的喜悦。

（3）小组配合顺利完成果蔬拼盘大赛。

（二）评价内容、方法及工具

1. 过程性评价表

小组巡视打分表				
组别	纪律（优良）	卫生（优良）	分工合作（优良）	注释
1				
2				

续表

单元（或主题）的作业设计及学习效果评价设计			

小组巡视打分表			
组别	纪律（优良）	卫生（优良）	分工合作（优良）	注释
3				
4				
5				
6				

2. 成果评价表

厨艺品鉴大赛评委评价单　第（　）组			
类别	标准	分值	得分
营养价值	蔬菜搭配合理，营养价值丰富	20	
造型表现	拼盘造型新颖独特，优美饱满，干净卫生	20	
颜色搭配	颜色搭配有艺术感，可运用对比色、同类色	20	
主题创意	主题健康积极，具有创造性	20	
团队合作	分工明确，积极参与	20	
总成绩			

案例分析

一、案例设计的初衷／背景／思路

开心农场之收获快乐篇属于开心农场主题活动的总结汇报阶段，在主题活动中巧妙地将耕种、播种、间苗、收获长周期的种植活动结合起来，通过果蔬拼盘大赛的形式展示汇报。活动整体环环相扣，小主持人互动串场，主厨与助手积极参与，值周生公布结果，小记者赛后采访。学生体验不同的职业，充分体现了主体地位。将劳动、美术、语文、科学等学科融合，提升学生综合素养。

本课程坚持在《义务教育劳动课程标准（2022年版）》的指导下完成课程设计，学生在活动中高度参与，积极思考问题、解决问题。本课程更多地关注学生活动中的细节。

二、案例设计的特色

本节课充分体现学生的主体地位，以主持人的提问贯穿整个课堂，学生在课堂中能够主动思考问题。在果蔬拼盘制作过程中学生积极参与，激发创造思维，提高动手能力。融合劳动、美术、语文、科学等学科的内容，指导学生从实际生活中发现问题、收集问题，结合学校劳动基地，体验播种、间苗、收获等整个过程。学生的体验感很强

设计者：北京市房山区教师进修学校 王洪梅

案例三　做中医药文化课程的宣传员

基本信息		
单元（或主题）名称	做中医药文化课程的宣传员	
学科：综合实践活动	学段：第三学段	年级：五年级
涉及的其他学科课程或领域	语文：策划简单的校园活动和社会活动，对所策划的主题进行讨论和分析，学写活动计划和活动总结。对自己身边的、大家共同关注的问题，或影视作品中的故事和形象，通过调查访问、讨论演讲等方式，开展专题探究活动，学习辨别是非、善恶、美丑。 语文：表达有条理，语气、语调适当。参与讨论，敢于发表自己的意见，说清自己的观点。能根据对象和场合，稍作准备，作简单的发言。 美术：了解"实用与美观相结合"的设计原则，为班级、学校设计物品，体会设计能改善和美化我们的生活。将美术与自然、社会及科技相融合，探究各种问题，提高综合探索与学习迁移的能力。 信息科技：根据学习与生活需要，有意识地选用信息技术工具处理信息。崇尚科学精神、原创精神，具有将创新理念融入自身学习、生活的意识。	
主要参考教材	无	

单元（或主题）指导思想、理论依据及教育教学功能与价值

一、指导思想

　　《中小学综合实践活动课程指导纲要》指出：综合实践活动课程强调学生亲历各项活动，在"动手做""实验""探究""设计""创作""反思"的过程中进行"体验""体悟""体认"，在全身心参与的活动中，发现、分析和解决问题，体验和感受生活，发展实践创新能力。同时强调，教师在指导时要处理好学生自主实践与教师有效指导的关系。教师既不能"教"综合实践活动，也不能推卸指导的责任，而应当成为学生活动的组织者、参与者和促进者。教师的指导应贯穿于综合实践活动实施的全过程

续表

单元（或主题）指导思想、理论依据及教育教学功能与价值

二、理论依据

　　项目式学习是在一定时间内完成特定任务的学习模式，要求学生通过科学探究、规划方案、团队协作、研究问题、得出结论、展示交流、评价改进等阶段，接触各学科领域，并认识到各学科之间如何建立起联系，从而掌握更多的学习技能或生活技能。项目式学习在小学综合实践活动课程教学中能够综合各学科知识解决实际问题，使学生由被动学习变成主动学习，获得实践应用能力、迁移创新能力、跨领域合作沟通能力等。

三、教育教学功能与价值

　　"做中医药文化课程的宣传员"这一主题活动以我校中医药特色课程的宣传为切入点，以项目式学习为指导，鼓励学生自行结组选取主题、自主探究、研讨活动方案、动手操作实践、反思总结，在一系列实践活动中达到宣传校园特色课程、提高参与校园活动意愿、继承发扬传统中医药文化的目的。本主题注重培养学生的综合素养与高阶思维能力

单元（或主题）教学背景分析

一、教学内容分析及课时分配

（一）教学内容分析

　　《中小学综合实践活动课程指导纲要》指出：综合实践活动是从学生的真实生活和发展需要出发，从生活情境中发现问题，转化为活动主题，通过探究、服务、制作、体验等方式，培养学生综合素质的跨学科实践性课程。学校和教师要根据综合实践活动课程的目标，并基于学生发展的实际需求，设计活动主题和具体内容，并选择相应的活动方式。

　　我校自 2021 年以来开展了"中草药传统文化实践课程"的研究与实践，该课程分三个阶段实施，第一阶段为中草药的科学种植——种植；第二阶段为节气养成与神农学堂——养护；第三阶段为中草药的收获储存——储存。2023 年 10 月 14 日，我校有幸承办区级综合实践活动特色课程展示交流活动，进行成果分享、经验推广。借此机会，我们设计了以职业体验为主的活动，给学生提供锻炼的机会，学生通过小组合作进行研究性学习，策划宣讲方案、设计制作宣传海报，分工宣传展示我校的中医药特色课程

单元（或主题）教学背景分析

（二）课时分配及教学内容

　　本主题活动共分三个课时：我是小小设计师；我是小小宣讲员；做中医药文化课程的宣传员。

　　在第一课时我是小小设计师中，首先回顾校园特色课程，引发学生共鸣，通过前期调查研究确定了以海报展示为主要形式，在 10 月 14 日校园中医药文化特色课程展示活动上为与会人员做宣讲。以四门特色课程为类别进行兴趣分组，并以小组讨论的方式制定活动方案、确定责任分工、设计招贴海报、撰写宣传文案。学生查阅书籍、询问专业人士与家长、邀请学科教师指导解决宣讲准备工作过程中的实际问题，从而确定本组宣传文案，绘制本组海报，完成宣传准备工作。

　　在第二课时我是小小宣讲员中，先由一组学生展示汇报前期活动准备的过程，从而引发学生思考，各组交流分享本组准备过程中解决问题的方法与路径。待学生进入状态后，进入两次宣讲练习环节。在第一次宣讲练习中，各小组组内自评，反思宣讲问题，教师深入各组进行多方位指导。练习结束后邀请教师指导后的小组到前台展示，说一说哪里值得借鉴，哪里需要改进，启发学生反思本组存在的问题。留出 1 分钟的时间让学生进行反思交流，组内总结问题与改进方法。在第二次宣讲练习环节，各组学生分别邀请学科教师对宣讲进行指导。第二次宣讲练习至少宣讲两遍，第一遍学生宣讲，教师指导；第二遍学生根据学科教师的指导，再次宣讲练习。两次宣讲结束各组宣讲已经趋于成熟，随即进入正式宣讲。学生宣讲结束后，各组小评委与指导教师进行扫码投票，选择想要参加的特色课程。最后，师生共同进行反思总结，为正式宣讲做好准备。

　　在第三课时做中医药文化课程的宣传员中，各组在活动当天正式宣讲，并组织参会教师进行投票，统计参加人数。学生在实践结束后返回教室进行反思交流，总结此次活动的收获。

二、学生情况分析

（一）基本情况

　　在主题活动开展前期，使用问卷星对五年级的 114 名学生进行调研，有 43 名学生支持使用招贴海报的形式宣传活动，20 名学生支持使用短视频、公众号等宣传形式，40 名学生支持使用宣讲的方式进行宣传，11 名学生支持使用其他方式进行宣传。基于以上数据分析，最终选择了使用海报与宣讲相结合的形式对学校的中医药文化特色课程进行宣传。

续表

单元（或主题）教学背景分析

我校五年级的学生参加了学校特色课程的学习，了解我校中医药特色课程的内容与形式，对于中医药文化知识有一定学习经验。通过访谈发现，五年级的学生在长期的综合实践活动研究学习中掌握了一定的研究方法，具备探究能力，小组合作学习能力较强。并且，五年级学生在美术课程中已经针对设计制作海报的方法进行了学习，部分学生具备使用统计类软件的能力，在信息科技课程中学习过制作二维码的方法。这都为接下来的活动奠定了技能基础。五年级学生即将步入青春期，存在羞于表达、不愿意主动参与校园活动的情况；部分学生很少参与宣传活动的策划，对于宣传展示更是经验不足。这都需要教师的引导与协助。

（二）学生的思维障碍点和发展点

1. 问题解决能力有待提高

通过之前的学习，他们已经具备一定的交流合作能力、观察分析能力、动手操作能力；在活动前期会遇到文案撰写、海报设计等实际问题，需要采用多种方法加以解决，以达到宣传展示的目的。因此在本次主题实施过程中，设计课前学习单、课上反复练习、课下小组作业等多种形式，让学生在问题解决中掌握多种途径及方法，提高问题解决能力。

2. 创新思维的培养

创新思维是创新实践的前提，是创造力发挥的前提。在设计阶段，学生针对不同类型的特色课程特点设计有创意的海报草图，强调以宣传展示我校中医药特色课程为出发点。在实践中他们遇到了诸多问题，于是教师引导学生多角度思考，形成对问题的初步解释。学生通过在班级的交流分享完善宣传推广形式，从而发展创新思维能力，提高组内团结合作与参与校园活动的责任意识。

3. 观察分析、表达能力有待提升

在活动中期，学生能够在多次反复宣讲中观察本组的展示活动，分析本组在动作、语言、海报等方面存在的问题，并加以调整，在多次演练中提升语言表达能力

单元（或主题）教学目标				
课时	价值体认	责任担当	问题解决	创意物化
第一课时：我是小小设计师	通过亲身参与中医特色课程，学习中医药相关知识，了解中医药文化的博大精深，明白学校开设特色课程的重要意义		在设计海报与任务分配环节，能够根据教师、同学的建议进行调整，最终完成活动前期准备	通过小组研讨能够利用多学科知识绘制中医药宣传日活动海报草稿
第二课时：我是小小宣讲员	通过亲身参与四项特色课程的宣传活动，深入了解中医药文化的博大精深，培养对中国传统文化的热爱，为民族文化感到自豪	围绕中医药宣传日活动设计宣传海报	在活动中能够针对问题，在小组内深入开展研究，也能够根据教师、同学的建议进行调整，最终达到小组配合宣传本次活动的目的	通过小组研讨能够利用多学科知识在课前设计制作中医药宣传日活动海报
第三课时：做中医药文化课程的宣传员	通过亲身参与整个宣传活动，深入了解中医药文化的博大精深，培养对中国传统文化的热爱，为民族文化感到自豪，同时也为能够宣传校园特色课程感到自豪	帮助学校宣传中医药活动，同时推广传统中医药文化，形成热爱生活、热心学校事务的意愿	小组配合做好宣传活动，并组织扫码确认参与人数，为活动顺利开展做好准备	

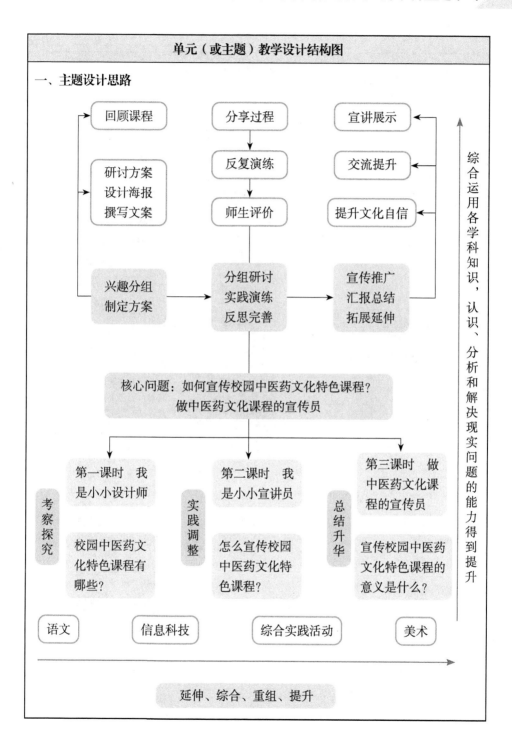

单元（或主题）教学设计结构图

一、主题设计思路

续表

单元（或主题）教学设计结构图

二、主题实施过程

主题	课时主题	教学阶段	设计意图	目标
核心问题：如何宣传校园中医药文化特色课程？	我是小小设计师	1. 了解中医药特色课程 2. 海报的关键要素 3. 兴趣分组 完成设计图 4. 汇报展示活动方案 5. 调整完善	1. 明确活动信息 2. 明确海报的关键要素 3. 完成兴趣分组，通过讨论确定本组海报的形式以及宣传文案，为宣传阶段奠定基础 4. 完成活动方案设计	热心学校事务 弘扬传统文化
教学策略：引导学生在校园生活中发现问题，确定研究主题，综合运用多学科知识解决问题	我是小小宣讲员	1. 前期准备 分享展示 2. 首次模拟宣讲演练 3. 反复演练 评价调整 4. 宣传推广 反思交流 5. 投票环节	1. 做好前期准备 2. 在宣讲练习中不断反思，提升宣讲水平 3. 组内、班内自评、互评反复练习，反复调整，为最终的展示做好铺垫 4. 宣传展示本小组的特色课程，宣传中医药文化；反思活动过程，总结经验，改进不足	
多学科融合：主题活动融合语文、美术、信息科技等多个学科的知识	做中医药文化课程的宣传员	1. 实践宣传 2. 汇报总结 3. 拓展提升	1. 宣传我校中医药特色课程，弘扬传统中医药文化，确定活动参与人数，做好准备工作 2. 为活动当日的特色课程顺利开展做好准备 3. 感情升华，激发学生对传统文化的热爱之情，参与学校活动的积极性与责任心，总结本次实践活动的收获与不足，为成长奠基	

（中间纵向文字：做中医药文化课程的宣传员）

第一课时的教学过程			
教学阶段	教师活动	学生活动	设计意图
1. 了解中医药特色课程	（1）特色课程知多少。 出示四门中医药特色课程的照片，提问照片中展示的是哪些课程。 （2）展示活动基本信息。 出示活动流程图，我校即将开展中医药文化展示交流活动，届时会有专家领导以及友校师生入校参观。请学生们读图自学相应特色课程活动信息	（1）学生依据图片以及校园学习经验能够回答出我校中医药特色课程的名称。 （2）学生读取学习单中特色课程开展的时间、地点、内容，并填写学习单	明确活动信息
2. 海报的关键要素	出示海报范例，明确海报的基本元素	复习美术课中所学习的海报的基本元素	明确海报的关键要素
3. 兴趣分组 完成设计图	（1）兴趣分组。 为了让更多的人了解我校中医药特色课程，请同学们自愿结组为学校特色课程做宣传。 （2）研讨设计海报。 请各小组研讨本组海报设计实施方案以及设计草图 （3）小组研讨并确定本组宣传方案。 请你为本组撰写宣传与推广文案。要求：文案优美、紧扣主题、有关键信息（时间、地点、标题）	（1）学生根据兴趣，分别分成家长讲堂组、八段锦小组、神农草堂小组、中医药传统文化小组。 （2）各小组研讨设计海报并将手绘草稿记录在实施方案中。 （3）确定本组宣传文案并记录在本组记录单中	完成兴趣分组，通过讨论确定本组海报的形式以及宣传文案，为宣传阶段奠定基础
4. 汇报展示活动方案	请各组代表讲解本组设计方案以及分享海报文案。 其他小组认真倾听学习，提出宝贵意见	各组代表分享设计草图（初稿）并讲解设计思路。 分享宣传文案以及小组宣传分工细则。 班级中交流分享	完成活动方案设计

第一课时的教学过程			
教学阶段	教师活动	学生活动	设计意图
5.调整完善	请同学们课下根据建议与意见进行调整，完成海报的设计与制作	调整完善	

第二课时的教学过程			
教学阶段	教师活动	学生活动	设计意图
1.前期准备 分享展示	提供中医药活动四门特色课程的资料与课前学习单。课前，在美术课上针对海报的内容、在语文课上针对活动推广宣传文案撰写方法、在信息课上针对二维码的制作进行学习。 （1）我们学校即将在10月14日开展中医药文化特色课程展示交流活动。为了宣传这次课程展示交流活动，每个研究小组都做了充分的准备。请一名同学分享课前的学习过程。 （2）还有其他同学愿意分享你们的准备过程吗?	各组深入研究，完成学习单，明确海报的绘制方法与宣传文案的撰写方法。 （1）一名学生以PPT的形式分享展示活动准备过程，能够表达清楚。 （2）补充分享多种解决问题的方式	做好前期准备
2.首次模拟宣讲演练	（1）组织学生开展组内练习活动（第一次宣讲练习），下组进行指导。以其中一组为重点，从宣讲语言、展示形式等多方面进行全面指导。 （2）教师分享在指导过程中发现的问题，以及调整的方法。重点指导小组复盘调整，并在班级中展示汇报调整后的宣讲。 （3）这组哪里值得你们学习? 哪里还可以做得更好? 反思你们小组还存在哪些问题? 怎么解决? 给你们1分钟的时间，在小组内进行反思研讨，为第二次宣讲练习做好准备	（1）各小组在组内进行第一次宣讲练习，在模拟展示过程中，规范语言、设计展示动作，合理利用海报配合宣讲。在实践中发现问题,总结反思。 （2）展示小组能够准确复盘，在宣讲时有明显的提升。 （3）经过启发，学生在组内复盘反思第一次练习中的不足	在宣讲练习中不断反思，提升宣讲水平

续表

第二课时的教学过程			
教学阶段	教师活动	学生活动	设计意图
3.反复演练评价调整	（1）请各组代表邀请各学科教师进组指导第二次宣讲。 （　　）小组评价卡 请您根据第二次宣讲做出相应评价 	评价细则	评价区（☺☺☺）
---	---
海报设计美观、内容完整	
宣讲关键信息明确、文案优美	
动作设计紧扣主题、印象深刻	| （2）请各组根据指导教师的评价进行调整，再次进行宣讲展示，以达到巩固提高的目的。 （3）各组的小评委互评，并邀请现场的听课教师给出评价。（第二次彩排）	（1）小组代表用礼貌用语邀请指导教师入组指导。 （2）根据指导教师的意见进行调整，并再次进行宣讲展示。 （3）小评委相互评价，各组的小评委邀请听课教师参与活动，现场给出评价。（使用贴片进行评价）	组内、班内自评、互评，反复练习，反复调整，为最终的展示做好铺垫
4.宣传推广反思交流	（1）组织各组依次汇报宣传，并针对各组的情况组织交流。 （2）回顾本次活动，你有什么收获？解决了哪些问题？在哪些方面可以做得更好？	邀请听课教师参与其中，学生参与其他小组的宣讲（宣讲2~3遍）	宣传展示本小组的特色课程，宣传中医药文化；反思活动过程，总结经验，改进不足
5.投票环节	（1）你想参与哪个活动？出示投票二维码，请各位教师现场投票。（二维码提前发给听课教师，方便大家投票） （2）展示票数。 （3）下节课我们针对反思的情况进行调整和完善，相信大家会做得更好！	（1）学生进行投票，支持率高的小组拿着海报站在中心向大家发出邀请。 （2）邀约各位教师共赴校园中医宣传日活动。（欢迎大家参加我校中医药文化展示交流活动！）	

第三课时的教学过程			
教学阶段	教师活动	学生活动	设计意图
1.实践宣传	（1）宣传准备。组织各组调整完善海报，确定宣传地点、责任分工。（2）宣传推广。组织各组实地开展宣传推广，并组织参与师生进行投票，确定各门特色课程的参与人数	（1）各组针对海报宣讲进行反思调整，确定最终推广宣传版本。（2）在相应宣传地点进行宣传推广，组织参与师生扫码投票，确定活动参与人数	宣传我校中医药特色课程，弘扬传统中医药文化，确定活动参与人数，做好准备工作
2.汇报总结	组织学生汇报宣传推广情况	以小组为单位展示汇报宣讲情况。根据宣讲情况研讨，填写特色课程建议	为课程顺利开展做好准备
3.拓展提升	分享一下你参加本次实践活动的感受与收获吧！	从传承优秀传统文化、参与校园活动、推广学校特色课程、活动收获与启发等多方面分享本次实践活动的感受	感情升华，激发学生对传统文化的热爱之情，参与学校活动的积极性与责任心，总结本次实践活动的收获与不足，为成长奠基

单元（或主题）的作业设计及学习效果评价设计

一、作业设计

（一）课前作业：回顾校园特色课程，完成课前学习单

第一，了解四门特色课程的活动详情。

例：

1."家长讲堂"活动于（十月中旬 10:40—11:00）在（小学前院南侧围栏旁）开展，活动内容是（观察、了解菊花）。

2."八段锦"活动于（　　　）在（　　　）开展，活动内容是（　　　）。

3."神农草堂博物馆"活动于（　　　）在（　　　）开展，活动内容是（　　　）。

4."中医药文化体验坊"活动于（　　　）在（　　　）开展，活动内容是（　　　）。

第二，结合参与特色课程所学，利用网络查询、了解活动内容，请选择感兴趣的特色课程撰写宣传文案

续表

单元（或主题）的作业设计及学习效果评价设计
第三，学习海报内容并制作本组海报。 　　海报包括文字与元素图，请你收集制作本组海报的元素，用剪刀剪裁能利用的元素，带到课堂使用。 第四，请你为喜爱的特色课程撰写宣传与推广文案。要求：文案优美、紧扣主题、有关键信息（时间、地点、标题）

设计课前学习单，旨在让学生回顾参与过的特色课程、学习过的知识，熟悉特色课程相关知识，选择感兴趣的课程作为宣传对象。初步构思海报设计、撰写宣传文案。为后续开展活动做好准备。通过学生的作业完成情况，了解学生关于本次活动的知识储备，把握学情。

（二）课中作业

第一课时我是小小设计师：组内制定方案、设计制作海报、撰写宣传文案

做中医药文化课程宣传员——（　　　　）小组 班级：　　　　组长：　　　　成员：		
一、宣传分工明细		
名称	负责内容	主要负责人
文案与宣讲员	负责活动阶段宣传文案撰写工作；展示阶段宣讲指导	
设计制作指导	负责活动阶段本组海报的设计制作	
动作指导	负责活动阶段本组的动作指导；展示阶段动作的展示	
小评委	负责活动阶段调整完善建议；展示阶段互评与投票	
二、我的海报宣传文案（文案信息应包括活动主题、活动时间、活动地点以及宣传词） 		

续表

单元（或主题）的作业设计及学习效果评价设计
三、海报设计图
通过观看各组宣讲，你想参加（　　　）特色课程。 A. 八段锦　　　　　　　　B. 神农草堂博物馆 C. 家长讲堂　　　　　　　　D. 中医药文化体验坊

（三）课后作业：开放性作业，生活中宣传推广中医药知识

　　活动结束后鼓励学生将校园中学习的中医药知识运用到生活当中。

二、学习效果评价设计

1. 评价目标

　　（1）能够自主学习校园中医药特色课程基本信息完成学习单；以小组研讨的方式确定活动实施方案，完成组内分工与海报设计草图。

　　（2）小组协作，综合利用多学科知识完成宣传讲解的反复练习，初步感受参与校园活动的责任与传统中医药文化的魅力。

　　（3）小组配合，顺利完成宣传工作，在实践过程中感悟参与校园活动的自豪感，对传承与弘扬传统中医药文化有更深刻的认识。

2. 评价内容

　　（1）我是小小设计师评价内容。

第一课时 我是小小设计师评价单			
评价标准	个人 评价	小组 评价	教师 评价
了解中医药相关知识，认识校园中医药特色课程，明白学校开设特色课程的重要意义			
在设计海报与任务分配环节，能够根据教师、同学的建议进行调整，最终完成活动前期准备			
利用多学科知识绘制中医药宣传日活动海报草稿			

续表

单元（或主题）的作业设计及学习效果评价设计

（2）我是小小宣讲员评价内容。

教师评价单	
评价内容	评价量规
评价1：请您针对第二次模拟宣讲进行评价。 （使用贴纸直接在组内评价处评价）	①主题内容明确 ②语言流畅生动 ③形式印象深刻 满足一点要求可得1张贴纸，满评为3张贴纸
评价2：课程已接近尾声，听完各组的宣讲，您想参加哪门特色课程？请扫描二维码进行投票吧！	
请您留下宝贵意见，为同学们反思与改进提供重要依据	

（3）做中医药文化课程的宣传员评价内容

第三课时 做中医药文化课程的宣传员评价单			
评价标准	个人评价	小组评价	教师评价
在活动中为民族文化感到自豪，同时也为能够宣传校园特色课程感到骄傲			
明确自身任务，配合小组完成校园宣讲；并组织扫码确认参与人数			

3. 评价方式及工具

本单元课堂评价主要通过教师评价、学生自主评价、小组评价、同伴互评等方式开展。同时运用学习单、App（问卷星、微信）、班级展板、海报、学校宣传角等多种评价工具和载体，提高评价的可操作性和时效性。

4. 评价结果

通过分享校园社团生活、观看视频、资料分析、小组探究、设计行动方案、绘制宣传海报草图、宣传讲解等多种活动方式培养学生综合运用多学科知识解决实际

续表

单元（或主题）的作业设计及学习效果评价设计
问题的能力。学生通过校园学习生活与课上深入了解，初步感悟传统中医药文化的魅力，在探究过程中了解中医药文化知识，同时增强参与校园活动的责任意识。在学习中，提高运用多学科知识解决现实问题的能力，提升综合素质。 　　通过深度参与完整的主题活动，学生能够认同民族优秀中医药文化，愿意在生活中继承弘扬中医药文化，愿意为家长、同学、教师讲解，普及中医药知识。如通过宣传讲解中医讲堂活动会根据节令特点炮制简单的养生茶饮；可以自己或与家人一同练习八段锦健身操增强体质；有持续关注神农草堂博物馆的科普知识的学习意愿；等等。同时，积极参与校园其他活动，争当校园小主人，为自己的学校感到自豪

案例分析

一、案例设计的特色

1.思维（认知）的提升

　　在主题活动中鼓励学生打破学科界限，融合所学知识，融会贯通解决实践中的困难。同时，活动开展中善于向社会资源、家长资源借力；在活动中通过不断反思改进，思考解决问题的方法，促使学生在活动中不断提高宣讲能力。在活动的三个阶段设计有梯度的任务，从易至难，学生在实践中探索解决问题的方法，逐个突破，从而使思维向纵深发展。

2.设计多级多维度的评价

　　在不同的活动时段根据学习情况设计多维度评价。在活动练习阶段，采用多次反复的宣讲练习方法，第一次练习重学生自评，自行诊断问题；在第二次练习中重教师评价，通过多学科教师指导达到质量提升。在练习结尾采用信息技术手段使用扫码投票评价。在活动中，学生互评贯穿始终。课前使用问卷星调查学生情况，收集学生学前学习单反馈主题知识储备情况，课中充分利用多学科教师的指导作用进行师评。多级别、多维度评价促使学生深度学习。

二、案例设计的不足

　　学生在活动实施过程中虽能完整展示，但仍表情拘谨、不够自然。在后期课程开展中，会增加展示活动课程数量，使学生在不断的练习中增强自信。在后期语文等其他课程的学习中着重加强口语表达的练习，多创设情境，创造机会，提高学生的综合素质

设计者：北京市房山区窦店第二小学　李雨芊

案例四　大国粮仓养世界——植物的呼吸

基本信息		
单元（或主题）名称	大国粮仓养世界——植物的呼吸	
学科：生物学	学段：第四学段	年级：七年级

涉及的其他学科课程或领域		涉及学科知识模块	学科概念	学科交叉	核心素养
涉及的其他学科课程或领域	现代粮仓优势宣传	生物学：植物的生活模块,植物的呼吸及呼吸作用,植物在生物圈中的作用	生物学：植物通过光合作用和呼吸作用获得生命活动必需的物质和能量,有助于维持碳氧平衡	生物学与化学间的交叉内容：1. 利用氧气和二氧化碳的性质,进行化学实验,验证植物吸收氧气,呼出二氧化碳 2. 证明植物的呼吸作用,分解有机物释放能量。完成反应式书写	生物学：生物观念、科学思维、探究实践、态度责任
		化学：氧气、二氧化碳的主要性质,认识物质的性质与用途的关系,明确检验方法	化学：物质的变化与转化,化学反应及质量守恒定律,空气、氧气、二氧化碳		化学：化学观念、科学思维、科学探究实践、科学态度责任
		数学：数与代数,函数、统计与概率	数学：数与代数,函数,通过表格、折线图、趋势图等,感受随机现象的变化趋势	生物学与数学间的交叉内容：利用传感器,记录数据,能分别绘制氧气与时间、二氧化碳与时间的函数关系图,根据函数图分析出实际问题中变量的信息,发现变量间的变化规律	数学：抽象能力、推理能力、数据意识等

基本信息	
主要参考教材	书名：《生物学：七年级下册》　出版社：北京出版社 出版时间：2013 年 12 月

单元（或主题）指导思想、理论依据及教育教学功能与价值

　　《义务教育生物学课程标准（2022 年版）》明确了生物学教学要以核心素养为宗旨，强调了教学过程应重实践等课程理念。在新的教学背景下，教师把培养学生的生命观念、科学思维、探究实践、态度责任等核心素养摆在教学的首要地位，第一课时旨在解决植物的呼吸是否同人的呼吸一样消耗氧气，产生二氧化碳。在课堂中教师先利用萌发的、干燥的和煮熟的（不同细胞状态）黄豆种子进行演示实验，证明种子的呼吸消耗氧气、产生二氧化碳。通过小组实验探究植物不同器官的呼吸。总结植物各器官（活细胞）的呼吸消耗氧气、产生二氧化碳的实验结论。第二课时旨在解决植物呼吸与呼吸作用的差别，认识植物的呼吸作用。课堂中进一步设计种子萌发实验，证明植物的呼吸作用分解有机物、释放能量。在实验中总结呼吸作用的相关概念、实质、反应式等。第三课时通过实验数据、图表等分析影响植物呼吸作用的因素有哪些，植物在生物圈中的作用是什么。本单元设计充分利用实验和递进的问题串，帮助学生在实践、观察、探究、讨论中形成生命观念并构建生物学概念，以此分析生产、生活中的生物学问题，体会作为公民应承担的社会责任。

　　《义务教育数学课程标准（2022 年版）》提出，实施促进学生发展的教学活动，鼓励学生利用观察、猜测、实验、计算、推理、验证、数据分析、直观想象等方法分析和解决问题。本主题课程中教师让学生设计实验，利用传感器收集并记录植物呼吸消耗氧气和产生二氧化碳的数据，从而绘制时间和氧气、二氧化碳含量的图像，进一步认识植物呼吸的规律及变量之间的关系，并用数学符号或图像表达，建立形与数的关系。培养学生会用数学的眼光观察世界，可以从现实世界的客观现象中发现数量关系；会用数学的思维思考现实世界，通过数学的思维，揭示客观事物的本质属性，建立数学对象之间、数学与现实世界之间的逻辑关系，形成重论据、有条理、合乎逻辑的思维品质，培养科学态度和理性精神；会用数学的语言表达现实世界，初步感悟数学与现实世界中的数量关系，能有意识地运用数学语言表达现实生活与生物学中事物的性质、关系和规律，形成跨学科的应用意识与实践能力，养成重证据、讲道理的科学态度

续表

单元（或主题）指导思想、理论依据及教育教学功能与价值
《义务教育化学课程标准（2022年版）》科学探究与化学实验主题中要求学生知道化学是研究物质的组成、结构、性质、转化及应用的一门基础学科，知道化学实验是进行科学探究的重要方式。物质的性质与应用主题要求学生能了解空气的主要成分；通过实验探究认识氧气、二氧化碳的主要性质，认识物质的性质与用途的关系；以自然界中的氧循环和碳循环为例，认识物质在自然界中可以相互转化及其对维持人类生活与生态平衡的意义。此部分内容与生物学的第六章内容不谋而合。因此，我们可以发挥学科综合育人功能，开展跨学科的主题教学活动，将相关学科的教学内容有机结合，从而提升学生综合分析问题和解决问题的能力

单元（或主题）教学背景分析
一、教学内容分析及课时分配 　　初中"植物的呼吸作用"在知识结构上有承上启下的作用，学生在七年级课程中就人的呼吸进行了讲解，人的呼吸作用与植物呼吸作用产生的影响有一定的相似性，可作为"前概念"进行铺垫；在初中厘清该过程中的物质和能量变化，树立"物质与能量观"。本节课选自北京出版社的《生物学：七年级下册》第六章"生物的呼吸"第二节、第四节的内容，基于教材，结合课程标准的理念，对实验部分进行了改进、整合，对教学内容进行了调整。 　　本节课是《义务教育生物学课程标准（2022年版）》第四部分"课程内容"第四节"植物的生活"的部分内容，需要帮助学生了解"细胞能通过分解糖类获得生命活动所需的能量，同时生成二氧化碳和水"，同时理解植物的生命过程和基本原理，运用这些生命活动原理分析、解释实际问题，并从物质循环和能量变化的角度阐释其实质。对呼吸作用的学习，是学生形成物质与能量观的重要途径，本节内容在教材编排上，遵循概念建构的基本原理，首先通过两组探究实验，让学生观察萌发的种子可以呼吸，即吸入氧气，呼出二氧化碳，再用相同的方法验证植物各部分（活细胞）吸入氧气、产生二氧化碳、释放能量的实验及呼吸作用的过程等内容，同时，本部分需要结合化学知识，认识氧气和二氧化碳的检验方法，同时应用美术、语文等学科知识进行检验装置的物化创作；还可结合信息科技课程，应用电子设备对氧气和二氧化碳进行实时测验。进一步认识呼吸作用过程中物质和能量的变化在维持生物体生命活动中的重要作用。遵循从观察现象到探寻本质的研究规律。将学生探究活动的重点由观察、推理、比较、分析等科学思维和方法的训练提升为让学生参与实验装置的设计与制作、讨论数据、记录现象等，拓展学生参与探究的深度

续表

单元（或主题）教学背景分析

和广度。学生对环境条件影响呼吸作用进行讨论，运用所学知识分析和解决生产生活中的实际问题，并从物质循环和能量变化的角度阐明植物在生物圈中的重要地位。

二、学生情况分析

认知方面：已知绿色植物在生物圈中承担生产者角色，能说出植物细胞的基本结构和功能；学习了植物的光合作用，对人的呼吸现象比较熟悉，但不清楚呼吸作用的本质。已知光合作用中物质和能量的变化，理解活细胞的生命活动需要能量，初步具有"物质与能量"的观念，但尚不清楚在植物呼吸作用过程中物质和能量的具体变化，以及这一变化对植物和人类的生产、生活有怎样的影响，因此教师需要设计源于现实的情境，关注学生解决实际问题能力的提升，学生能将所学知识与技能应用于实际生活，能利用所学设计实验进行验证。

能力方面：学生能够熟练使用电脑；能积极参与或分析探究实验，具备观察比较、分析和总结归纳的能力，能够和同伴进行科学交流、讨论，利于课堂活动的展开。

心理特点：初一学生好奇心强，求知欲旺盛，喜欢直观形象的事物，喜欢动手操作。然而，学生很难亲眼看到呼吸作用，因此，本节课通过实验，帮助学生将不可见的生理反应可视化，易于激发学生的学习兴趣，提升学生获得感

单元（或主题）教学目标

根据《义务教育生物学课程标准（2022年版）》中的课程内容部分，对本单元的有关概念进行梳理，结合对学校和学生情况的考虑，呈现概念形成结构图。以实验探究和事实证据为支撑，构建"活的植物呼吸时吸收氧气呼出二氧化碳"和"呼吸作用的实质是细胞内有机物氧化分解，释放能量，为生命活动提供动力"的次位概念，最终上升到"在生物体内，细胞通过分解糖类等获得能量，同时生成二氧化碳和水"这一重要概念。

依据《义务教育化学课程标准（2022年版）》课程内容中的"2.2.1 空气、氧气、二氧化碳"，要求学生了解空气的主要成分；通过实验探究认识氧气、二氧化碳的主要性质，认识物质的性质与用途的关系；以自然界中的氧循环和碳循环为例，认识物质在自然界中可以相互转化及其对维持人类生活与生态平衡的意义。依据课程内容中"4.1 物质的变化与转化"，知道物质是在不断变化的；认识物质的变化过程伴随着能量变化，在一定条件下通过化学反应可以实现物质转化，化学反应中的各物质间存在定量关系，初步形成变化观

单元（或主题）教学目标

　　根据《义务教育数学课程标准（2022年版）》，要通过对现实问题中变量的分析，建立两个变量之间变化的依赖关系，让学生理解用函数表达变化关系的实际意义；要引导学生借助平面直角坐标系中的描点，增强几何直观。能识别简单实际问题中的常量、变量及其意义，并能找出变量之间的数量关系及变化规律，形成初步的抽象能力；能根据函数图像分析出实际问题中变量的信息，发现变量间的变化规律。

　　基于以上梳理和分析，确立本单元的教学目标。

　　（1）通过对种子的呼吸作用产生二氧化碳的学习，理解在一定条件下通过化学反应可以实现物质转化；基于对植物的呼吸作用吸收氧气、植物的呼吸作用释放能量等几个实验中变量的分析，初步形成生命活动过程中贯穿物质与能量变化的科学观念。结合资料分析，运用探讨、归纳、概括的科学思维，从物质和能量角度描述绿色植物呼吸作用的实质和意义。

　　（2）通过对先前学过的人的呼吸作用及植物的光合作用的回顾，类比推理出植物的呼吸作用的概念和实质，初步培养学生科学的思维方法。激励学生创新实验设计，培养学生科学思维的习惯，提升学生的科学素养。

　　（3）按照科学探究的要求设计实验方案，通过对探究结果的分析和讨论，认识氧气、二氧化碳的主要性质及检验方法。加深对呼吸作用的理解；利用作业设计，综合运用生物学和其他学科的知识、方法和实验技能解决实际问题，提升探究实践能力。通过参与科学探究，逐步增强对自然现象的好奇心，提高动手操作和探究的能力。

　　（4）利用传感器记录数据，能分别绘制氧气与时间、二氧化碳与时间的函数关系图，根据函数图像分析实际问题中变量的信息，发现变量间的变化规律。能通过实验数据、图表等分析影响植物呼吸作用的因素。形成抽象能力、数据和模型观念，进而解决实际问题。

　　（5）利用呼吸作用的原理和相关知识，结合情境解释生活问题，能提出粮仓储粮的方法，结合材料分析大国粮仓保存粮食的原理。养成学以致用的习惯，初步形成为国家科技发展贡献力量的意识和决心

单元（或主题）教学目标			
核心素养	学习目标	学习活动	学习评价
观念　化学观念 数学观念 生命观念	通过对种子萌发过程中的物质变化及释放热量、植物呼吸的探究分析，初步形成生命活动过程贯穿物质与能量变化的生命观念 结合资料分析，运用探讨、归纳、概括的科学思维，从物质和能量角度描述绿色植物呼吸作用的实质和意义	1.通过对萌发种子呼吸的探究实验，证明植物各个器官都能呼吸：吸收氧气，呼出二氧化碳 2.掌握设计实验、描述现象及叙述结论的方法	过程性评价： 1.评价量表 2.实验探究评价 3.课堂学案展示
科学思维 （生物、化学）	通过对先前学过的人的呼吸作用及植物的光合作用的回顾，类比推理出呼吸作用的概念和实质，培养科学思维素养，激励学生创新实验设计，培养学生科学思维的习惯，提升学生的科学素养	在探究种子萌发释放能量、有机物含量减少的过程中，提高科学思维	
探究实践 （生物、化学）	按照科学探究的要求设计实验方案，并通过对探究结果的分析和讨论，加深对呼吸作用的理解，提升探究实践能力素养	1.说出温度、水分、氧气含量对呼吸作用的影响 2.能运用呼吸作用的原理，解释粮食保存条件等生活现象 3.能够独立设计、开展探究实验	结果性评价： 1.课后基础习题 2.实验装置展示
态度责任	鼓励综合运用生物学和其他学科的知识、方法和实验技能解决实际问题，提升探究实践能力。通过参与科学探究，逐步增强对自然现象的好奇心，提高动手操作和探究的能力		

单元（或主题）教学设计结构图

学习内容	重要概念	学习内容	重要概念		学习内容	重要概念
利用氧气和二氧化碳的性质，进行化学实验，验证植物吸收氧气，呼出二氧化碳	2.2.1 空气、氧气、二氧化碳	实验证明植物的各个器官都能呼吸：吸收氧气，呼出二氧化碳	4.3.2 细胞能通过分解糖类获得生命活动所需的能量，同时生成二氧化碳和水	4.3 植物通过光合作用和呼吸作用获得生命必需的物质和能量，有助于维持生物圈中的碳氧平衡	利用传感器记录数据，能分别绘制氧气与时间、二氧化碳与时间的函数关系图，根据函数图像分析实际问题中变量的信息，发现变量间的变化规律	数与代数、函数
	4 物质的化学变化	实验证明种子萌发分解有机物，释放能量	4.3.4 光合作用和呼吸作用原理在生产生活中有广泛的应用			
利用实验证明植物的呼吸作用分解有机物，释放能量。完成反应式书写	4.1 物质的变化与转化 4.2 化学反应及质量守恒定律	二氧化碳、氧气浓度及温度等环境条件影响植物呼吸作用	4.3.5 植物在维持生物圈中碳氧平衡方面具有重要作用			
化学		**生物学**			**数学**	

单元设计内容

评价方式

现代粮仓优势宣传

问题一：现代粮仓为何更关注粮仓气密性？

任务一：利用化学性质，实验探究，验证植物活细胞的呼吸消耗氧气，产生二氧化碳，防止萌发，并利用身边材料优化实验装置。

上课实验完成情况及装置评价

问题二：粮仓为何关注粮温？

任务二：进行实验证明，植物的呼吸作用分解有机物，释放能量。完成呼吸作用反应式。明确粮仓要适时通风。

上课情况评价

问题三：如何延长粮食保存时间？

任务三：结合实验数据，进一步分析，明确影响种子呼吸作用的因素，与现代粮仓结构相联系提出延长粮食保存时间的方案，抑制呼吸作用，利用宣传画做好现代粮仓宣传，提升民族自豪感和社会责任感。

宣传画评价

主要教学过程			
教学阶段	教师活动	学生活动	设计意图
设置问题导入新课	教师播放粮食气膜仓与传统粮仓储粮对比视频,让学生思考:粮食气膜仓为何更关注气密性? (1)导入情境:小明卧室放植物,夜晚感觉闷。 提出问题:为什么封闭的室内摆上绿色植物,夜晚睡觉会感觉闷? (2)复习人的呼吸相关知识,引导学生做出猜想。 (3)结合人的呼吸作用和植物的光合作用实验引导并补充氧气和二氧化碳的检验方法	思考。 简单分析,做出猜想:植物能像动物一样进行呼吸,吸入氧气,释放二氧化碳。 掌握验证方法	情境导入,激发兴趣,分析现象,提出问题,做出假设。 温故知新,承上启下
设计实验 (演示实验)	**演示实验一:植物呼吸消耗氧气** 不选取整株植物作为实验材料,可选取植物器官,方便操作。介绍、演示实验选材及装置,分析实验装置,关注密闭环境。 引导学生思考:为什么要煮熟种子? 结合实验法的三大原则,介绍实验方案。 教师演示实验,引导学生观察并记录现象,完成表格。 {表格见下} |	蜡烛燃烧情况	
---	---	---
实验现象	萌发的种子	煮熟的种子
	蜡烛熄灭	蜡烛继续燃烧
实验结论	萌发的种子呼吸能够消耗氧气			做对照	通过尝试设计实验,体验对照组和实验组的设计方法,强调实验法的三大基本原则;描述现象、阐明结论,培养学生的科学思维能力,在实验设计中认同实验证明的严谨性

续表

主要教学过程			
教学阶段	教师活动	学生活动	设计意图
设计实验（演示实验）	**演示实验二：植物呼吸产生二氧化碳** 介绍演示实验装置，分析实验装置，关注密闭环境。 介绍实验方案。 结合实验法的三大原则，演示实验，学生观察并记录现象，完成表格。 结合两组演示实验，分析总结： 种子呼吸消耗氧气，产生二氧化碳。 强调植物活细胞才能呼吸	学生观察实验现象，并将实验现象记录在表格中，分析结果，得出结论	
设计实验（绿色植物各器官呼吸验证实验）		**学生验证实验一：植物各器官呼吸消耗氧气。** 植物作为一个统一的整体，植物体的各个器官都要进行呼吸。利用手边装置，分组检验，记录现象。 分析总结： 植物呼吸消耗氧气	通过绿色植物叶的呼吸实验，明确研究呼吸要排除光合作用的干扰。学生参与实验，提升学生实验操作、问题解决等能力

演示实验二表格：

实验现象	澄清石灰水变化情况	
	萌发的种子	煮熟的种子
	石灰水变浑浊	石灰水无明显变化
实验结论	萌发的种子呼吸能够产生二氧化碳	

学生验证实验一表格：

实验材料	蜡烛燃烧情况
根（萝卜）	蜡烛熄灭
茎（洋葱）	蜡烛熄灭
叶（油菜）	蜡烛熄灭
花（桃花）	蜡烛熄灭
果实（苹果）	蜡烛熄灭
实验结论	植物呼吸消耗氧气

续表

主要教学过程			
教学阶段	教师活动	学生活动	设计意图
设计实验（绿色植物各器官呼吸验证实验）	结合学生结果，带领学生分析叶1组和叶2组实验结果不同的原因。强调绿色植物呼吸实验要排除光合作用的干扰。实验操作过程要进行遮光处理。观察现象，分析结果，得出结论。结合实验现象和图表分析，明确为什么选择萌发的种子作为植物呼吸现象的实验材料	**学生验证实验二：植物呼吸产生二氧化碳** 各小组利用各组材料进行实验装置设计。 小组展示设想图或利用材料简要解说。 学生利用教师分发的材料进行验证实验，记录现象。 <table><tr><td>实验材料</td><td>澄清石灰水颜色变化</td></tr><tr><td>根（萝卜）</td><td>澄清石灰水变浑浊</td></tr><tr><td>茎（洋葱）</td><td>澄清石灰水变浑浊</td></tr><tr><td>叶（油菜）</td><td>澄清石灰水变浑浊</td></tr><tr><td>花（杏花）</td><td>澄清石灰水变浑浊</td></tr><tr><td>果实（苹果）</td><td>澄清石灰水变浑浊</td></tr><tr><td>实验结论</td><td>植物呼吸产生二氧化碳</td></tr></table>	学生发挥想象力，创造性地利用简易材料，设计可行的实验装置进行验证实验。概括植物体的各个器官都要进行呼吸，认同所有植物的活细胞都能进行呼吸。并在实验中养成质疑、求实、创新的科学精神，实现创意物化。
	对学生实验装置设计进行简要评价。出示成品图。组织学生进行验证实验。强调：绿色植物的光合作用会对实验造成干扰，为提高实验结果的准确性，在进行呼吸相关实验时，需要排除光合作用对实验的干扰	分析总结： 植物呼吸产生二氧化碳。 利用所学，解决问题，卧室植物不宜过多	了解现代科技。树立科学观念。 梳理总结本节课的知识，强调重点

续表

主要教学过程			
教学阶段	教师活动	学生活动	设计意图
设计实验 （绿色植物 各器官呼吸 验证实验）	拓展：还可以利用电子设备测量并记录氧气和二氧化碳的数值变化。 小结： 结合两组实验，归纳总结： （1）绿色植物呼吸时吸入氧气，呼出二氧化碳。 （2）植物体的各个器官都要进行呼吸。只有活细胞才能呼吸		回归问题，强化学生的逻辑推理能力，发展其科学思维，使其树立严谨求实的科学态度
联系生活 学以致用	回归课中提出的问题："为什么封闭的室内摆上绿色植物，夜晚睡觉会感觉闷？" 应用： （1）人进入通风不良的菜窖后，为什么容易发生窒息如何避免？ （2）花盆底部为什么要有孔？ 通过所学解释春耕松土和田间排涝的原因。强调植物呼吸对植物生长的影响。 红树林是生长在热带和亚热带海岸潮间带的木本植物群落，其如何呼吸？ 利用图片介绍红树植物根的结构特点	利用植物的呼吸作用相关知识解释生活中常见的现象。 结合教师所给条件，理解生物适应环境的表现	尝试用绿色植物的呼吸作用解释生活中的问题。认识植物呼吸在农业生产中的重要性。 分析红树植物根的结构特点，学生进一步形成结构功能观、进化适应观
设置疑问 导入新课	教师播放大国粮仓视频，思考粮食气膜仓为何更关注粮温。 复习植物光合作用的反应式、实质、条件等内容，回忆植物光合作用反应式的提出过程	思考，提出问题	情境导入，串联知识，提出问题，激发兴趣

续表

主要教学过程			
教学阶段	教师活动	学生活动	设计意图
分析实验或生活现象得出反应式	类比思考植物呼吸作用的反应式及实质等内容的提出过程提出相关想法。	思考能否利用实验进行验证，提出反应式。	
	复习上节课植物呼吸吸入氧气，呼出二氧化碳的实验，明确呼吸作用的原料和产物分别是什么。	明确氧气为原料，二氧化碳为产物。	温故知新，承上启下。
	观察装有萌发种子的实验瓶，思考瓶中水珠来自哪儿。	学生观察实验现象，明确水珠是自身产生的。确定呼吸的又一产物——水。	
	利用化学反应方程式的书写原则——元素守恒，产物包括二氧化碳和水，推测植物呼吸作用的原料除氧气外还有何种物质。 出示萝卜放久后，质量变轻、变成空心的图片，引导学生思考植物呼吸消耗何种物质。 答案：有机物。	思考包含 C、H 元素的物质是什么。	描述现象、阐明结论，培养学生的科学思维能力。
	结合生物学生命观念，物质变化的同时会伴有能量变化，绿色植物光合作用产生有机物，有机物中储存着大量的能量，其作为反应物，只有被分解，其中储存的能量才能被利用。	学生观察实验现象，并将实验现象记录在相应位置，分析结果，得出结论	
	有机物是怎么分解的？其产生的能量如何被利用？以何种形式存在？ 观察视频——种子萌发产生能量，回答问题		培养学生的逻辑推理能力

主要教学过程			
教学阶段	教师活动	学生活动	设计意图
分析实验或生活现象得出反应式	实验现象： 装有萌发种子的甲瓶内的温度升高。 装有煮熟的种子的乙瓶内的温度不变。 实验结果： 萌发种子释放了能量。 总结： 以上所有实验表明：种子萌发时吸收氧气，释放二氧化碳和能量。 反应式书写 与植物的光合作用进行对比，加以区分。 区别与联系 / 光合作用 / 呼吸作用 区别：部位、条件、原料、产物、能量转变 联系	利用植物的呼吸作用相关知识解释生活中的常见现象。 类比记忆，总结区分 区别与联系 / 光合作用 / 呼吸作用 区别： 部位　叶绿体　线粒体 条件　光　有光无光均可 原料　二氧化碳、水　有机物、氧气 产物　有机物、氧气　二氧化碳、水 能量转变　光能→化学能　化学能→生命活动所需能量 联系　相互依存 （1）植物呼吸消耗有机物。 （2）植物呼吸释放能量。 （3）植物呼吸释放能量，不利于种子保存	学生参与实验，提升学生实验操作、问题解决等能力。 类比记忆，表格区分，方便理解，明确两者间的区别与联系。 梳理总结本节课的知识，强调重点。 回归问题，强化学生的逻辑推理能力，发展科学思维。确立严谨求实的科学态度

主要教学过程			
教学阶段	教师活动	学生活动	设计意图
联系生活学以致用	解释： （1）放久了的萝卜为什么会糠心？ （2）为什么袋子里的种子内部温度较高？ （3）大国粮仓为何设置控温系统？		尝试用呼吸作用的相关知识解释生活中的问题。认识植物呼吸在农业生产中的重要性
设置疑问导入新课	大国粮仓养世界，前两节课我们对植物的呼吸及呼吸作用已经有了深刻理解，我国作为粮食大国，对粮食的种植和储存有着广泛关注。 我们已经了解，活细胞无时无刻不在进行呼吸作用，而呼吸作用需要消耗有机物，会释放能量。植物呼吸作用消耗有机物对于粮食储存而言有害而无利，因此本节课我们主要学习植物呼吸作用的影响因素，从而思考便于粮食储存的具体方法及粮仓设计上需要关注的问题	引起对大国粮仓的认识。 明确本节课的任务	情境导入，激发兴趣
分析数据，总结植物呼吸作用的影响因素	课前，教师查阅论文，进行实验等得到了一些图表，引导学生进行数据分析，明确植物呼吸作用的影响因素。	掌握验证方法，知道不同种类的植物呼吸作用强度不同。知道植物在不同生长发育期的呼吸作用强度不同	通过实验数据、图表等分析影响植物呼吸作用的因素，形成抽象能力、数据和模型观念，解决实际问题

续表

主要教学过程			
教学阶段	教师活动	学生活动	设计意图
分析数据，总结植物呼吸作用的影响因素	（1）讲解不同种类的植物呼吸作用强度不同。 （2）讲解植物不同器官的呼吸作用强度不同。 苹果不同器官呼吸作用强度的比较 （3）讲解同种植物在不同生长发育期的呼吸作用强度不同。 讲解温度、水分以及氧气和二氧化碳的浓度等是影响植物呼吸作用的主要外部因素。	掌握以下重点： （1）温度：温度适当升高，呼吸作用加强；温度过高，呼吸作用减弱。 （2）水分：植物含水量增加，呼吸作用增强。 （3）氧气：一定范围内随氧气浓度的增加，呼吸作用增强。 （4）二氧化碳：二氧化碳浓度高，抑制呼吸作用	学生参与数据分析，提升学生科学思维水平，培养其数学观念等 了解植物呼吸作用在实际生活中的应用 梳理总结本节课的知识，强调重点。 回归问题，强化学生的逻辑推理能力，发展其科学思维。 使学生确立严谨求实的科学态度，认识植物呼吸作用在农业生产中的重要性

（1）讲解不同种类的植物呼吸作用强度不同。

植物组织	$O_2[umol/(g 干重 \cdot h)]$	植物组织	$O_2[mm^3/(g 鲜重 \cdot h)]$	植物组织	$CO_2[ul/(100mg 鲜重 \cdot h)]$
豌豆种子	0.005	小麦	251.00	马铃薯块茎	0.3~0.6
大麦幼苗	70	仙人掌	6.80	玉米叶	54~68
番茄根尖	300	景天	16.60	南瓜雌蕊	29~48
甜菜切片	50	云杉	44.10	丝兰花瓣	44~67
海芋佛焰花序	2000	蚕豆	96.60	苹果果实	2~5
细菌	10000				

（2）讲解植物不同器官的呼吸作用强度不同。

苹果不同器官呼吸作用强度的比较

不同器官	$O_2[umol/(g 干重 \cdot h)]$	$O_2[umol/(g 鲜重 \cdot h)]$
带叶新梢	930	366
茎	910	355
根	394	352

续表

主要教学过程			
教学阶段	教师活动	学生活动	设计意图
联系生活 学以致用	讲解解决实际问题的办法： 促进呼吸：温暖、潮湿、氧气多。 （1）中耕松土。 （2）遇到涝害时，及时排水。 抑制呼吸：低温、干燥、氧气少。 （1）增加昼夜温差。 （2）低温保存水果等。粮食储存前进行晒干处理。 播放大国粮仓的视频。了解气膜仓的建设原理及优势，做好宣传工作，为我国取得的伟大成就感到自豪	利用植物呼吸作用的相关知识解释生活中常见的现象。 掌握解决实际问题的办法： （1）中耕松土增加土壤中氧气的含量，有利于根呼吸。 （2）遇到涝害时，及时排水，使根得到充足的氧气，促使根呼吸，利于植物生长。 （3）增加昼夜温差：夜间降低温室温度，可减少呼吸作用对有机物的消耗，达到提高农作物产量的目的。 （4）延长水果、蔬菜、粮食的储存时间：降低呼吸作用强度，减少有机物的消耗。可采用低温、减少氧气含量、增加二氧化碳浓度等方法。减少水分，降低植物呼吸作用强度	利用呼吸作用的原理和相关知识，结合情境解释生活现象，能提出粮仓储粮的方法，结合材料分析大国粮仓保存粮食的原理。养成学以致用的习惯，初步形成为国家科技发展贡献力量的意识和决心

单元（或主题）的作业设计及学习效果评价设计

一、作业设计

强调大单元教学。作业是课程的主要环节，作业与教学相辅相成，共同促进课程整体目标的实现。在设计作业内容时重视与作业目标的一致性，关注作业反馈，使作业成为课堂的延展、学生概念迁移深化的指引。

巩固类作业：3个课时中的作业设计，巩固类作业所占比例较高，此类作业设计具有一定的进阶性。为减轻学生课业负担，此类型题主要以选择题形式呈现。

第一课时的巩固类作业以关注实验现象、讨论实验环节设计、分析实验结果为主。

第二课时主要考查呼吸作用的反应式、理解呼吸作用的实质、分析实际应用的原理

单元（或主题）的作业设计及学习效果评价设计

　　第三课时设计使用非连续性文本形式的选择题，目的是培养学生能力的同时，检验学生是否理解环境因素对呼吸作用的影响。设计大国粮仓宣传画进行宣传，培养学生的民族自豪感和成就感。

　　以第一课时的作业为例，设置"萌发种子和煮熟的种子能否使澄清石灰水变浑浊"一题，使学生巩固所学知识的同时使课上的实验操作过渡到课下的文字总结，将探究过程与科学思维相统一。

　　实践类作业：待学生完成相关课时的学习后，结合课时内容设定相关的实践类作业。针对第一课时学生课上通过实验验证了植物呼吸消耗氧气，产生二氧化碳，让学生利用身边材料，从经济、实用、再利用等角度进行实验装置的进一步优化并完成组装，通过创意物化，提升学生的实践创新能力。

二、学习效果评价设计

　　利用下表对课上实验、实验装置设计及学生参与情况等进行自评、互评。通过评价量表的反馈和客观题目的评价，教师发现学生课堂掌握情况和思维提升情况。

评价目标	评价内容	☆☆☆☆☆	☆☆☆	☆	自评所得☆数量	同组评所得☆数量	☆总数
1.通过观察探究实验，提高学生对观察探究方法的掌握水平	观察探究目的明确	1.能准确描述实验观察探究的目的 2.对于观察探究中的现象能说明理由，表述内容条理清晰、理由充分、逻辑性强	1.能较准确地描述实验观察探究的目的 2.对于观察探究过程中的现象能说明理由，但表述缺乏层次或理由不充分，欠缺逻辑性	1.模糊描述实验目的 2.对于实验过程中的现象、理由的说明有误			
	步骤清晰	能够根据实验步骤清晰地进行实验，并如实记录实验数据	根据实验步骤比较清晰地进行实验，并如实记录实验数据，数据稍有不完整	根据实验步骤模糊地进行实验，数据记录不清晰			
	表达清晰	对实验结果记录清晰，表述清晰，语言组织有逻辑性	对实验结果记录和分析有遗漏，表达较清晰	实验结果记录和分析欠佳，表达不清晰			

单元（或主题）的作业设计及学习效果评价设计							
评价目标	评价内容	☆☆☆☆☆	☆☆☆	☆	自评所得☆数量	同组评所得☆数量	☆总数
2.课中能够认真听课	注意力集中，积极主动回答问题，参与课堂活动	注意力集中，积极主动回答问题，参与课堂活动	注意力较集中，回答问题较主动，参与课堂活动较积极	注意力有分散，回答问题和参与课堂活动不积极			
3.课后习题回答准确，有理论支撑	能认真完成课后作业，正确率高，美观，富有设计感	能认真完成课后作业，完全正确，能够说出自己的答题理由，图文结合	课后作业完成得较认真，正确率高，稍微能说出自己的答题理由或有图片	课后作业不能认真完成，正确率低，不能说出答题理由，没有任何表述或图片			
4.应用所学知识开展实践类作业	设计准确，操作规范，结果记录准确翔实，分析准确	设计准确，操作规范，结果记录准确翔实，分析准确	设计较准确，操作规范，结果记录比较准确，分析比较准确	设计不严谨，操作潦草，记录不准确，分析不完整			
	装置设计具有创新性，能利用其进行实验验证	装置设计有一定的创新性，实验装置未能参与实验验证	实验装置设计不具有创新性，未能参与实验验证	实验装置仍处于设计阶段			
	实验装置设计考虑经济因素，能充分利用身边资源进行可再生利用，符合绿色生态理念	实验装置设计能考虑经济因素，部分利用身边资源，符合绿色生态理念	实验装置未考虑经济因素，符合绿色生态理念	不能认真完成课后作业，实验装置未考虑经济因素			

续表

单元（或主题）的作业设计及学习效果评价设计					
同组评价	同组成员对本同学进行☆评价：优秀：五颗☆　良好：三颗☆　一般：一颗☆				
自我评价	对自己的表现进行☆评价：优秀：五颗☆　良好：三颗☆　一般：一颗☆				

利用下表对宣传画进行自评、互评以分析改进自身作品。

评价目标	评价内容	☆☆☆☆☆	☆☆☆	☆	自评所得☆数量	同组评所得☆数量
应用所学知识进行宣传画制作	主题明确	宣传画主题明确，内容分类清晰完整，能准确快速传达信息，突出主题，一目了然	宣传画主题明确，内容分类欠缺完整性，能大致传达信息，突出主题	宣传画有主题，内容较少，不能突出主题		
	构图	作品具有合理的层次，构图整体性强，具有立体感	作品有层次，但缺乏构图整体性	作品无层次，缺乏构图整体性		
	创意	作品表现新颖、独特，能打破思维惯性，巧妙运用灵感表达主题，具有时代感、适时性	作品在模仿他人画作时融入自身思考	作品完全模仿他人画作，无自身想法		
同组评价	同组成员对本同学进行☆评价：优秀：五颗☆　良好：三颗☆　一般：一颗☆					
自我评价	对自己的表现进行☆评价：优秀：五颗☆　良好：三颗☆　一般：一颗☆					

案例分析

一、案例设计思路

案例以激发学生兴趣和培养综合能力为核心，将"大国粮仓养世界"作为主标题，符合七年级学生好奇心强、求知欲旺盛的特点，能够激发学生的学习兴趣，引导学生积极主动地参与自主探究当中。案例设计"大国粮仓如何储存粮食"作为核心问题，此后设计了"现代粮仓为何更关注粮仓气密性""粮仓为何关注粮温"和"如何延长粮食保存时间"三个环环相扣的问题引领本次跨学科主题学习深入开展，通过问题链引导学生在分析教师演示实验和亲自动手操作开展多项实验的基础上，得出结论，解答了植物是否呼吸，消耗氧气，产生二氧化碳，植物呼吸作用的实质是什么和如何降低呼吸作用强度，延长储存时间三个关键问题，形成对植物呼吸作用的深入理解。

二、案例特色

案例设计充分体现了跨学科的特点，以"大国粮仓如何储存粮食"为引领，将生物学、数学、化学等多个学科的知识有机融合在一起。通过探究植物的呼吸过程，学生不仅能够深入学习生物学知识，还能从数学和化学的角度理解植物呼吸的原理和影响因素。这种设计有助于培养学生的综合素养和高阶思维能力，使他们从多个角度分析问题，加强学科间的联系，对呼吸作用形成更加全面的认识。

案例还体现了实践性强的特征，设计了观察、实验探究、作品制作等多种实践形式，使学生将理论知识与实际应用相结合。案例实施关注学生的主体地位，鼓励学生积极参与实践。学生对实验探究表现出浓厚的兴趣，积极参与各项活动。他们通过实验观察、记录数据、分析结果，深入理解植物呼吸的过程及其对粮食储存的重要性，提高了动手实践能力和分析问题、解决问题的能力。本案例还注重直观教学。由于学生很难亲眼看到呼吸作用，所以教师设计传感器实验，帮助学生将不可见的生理反应可视化，进一步激发了学生实践探究的积极性。

设计者：北京十二中朗悦学校　　于想

北京市房山区教师进修学校　　郭畅

案例五　星际生态园探险记

基本信息				
单元（或主题）名称	星际生态园探险记			
学科：生物		学段：第四学段		年级：七年级

	学科	核心素养	概念交叉	大概念	知识模块
涉及的学科课程或领域	生物	科学思维	生物与生态	生态平衡	1.生物分类与物种多样性 2.生态系统的组成与结构 3.食物链与能量流动 4.人类活动的影响
	物理	科学探究	物理与环境	自然现象	1.光学原理与现象 2.温度变化与环境 3.物理实验与探究
	艺术	审美感知	自然与艺术	景观再现	1.自然景观色彩运用 2.构图技巧与视角选择 3.生态主题创意表达 4.艺术与自然的融合
	语文	语言表达	文学与自然	文学描绘	创作自然主题文学
	地理	地理认知	地理与生物	环境与生物	1.地球自然带与生态区 2.气候对生物分布的影响 3.地理信息系统应用 4.环保地理规划与策略
	化学	实证推理	化学与环境	化学物质	1.生态系统中的化学循环 2.环保化学材料与技术 3.化学实验与数据分析
	信息科技	信息素养	数据与地图	电子地图	1.电子地图制作软件 2.空间数据收集与分析 3.数据可视化技术 4.信息检索与管理策略

续表

基本信息	
涉及的学科课程或领域	本活动紧密围绕《生物学：七年级上册》（北京出版社出版）第一章《认识生命》的核心内容展开，该章直接对应课程标准中的学业要求："说明生物的不同分类等级及其相互关系，初步形成生物进化的观点""对于给定的一组生物，尝试根据一定的特征对其进行分类""主动宣传生物多样性的重要意义，自觉遵守相关法律法规，保护生物多样性"。一系列活动深刻体现了生命观念的树立、科学思维的培育、探究实践能力的提升以及态度责任感的强化，全面覆盖了生物学核心素养的多个维度。在设计的过程中，主要运用了以下学科知识： 　　物理：在校园内模拟星际环境，运用物理原理优化生态设计，如光热转换与能量管理。 　　生物：结合校园生态，研究生物适应性，同时构想外星生物在类似环境下的生存策略。 　　艺术：以校园为蓝本，融合星际元素，创作生态与科幻交织的艺术作品。 　　地理：分析校园地形，同时模拟星际地形特征，设计适应多样环境的生态布局。 　　信息科技：绘制电子地图
主要参考教材	书名：《生物学：七年级上册》　　　出版社：北京出版社 出版时间：2024 年 8 月

单元（或主题）指导思想、理论依据及教育教学功能和价值

一、指导思想

　　本次单元课程活动的指导思想聚焦于知识建构与实践探索并重，情感培育与责任担当共生。我们坚信，通过这一综合教学模式，能够有效促进学生全面发展，实现知识的深度理解与能力的显著提升。

　　具体而言，我们旨在通过跨学科融合的教学方式，打破传统的学科界限，引导学生从不同角度审视生命现象，构建全面而深刻的知识体系。同时，强调实践活动的重要性，鼓励学生走出教室、走进自然，通过亲身体验和动手操作，深化对生命科学的理解和感悟。

　　在知识与实践并重的基础上，注重学生的情感培育与责任担当。通过多样化教学活动，激发学生的同理心和对生命的敬畏之情，引导他们思考生命的意义与价值，形成尊重生命、保护自然的责任感

续表

单元（或主题）指导思想、理论依据及教育教学功能和价值

最终，我们希望本次单元课程活动能够成为学生成长道路上的一次重要经历，不仅让他们在知识上有所收获，更在情感、态度和价值观上得到升华，成为具有社会责任感、能够担当时代重任的未来公民。

二、理论依据

（1）建构主义学习理论引领下的主动学习：本单元课程活动深受建构主义学习理论的影响，强调学生作为学习主体的核心地位。通过设计问题情境、提供多样化的学习资源和实践活动（如生物观察、实验操作及小组讨论等），我们旨在激发学生的主动探索欲望，促使他们基于个人经验和已有知识，在与环境的积极互动中主动建构并深化对生命奥秘的理解。这一过程不仅丰富了他们的知识体系，还培养了其自主学习的能力。

（2）跨学科融合与知识整合：课程活动打破了传统学科的界限，实现了生物、地理、化学及信息科技等多学科知识的有机融合。这种跨学科的整合教学模式，帮助学生从多维度、多视角全面理解生命现象及其与环境的关系。

（3）情境化教学的实践探索：遵循情境学习理论，我们特别注重将学习活动置于真实或模拟的生物学情境中，如组织生态考察、生物资源调查等实践活动。这种情境化的教学方式，使学生能够在实践中亲身体验生命的奥秘，增强了学习的直观性和趣味性，同时也提高了他们的实践能力和解决实际问题的能力。

（4）探究学习与问题解决能力培养：课程设计中融入了探究学习的理念，鼓励学生提出问题、设计实验、收集数据并分析结果，通过完整的科学探究过程深入理解生命现象。这一过程不仅加深了学生对知识的理解，还培养了他们的问题意识和问题解决能力，使他们能够在复杂情境中独立思考并做出有效应对。

（5）核心素养导向下的全面发展：本单元课程紧密围绕生命科学核心素养的要求，特别是科学探究能力、创新思维、社会责任感等，设计了系列教学活动。通过项目式学习、合作学习等模式，我们全面促进学生的综合素养发展，使他们在掌握生物学基本知识和技能的同时，也能在情感态度价值观等方面得到全面提升。

（6）关注科学事实与社会热点，培养社会责任感：结合生命科学领域的最新研究成果和社会热点问题（如生态保护、生物多样性保护等），我们引导学生关注科学事实和社会政策，培养他们的社会责任感和使命感。通过课程学习，学生认识到自己在环境保护和可持续发展中的重要角色，为社会贡献自己的力量

单元（或主题）指导思想、理论依据及教育教学功能和价值

三、教育教学功能和价值

1. 深化对生物学知识的理解

本单元课程通过系统的教学内容和实践活动，向学生传授生物学的基础知识，包括生物分类、生物多样性、生态系统等核心概念。同时，通过案例分析、实验操作等多样化的教学方式，帮助学生深入理解这些知识的内涵和外延，形成对生命现象的科学认知。

2. 能力培养与提升

科学探究能力：通过设计实验、观察记录、数据分析等科学探究活动，培养学生的观察力、实验设计能力和数据分析能力，提升他们的科学探究素养。

跨学科整合能力：通过跨学科融合的教学模式，引导学生将生物学知识与其他学科的知识相结合，培养他们的综合思维和跨学科整合能力。

问题解决能力：通过解决实际问题的任务和挑战，如家乡生物资源调查，锻炼学生的问题解决能力和创新思维，使他们能够灵活应对复杂情境。

3. 情感态度价值观的塑造

敬畏生命与自然：通过探索生命奥秘的过程，激发学生对生命的敬畏之情和对自然的热爱，培养他们的环保意识和可持续发展观念。

社会责任感：通过了解生物多样性保护的重要性，引导学生关注社会热点问题，培养他们的社会责任感和使命感，鼓励他们为保护环境、维护生态平衡贡献自己的力量。

积极的学习态度：通过自主学习、合作学习等学习方式，激发学生的学习兴趣和积极性，培养他们主动探索、勇于挑战的学习态度。

4. 核心素养的全面发展

本单元课程紧密围绕核心素养教育理念，通过知识传授、能力培养和情感态度价值观的塑造，全面促进学生的核心素养发展。这包括但不限于科学精神、学会学习、实践创新、人文底蕴、责任担当等方面，为学生未来的成长和发展奠定坚实的基础。

5. 促进终身学习

通过本单元课程的学习，学生不仅掌握了生物学的基本知识和技能，更重要的是学会了如何学习、如何思考、如何解决问题。这些能力和素养将伴随他们一生，为他们未来的学习和工作提供源源不断的动力和支持。

综上所述，本教学设计的指导思想与理论依据紧密结合，旨在通过跨学科融合的实践活动，全面促进学生的知识理解、能力培养、情感态度价值观的塑造以及核心素养的发展

单元（或主题）教学背景分析

一、教学内容分析及课时分配

1. 学习主题

本单元以星际生态探索与保护为主题，旨在通过模拟星际探险的情境，引导学生深入探索外星生态系统的奥秘，理解生物多样性与生态平衡的重要性，并培养保护生态环境的责任感和行动力。

在学习过程中，学生将扮演星际探险家的角色，穿越至遥远的星际生态园，这里是一个由高科技模拟出的、拥有丰富生物多样性的宇宙级生态实验站。面对生态系统中的危机，学生将运用所学知识，调查原因、分析数据、设计解决方案，并通过团队协作和创意表达，共同守护这个宇宙奇迹。

本单元的学习主题不仅涵盖了生物学、生态学的基础知识，还融入了物理、化学、艺术等多个学科的内容，实现了跨学科的整合与融合。通过实践探究、艺术创作、团队合作等多种学习方式，学生将全面提升自己的观察力、分析力、创新力和社会责任感，为未来的学习和生活奠定坚实的基础。

最终，学生将深刻理解到保护生态环境是全人类共同的责任，无论是地球还是外星世界，都需要我们珍惜资源、尊重生命、维护生态平衡。通过本单元的学习，学生将成为具有环保意识、创新精神和责任感的未来公民。

2. 活动内容

本单元围绕星际生态探索与保护展开，通过一系列富有创意与趣味性的活动，引领学生踏上一场星际之旅。学生将分组探索外星生物多样性，深入研究物种特性，并构建生态网络模型，理解生态平衡的重要性。面对外星环境的挑战，学生将设计应对方案，展现创新思维。此外，环保艺术创作与展览环节鼓励学生以艺术形式表达环保理念，增强公众的环保意识。星际生态论坛与辩论则促进了学生间的思想碰撞，培养了批判性思维。通过总结反思与未来展望，学生将所学融入生活，为地球及星际生态的可持续发展贡献力量。

3. 与其他学科的联系

本单元深度融合了多个学科的知识，为学生提供了一个跨学科的学习平台。生物学是核心学科，学生将深入探索外星生物多样性，了解不同物种的形态特征、生活习性以及它们之间的相互作用，从而构建对生态系统复杂性的认识。同时，生态学原理贯穿始终，学生将学习食物链、食物网、能量流动等基本概念，理解生态平衡的重要性及其维护机制

单元（或主题）教学背景分析

　　此外，物理和化学知识也在本单元中得到了应用。学生将探讨外星环境的物理特性，如气候、光照等对外星生物生存的影响，以及这些环境因素如何与化学过程相互作用，影响生态系统的稳定性。通过跨学科视角，学生能够更全面地理解外星生态系统的运作规律。

　　艺术学科则为本单元增添了创意与美感。学生将通过绘画等艺术形式，表达自己对星际生态的想象与理解，传递环保理念。这一环节不仅培养了学生的审美能力和创造力，还促进了科学与艺术的融合，使学习过程更加生动有趣。

　　社会科学和伦理学的思考也融入了本单元。学生将在星际生态论坛与辩论中，探讨人类活动对外星生态的潜在影响，以及星际生态保护的伦理问题。这些讨论将引导学生思考人类与自然的关系，培养责任感和全球视野。

　　综上所述，本单元通过跨学科的学习内容，旨在培养学生的综合素养和创新能力，为他们未来的学习和生活奠定坚实的基础。

　　4. 课时分配

　　（1）星际生态园启航仪式＋外星生物多样性探索任务。

　　举行一场模拟的星际生态园启航仪式，通过视频、音频和虚拟现实技术，让学生仿佛置身于星际飞船中，准备前往星际生态园。教师介绍探险的背景、目的和预期成果，激发学生的兴趣和期待。

　　学生分组进行探索，每组分配不同的外星区域进行探索。学生使用虚拟现实设备或图片、视频资料，"实地考察"外星环境，识别并记录外星生物的种类、特征和生存环境。小组讨论并汇报发现，共同构建外星生物多样性数据库。

　　（2）物种特性研究与报告。

　　选择几种具有代表性的外星生物进行深入研究。查阅资料，分析这些生物的行为习性、生存策略、繁殖方式等特性。撰写研究报告，用图表、插图等形式展示研究成果，并在班级中进行分享交流。

　　（3）生态网络构建与模拟。

　　引导学生理解食物链、食物网和能量流动的概念。使用软件或手工绘制工具，构建星际生态系统的食物网模型，展示物种间的相互关系。进行模拟实验，观察不同条件下生态网络的变化，探讨生态平衡的重要性。

　　（4）环境挑战应对方案设计。

　　分析外星环境中可能存在的挑战，如极端气候、土壤条件等。分组讨论，设计应对这些挑战的解决方案，如改良土壤、引进适应性强的物种等。制作方案展示PPT或视频，向全班展示并接受提问和反馈

单元（或主题）教学背景分析

（5）环保艺术创作与展览。

以"星际生态探索与保护"为主题，进行环保艺术创作。形式多样，可以是绘画、雕塑、摄影、动画等。举办艺术作品展览，邀请全校师生参观，并通过展板、讲解等方式传播环保理念。

（6）星际生态论坛与辩论。

举办一场模拟的星际生态论坛，邀请学生扮演不同角色（如科学家、环保人士、政策制定者等）参与讨论。讨论话题可包括外星生态保护的必要性、人类活动对外星生态的影响、星际生态伦理等。举办辩论赛，就某一争议话题进行辩论，培养学生的逻辑思维和口头表达能力。

（7）总结反思与未来展望。

组织学生进行个人和小组总结反思，回顾学习过程中的收获和不足。引导学生思考如何将所学知识和技能应用于现实生活，为地球和其他星球的生态保护贡献力量。展望未来，鼓励学生设定个人和集体的环保目标，并制订实现这些目标的行动计划。

通过以上七个课程的活动内容，学生将全面而深入地探索星际生态园的物种多样性、生态系统运作机制以及跨学科融合的应用价值。这些活动不仅丰富了学生的学习体验，还促进了他们综合素养和创新能力的提升。

二、学生情况分析

1.基础知识与认知情况

七年级学生已经参与过一定数量的综合实践活动，这些活动为他们积累了一定的实践经验。在生物学科方面，学生已经对生物相关的基本概念和基础知识有了初步的感性认识，这为后续的深入学习奠定了基础。然而，我们也注意到，学生在将课本知识与生活现象相联系时存在显著的认知困难。这种困难主要源于学生尚未建立起完整的知识体系，难以将抽象的理论知识与具体的生活实例有效对接。

2.思维障碍点

理论与实践脱节：学生难以将课本上的生物学理论与现实生活中的现象联系起来，缺乏将知识应用于解决实际问题的能力。

数据分析能力有限：在面对复杂的调查数据时，学生可能缺乏有效的分析方法和工具，导致难以从数据中提取有价值的信息，进而影响结论的准确性和科学性。

逻辑思维不足：在处理问题时，学生可能缺乏系统的逻辑思维训练，难以形成清晰的解题思路，导致分析和解决问题时力不从心

续表

单元（或主题）教学背景分析

3. 发展点

深化理论与实践的紧密结合：通过实际调查活动，将生物学理论知识与现实生活现象紧密结合，使学生在实践中深化对理论知识的理解，同时提高应用知识解决实际问题的能力。

培养基础数据分析能力：引导学生进行简单的数据统计与比较，培养他们的数据意识，使他们初步掌握数据分析的基本方法，为后续更复杂的数据处理打下基础。

强化逻辑思维与口头表达能力：鼓励学生清晰表达观点，通过逻辑推理分析数据背后的意义，同时培养批判性思维，敢于质疑，提升综合素养。

综上所述，针对七年级学生的学情特点，我们需要在教学过程中注重理论与实践的结合、数据分析能力的培养以及逻辑思维能力的提升。通过有针对性的教学策略和方法，帮助学生克服思维障碍点，实现全面发展

单元（或主题）教学目标

一、跨学科总目标

通过本单元的学习，学生将能够综合运用生物学、化学、物理学、艺术学及社会学等多学科知识，深入理解星际生态园中的物种多样性、生态系统运作机制，以及它们与人类社会的相互关系。同时，培养学生的科学素养、创新思维、环保意识和跨学科综合解决问题的能力，为未来解决复杂问题奠定坚实的基础。

二、学科分目标

学科	目标
生物学	科学观念：理解物种多样性的概念，掌握生物分类的基本方法，认识生态系统中的生物组成、结构、功能和相互关系。 科学思维：运用观察、比较、归纳等方法分析生物特性，理解生物与环境的相互作用，形成生态系统的整体观念。 科学探究：通过实验和实地观察，探究生物的生长习性、繁殖方式等，培养提出问题、设计实验、收集数据和分析结果的能力。 科学态度与责任：树立尊重生命、保护生物多样性的观念，形成可持续发展的环保意识

续表

单元（或主题）教学目标	
学科	目标
化学	科学观念：了解土壤、水等自然环境中化学物质的组成、性质及其对生物的影响。 科学思维：运用化学知识分析星际生态园中植物生长所需的营养元素，理解施肥对土壤和植物的影响。 科学探究：进行土壤 pH 值测定、肥料效果对比等实验，培养实验设计和数据分析能力。 科学态度与责任：树立科学使用化学物质的观念，关注化学污染对生态环境的影响
物理学	科学观念：理解能量在生态系统中的流动和转化过程，如光合作用中的光能转化为化学能。 科学思维：运用物理学原理分析生态系统中的物理过程，如水循环、热量传递等。 科学探究：通过模型制作、模拟实验等方式，探究生态系统中的物理现象。 科学态度与责任：关注能源利用效率和节能减排，培养可持续发展的物理观
艺术学	审美素养：提高学生对自然美的感知能力，通过艺术创作展现星际生态园的美丽与和谐。 创意表达：运用绘画、雕塑、摄影等艺术形式，表达对星际生态园物种多样性和生态美的理解。 跨学科融合：将艺术学与生物学、生态学相结合，创作具有科普意义的艺术作品
社会学	社会认知：了解星际生态园在社区中的作用，以及人类活动对生态环境的影响。 公民责任：参与环保宣传和社区清洁活动，增强社会责任感和环保意识。 跨学科交流：在跨学科项目中与不同背景的同学合作，培养团队协作和沟通能力

续表

单元（或主题）教学目标

三、各环节的具体目标

环节	目标
初入星际生态园——生物多样性的探索	掌握外星生物多样性的基本概念和分类方法，能够识别并描述不同外星生物的特征。 培养观察力和记录能力，学会用科学的方法收集和整理信息
深入观察——物种特性的探究	深入了解几种具有代表性的外星生物的行为习性、生存策略等特性，理解它们如何适应外星环境。 培养分析能力和批判性思维，学会从不同角度审视问题，提出自己的见解。 通过对物种特性的探究，进一步理解生物多样性与生态系统稳定性的关系
生态网络构建——物种与生态的关系	掌握食物网模型的基本原理和构建方法，能够构建并解释星际生态系统的食物网关系。 培养系统思维能力和逻辑思维能力，学会从整体上把握生态系统的结构和功能。 通过生态网络的构建，深刻理解物种间相互依赖、相互制约的关系，以及这种关系对生态系统稳定性的影响
能量之谜——星际生态系统的动力	理解星际生态系统中能量的流动和转换机制，掌握能量金字塔、能量循环等基本概念。 培养跨学科整合能力，将物理、化学等学科知识应用于生态学问题的分析中。 通过对能量流动的探究，理解能量在生态系统中的重要作用及其对生物生存和繁衍的影响
环境挑战——外星土壤与生物的适应	分析外星土壤、气候等环境因素对生物生长的影响，提出应对策略和解决方案。 培养创新能力和问题解决能力，学会在复杂环境中寻找机会并创造价值。 通过应对环境挑战，进一步理解生物与环境之间的相互关系以及生态平衡的重要性

续表

单元（或主题）教学目标	
环节	目标
创意无限——环保艺术的宇宙之声	通过艺术创作展现星际生态园的生态美。 培养审美素养和创意表达能力，促进艺术与科学的融合
星际联盟——环保行动与团队协作	培养艺术素养和审美能力，通过艺术手段传递环保信息，增强公众的环保意识。 通过作品的展示和交流，锻炼表达能力和自信心，促进同学间的相互学习和启发

单元（或主题）教学设计结构图		
课时	主要内容	与单元的联系
星际生态园启航仪式+外星生物多样性探索任务	介绍探险背景、目的和预期成果。为学生构建一个宏大的星际探索情境； 利用虚拟现实技术或资料研究外星生物，培养观察、记录和团队合作能力，构建生物多样性数据库	作为单元的起始，启航仪式通过营造沉浸式体验激发学生的兴趣和探索欲，为后续课程奠定情感基础； 承接启航仪式的兴趣激发，学生正式进入探索阶段，通过"实地考察"了解外星生物的多样性
物种特性研究与报告	分析生物特性，撰写研究报告；锻炼学生的信息整合、分析能力和书面表达能力	在探索的基础上，深入研究特定的外星生物，提升学生的研究能力和科学素养
生态网络构建与模拟	构建食物网模型，模拟生态变化，培养学生的系统思维和问题解决能力	从单一生物扩展到整个生态系统，引导学生理解生态网络的复杂性和重要性
环境挑战应对方案设计	分析环境挑战，设计应对方案；锻炼创新思维和团队协作能力	培养学生解决实际问题的能力，将理论知识应用于实践
环保艺术创作与展览	以"星际生态探索与保护"为主题进行创作。举办展览传播环保理念，提升学生的审美能力和创造力	通过艺术创作表达环保理念，增强学生的情感共鸣和社会责任感
星际生态论坛与辩论	模拟星际生态论坛。讨论生态保护话题，进行辩论赛。培养学生的批判性思维和公共演讲能力	通过论坛和辩论提升学生的逻辑思维和口头表达能力，深化对星际生态保护的理解
总结反思与未来展望	回顾收获和不足，将所学知识与技能应用于现实生活，制订环保计划	探讨人类活动对星际生态的影响及应对策略

续表

单元（或主题）教学设计结构图

一、情境设定：星际生态园的危机

想象一下，你是一名勇敢的星际探险家，被派遣至遥远的星际生态园——一个由高科技模拟出的、拥有丰富生物多样性的宇宙级生态实验站。然而，最近星际生态园遇到了前所未有的危机：生态系统中的某些关键物种数量急剧下降，导致整个生态链面临崩溃的风险。为了拯救这个宇宙奇迹，你和你的小队被赋予了重任，踏上了紧张刺激的探险之旅。

二、学习目标与任务导向

核心任务：调查星际生态园中的生态危机，找出原因并制定解决方案，恢复生态系统的平衡。

具体学习目标：

掌握外星生物多样性的识别与分类方法。

理解不同物种在星际生态系统中的相互作用与依赖关系。

探究能量在星际生态系统中的流动与转换机制。

分析特殊环境（如外星土壤、气候）对生物生长的影响。

运用创意与想象力，设计环保艺术作品，呼吁全宇宙关注生态保护。

通过团队协作，完成实地考察、实验探究、创意设计等任务。

三、学习框架与探险活动

第一站：初入星际生态园——生物多样性的探索。

活动：乘坐生态探测器，穿梭于星际生态园的不同区域，记录并识别外星生物。

目标：激发学生对未知世界的好奇心，培养观察与记录能力。

第二站：深入观察——物种特性的探究。

活动：选择几种具有代表性的外星生物进行深入观察，了解其独特的行为习性、生存策略等。

目标：加深学生对外星生物特性的理解，为后续分析提供素材。

第三站：生态网络构建——物种与生态的关系。

活动：根据观察数据，构建星际生态系统的食物网模型，分析物种间的相互作用。

目标：理解生态系统的复杂性与稳定性，培养生态系统视角。

第四站：能量之谜——星际生态系统的动力。

活动：学习星际生态系统中的能量流动原理，结合物理学知识模拟能量流动过程。

目标：增强跨学科整合能力，理解生态系统中的能量循环。

单元（或主题）教学设计结构图
第五站：环境挑战——外星土壤与生物的适应。 活动：进行土壤分析实验，研究外星土壤成分及其对生物生长的影响。 目标：探讨生物如何适应极端环境，为外星生物保护提供科学依据。 第六站：创意无限——环保艺术的宇宙之声。 活动：以星际生态园为主题，创作环保艺术作品，展现生物之美或呼吁生态保护。 目标：通过艺术表达提高环保意识，传递生态保护的宇宙信息。 第七站：星际联盟——环保行动与团队协作。 活动：模拟星际会议，邀请全宇宙的生物学家、环保人士共同参与环保计划的制订与实施。 目标：强化团队协作能力，将所学知识应用于解决实际问题，共同守护宇宙生态。

四、星际归航与反思

完成所有探险任务后，你将作为星际生态园的英雄凯旋。在归航途中，组织一次星际分享会，让学生分享自己的探险经历、学习成果与感悟。通过同伴互评与教师点评，帮助学生总结经验教训，提升综合素质。同时，鼓励学生将这次探险之旅中的所学所感应用于日常生活中，成为真正的环保小卫士

主要教学过程			
教学阶段	教师活动	学生活动	设计意图
导入新课	导入：星际探险家们，在上一阶段的星际综合实践探险中，我们仿佛穿越了星际之门，对模拟的星际生态园进行了两次深入的探索。我相信，每位勇敢的探险家都在那片浩瀚的宇宙中收获了无数宝贵知识。你们是否还记得，那片虚拟星域中不仅绽放着形态各异、色彩斑斓的外星植物，还隐藏着许多灵动跳跃的外星生物，甚至我们还一同揭开了某些神秘微生物（如星际孢子）的面纱。课后，我收到了来自各位探险家的详尽调查报告，它们如同星图一般璀璨。今天，就让我们再次汇聚星际智慧，共同对这些星际探索的宝贵成果进行分析与整理，揭开星际生态的更多秘密。 展示：星际生态园探索照片	跟随教师的讲述，回忆调查过程，思考调查数据	激发学生的兴趣

主要教学过程			
教学阶段	教师活动	学生活动	设计意图
星际分类学探秘	教师引导学生思考：各个星际生态园区域均有多个小组参与调查，并获得了不同的外星生物数据，因此需要探讨如何对这些数据进行全面分析。 教师提问：在汇总时要注意什么？（展示两组同学对同一地块外星生物的调查结果，引导学生观察并讨论物种种类的异同，比如第一组发现了一种独特的外星爬行生物，第二组也有相同发现，探讨如何处理重复项） 教师提示：在整合数据时，可以依据已学知识将其进行分类（引导学生思考外星生物的分类依据，如按照形态结构、生活习性等。师生共同回忆并讨论，教师进行简单分类演示） 小组分享与总结：学生分组分享观察结果，教师总结，加深学生对外星生物特性的理解，为后续分析提供素材	学生回答：要把这些组的调查结果汇总起来。 学生思考：这两组同学的调查报告中有一些相同的动物，也有一些不同的动物。 学生回答：同种类的生物只保留一条记录，补充不同种类的生物。 小组合作：根据任务和分工进行小组合作，对数据进行整合与分类。 任务：将本组内的几份调查结果进行整合、分类 分工：三人对照任务单进行整理，两人进行分类，一人进行摘抄	带领学生对已得数据进行分析，掌握对动植物数据的整合、分析的基本方法和技能，包括数据的收集、整理、分类及图表的制作等，理解数据的意义和价值，能够发现数据中隐藏的信息和规律
星际生物关系网解析	教师提问：接下来如何对这些数据进行深入分析呢？（引导学生思考生物与生物、生物与环境之间的联系）	学生思考相应动植物间关系	将知识与实践相结合，可以有效地巩固学生上课所学的知识，并培养他们的思维能力

续表

主要教学过程			
教学阶段	教师活动	学生活动	设计意图
星际生物关系网解析	生态关系分析演示：以表格中的外星植物和某种外星食草动物为例，初步展示如何分析生物与环境之间的关系。比如，外星植物通过光合作用为食草动物提供食物，食草动物的活动又影响着植物的分布。 构建食物网模型：根据观察数据，教师引导学生构建星际生态系统的食物网模型，分析不同物种间的相互作用，如捕食、竞争、共生等关系。 小组讨论与汇报：学生分组讨论生态系统的复杂性与稳定性，每组派代表汇报讨论结果。 教师总结：在星际生态系统中，每一种生物都在各自的位置上发挥着重要作用，塑造并维持着星际的生态平衡，鼓励学生在课后继续探索星际生态系统中的奥秘	学生思考：植物进行光合作用制造氧气。学生分析生物间的关系。 小组讨论，制作手抄报的同学进行展示、讲解，其他同学在剩余选题中选择一个进行分析	这种学习方法可以帮助学生更好地理解和掌握所学内容，提高他们的学习兴趣和动力。通过实践，学生可以巩固和加深对知识的理解，同时培养批判性思维和分析问题的能力。 这不仅可以提高学生的学习成绩，还可以为他们的未来发展打下坚实的基础
小结	教师总结：这节课临近尾声，咱们这节课首先对调查结果进行了汇总整理，然后针对整理结果进行了自己的分析，希望大家课下把研究结果落实到纸上，下次进行展示	学生思考本节课的收获并完成作业	进一步加深学生对课堂内容的理解

单元（或主题）的作业设计及学习效果评价设计

一、作业设计

1. 主要作业内容

　　核心作业：创作一份基于星际生态探索结果的手抄报

　　学生需从给定的七个星际生态相关选题中择一个进行深入分析，并完成手抄报的制作。手抄报应全面展示所选主题的背景知识、探索结果、分析结论及个人见解。选题如下：

续表

单元（或主题）的作业设计及学习效果评价设计

（1）星际生物对极端环境的适应策略——探讨外星生物如何在极端气候等恶劣条件下生存与繁衍。

（2）星际食物网的奥秘——绘制星际生态中的食物链与食物网，分析生物间的捕食与被捕食关系。

（3）共生与寄生在星际生态中的表现——展示外星生物间互利共生或寄生关系的实例，探讨其生态意义。

（4）星际生态的多样性与稳定性——分析不同星球或星系间生态多样性的差异及其对生态系统稳定性的影响。

（5）星际微生物的奇迹——揭秘星际空间中微生物的存在、功能及其对星际生态的贡献。

（6）星际生态中的能量流动与物质循环——阐述星际生态系统中能量如何流动、物质如何循环，以及这些过程对生态系统的重要性。

（7）星际生态保护的倡议——提出保护星际生态、维护生物多样性的倡议，探讨人类活动对星际生态的潜在影响及应对策略。

要求：

手抄报应包含标题、引言、正文（详细分析所选主题）、结论及个人见解等部分。使用丰富的图表等作辅助说明，增强手抄报的可读性和趣味性。

文字描述应准确、简洁，能够清晰传达所选主题的核心内容。

鼓励学生发挥创意，将手抄报制作得既科学又美观。

2. 拓展作业（选做）

（1）星际生态交互图：在数据整理的基础上，学生可进一步制作星际生态交互图，清晰展示星际生物之间的生态关系。

（2）星际生物模型制作：利用环保材料或废旧物品，创作与星际生物相关的手工模型，如外星植物、外星动物等，体现创意与环保意识。

（3）星际生态宣传活动：设计并实施一项星际生态宣传活动，如制作宣传海报、编写宣传文章、举办小型讲座或展览，提升公众对星际生态的认识和保护意识。这些活动可以在网络平台上进行。

二、学习效果评价设计

多维度评价，是确保本次综合实践课程的有效性和学生全面发展的关键策略。以下是这种多维度评价的不同维度：

（1）任务单完成情况：精确记录学生对任务单的完成情况，包括数据记录和合并。

续表

单元（或主题）的作业设计及学习效果评价设计
这个维度有助于评估学生的任务执行能力和数据处理技能，同时确保他们按要求执行调查任务。 （2）汇报展示：通过让学生进行汇报展示，可以检验他们的理解和表达能力。这不仅有助于评估他们的口头表达能力，还展现了他们对研究主题的理解水平。 （3）观察表现：在实地观察中记录学生的表现，包括观察技巧、细致程度和数据记录的准确性。这个方面的评价有助于了解学生在实地研究中的观察和数据采集能力。 （4）分工合作自评与互评：学生自我评价和相互评价是培养团队合作和协作技能的重要一环。这有助于学生对自己在小组合作中的角色和贡献有正确认知，同时鼓励他们思考小组成员的表现。 （5）学生反馈：通过收集学生的反馈，教师可以更全面地了解他们对本次课程的感受和学习成果的看法。这个方面的评价有助于改进未来的课程设计，并满足学生的学习需求

案例分析

一、案例设计思路

本案例以星际生态探索与保护为主题，旨在通过模拟星际探险情境，引导学生深入探索外星生态系统的奥秘，理解生物多样性与生态平衡的重要性，并培养保护生态环境的责任感和行动力。在任务情境的引领下，学生扮演星际探险家，穿越至遥远的星际生态园，面对生态系统中的危机，运用所学知识调查原因、分析数据、设计解决方案，通过团队协作和创意表达，共同守护宇宙奇迹。主题设计涵盖生物学、生态学、物理学、化学、艺术学等多个学科内容，实现跨学科整合与融合。学生通过实践探究、艺术创作、团队合作等学习方式，全面提升观察力、分析力、创新力和社会责任感。

二、案例特色

本案例以星际生态园为背景，将学生带入一个充满想象力的科幻情境，激发他们的好奇心和探索欲。通过模拟星际探险，学生学习了生物学、生态学、物理学等多学科知识，培养了批判性思维。本案例也体现了跨学科整合，融合生物学、物理学、化学、艺术学等学科，拓宽学生视野，培养其综合素养和跨学科思维。此外，本案例实施中采用了实践探究教学方法，如实地考察、实验探究、艺术创作等，让学生亲身体验和感受生态系统中的奥秘。这些实践活动帮助学生加深了对知识的理解和记忆，培养了学生的动手能力和创新思维

续表

案例分析
本案例的评价设计有助于全面评估学生在课程中的表现,包括实地考察细致度、实验操作规范性、艺术作品创意及社区参与热情。评价侧重于跨学科思维、团队协作、创新精神及环保意识。此方式能全面展现学生的努力与收获,激发学习动力,并为教师提供有效反馈。 **三、进一步完善的建议** 　　建议在实施过程中对学生提供更加详细的实践探究指导,包括提供明确的资料筛选标准和整合方法指导,帮助学生快速准确地获取信息,加强对实验操作步骤、数据记录与分析等方法的指导,帮助学生更加深入和规范地开展研究与实践。与此同时,建议教师利用网络平台、虚拟实验室等现代教学手段为学生提供丰富的学习资源和实验机会,增强课程趣味性和实效性,并鼓励学生进行合作学习,通过小组讨论、合作项目等方式,提高团队合作能力和沟通能力

设计者：北京市首都师范大学附属实验学校　张琼琼

北京市房山区教师进修学校　郭　畅

案例六　编程助力学生学科夯基——以开发化学元素周期表训练器为例

基本信息		
单元（或主题）名称	编程助力学生学科夯基——以开发化学元素周期表训练器为例	
学科：信息科技	学段：高中	年级：高一年级
涉及的其他学科课程或领域	化学：主要包括化学观念、科学思维、科学探究与实践、科学态度与责任。而化学观念是人类探索物质的组成与结构、性质与应用、化学反应及其规律所形成的基本观念，是化学概念、原理和规律的提炼与升华，是认识物质及其变化，以及解决实际问题的基础。 英语：包括语言能力、文化意识、思维品质和学习能力等方面。而语言能力是核心素养的基础要素，学习能力是核心素养发展的关键要素。 地理：主要包括人地协调观、综合思维、区域认知和地理实践力等。区域认知的培育，有助于学生建立地理空间观念，认识不同的区域既各有特色，又相互联系，增强热爱家乡的情感和国家认同感，增进对世界的理解，逐步形成人类命运共同体意识。 本项目涉及的学科不限于以上三门，各个学科的核心素养是学科育人价值的集中体现，学生通过项目学习可逐步形成适应个人终身发展和社会发展所需要的正确价值观、必备品格和关键能力		
主要参考教材	书名：《信息技术：数据与计算》　出版社：上海科技教育出版社 出版时间：2019 年 8 月	

单元（或主题）指导思想与理论依据
本项目贯彻落实《普通高中信息技术课程标准（2017 年版 2020 年修订）》的要求，在高中阶段培养学生利用信息技术思考问题、解决问题的能力，使他们在基础教育阶段掌握一定的信息技术理论与方法，形成特有的信息技术思维能力和品质，提高应用信息技术创新的能力和解决问题的能力，为将来深入学习提供良好的过渡和衔接。 　　课标要求通过用计算机解决实际问题的基本过程，体验程序设计的基本流程，提高学习参与度，提高学习算法和程序的兴趣，发展计算思维，本项目结合素养导向下的跨学科主题学习宗旨，从学生学习生活中遇到的实例出发，激发学生学习兴趣，通过自制学科基础知识记忆训练器项目，进而搭建软件开发的流程分模块，增强学生用计算机编程解决问题的意识

续表

单元（或主题）指导思想与理论依据
以开发化学元素周期表训练器以及对其他学科的扩展应用，促进学生信息意识发展，提升信息社会责任意识。以项目任务模块化分解的形式开展项目教学，并通过控制结构表示简单的算法，增强学生用算法解决问题的意识，提升学生的计算思维。在对训练器进行学科拓展和作品创新设计等方面，培养学生的数字化学习与创新能力。   本项目的活动设计基于深度学习理论，遵循"以学生为中心"的指导思想，把学生的学习活动作为整个单元教学过程的中心或本体，重视学生的参与性。对学生自有的知识与经验进行关联教学，引导学生实现从软件使用者到软件开发者角色的转变。在用计算机解决问题时，算法描述了问题求解的具体过程和步骤，保证了问题的有序解决，是整个问题解决的关键，也是计算思维的核心要素，认识算法与程序的关联，能深层次理解数字化工具背后的工作原理，进而帮助学生更加自如地应用这些工具解决问题。课标强调课程应注重评价育人，因此本项目坚持过程性评价与终结性评价相结合，自评与他评相结合，全面考查学生的学习状况

单元（或主题）教学背景分析

一、教学内容分析及课时分配

    1. 教学主要内容

    "算法与程序设计"的学习是高中阶段的核心内容，其重点概念是算法和程序，重点帮助学生掌握算法这一学科关键知识，形成运用计算机解决问题的关键能力。本项目的实施，将计算思维的形式化、模型化和自动化特征渗透到具体学习内容中。通过编程实现学科知识的训练器效果，体验用计算机解决问题的基本过程，发展抽象要素、建立模型、设计算法及自动化实现的计算思维，并能够运用计算思维进行问题求解与科学创新。

    2. 与课程标准、学科知识的关联

    计算思维是一种处理信息问题的重要思考方式，是科技创新的重要助推力，更是学生自主发展的核心素养之一。课标要求通过用计算机解决实际问题的基本过程，体验程序设计的基本流程，提高学习参与度，提高学习算法和程序的兴趣，发展计算思维这一学科核心素养。项目内容包括"从生活实例出发，概述算法的概念与特征，运用恰当的描述方法和控制结构表示简单算法""掌握一种程序设计语言的基本知识，使用程序设计语言实现简单算法。通过解决实际问题，体验程序设计的基本流程，感受算法的效率，掌握程序调试与运行的方法"等，旨在提高学生的计算思维这一核心素养

续表

单元（或主题）教学背景分析			

3.课时分配情况及每课时的主要内容

基于以上分析，将本项目分为 5 个课时，具体的课时分配以及课时内容如下。

任务分解	任务功能	学习内容	课时安排
任务一：训练器基本功能的实现	实现简单的化学元素检查功能	输入输出函数、列表数据、顺序结构、选择结构	1 课时
任务二：考查方式的多样性	实现顺序与随机检查化学元素的功能	循环结构、随机函数	1 课时
任务三：训练器的重复调用	不用退出程序。实现多次训练功能	自定义函数、循环嵌套	1 课时
任务四：个性化考查的实现	统计正答率，并记录训练的详细信息	累加器、字典	1 课时
任务五：程序测试、发布与交流	测试、发布、交流与评价	软件测试知识、交流评价指标	1 课时

二、学生情况分析

高中的学生善于观察思考问题，具备一定的生活常识，有一定的自主学习能力与意识以及较强的逻辑思维能力，能够对身边简单的问题进行简单分析，但对于解决问题的方法和过程缺乏系统性的分析与梳理能力。在义务教育阶段，学生已经掌握了信息技术的相关知识与技能，具备程序设计的基础

单元（或主题）教学目标

（1）在日常生活中，根据实际解决问题的需要，恰当选择数字化工具，并有意识地使用新技术处理信息。（信息意识）

（2）针对给定的项目任务进行需求分析，明确需要解决的关键问题。（计算思维）

（3）能提取问题的基本特征，进行抽象处理，并用流程图画出完成任务的关键过程。（计算思维）

（4）运用算法设计解决问题的方案，能使用编程语言实现这一方案。（计算思维）

（5）按照本项目问题解决的方案，总结利用计算机解决问题的一般过程与方法，选用恰当的数字化学习工具或方法获取并建构知识、完成任务，并将其迁移到与之相关的其他学科问题解决中。（数字化学习与创新）

（6）在信息技术应用过程中，认识信息技术可能引发的一些潜在问题，采用简单的技术手段，保护信息安全，尊重和保护个人与他人的隐私和知识产权

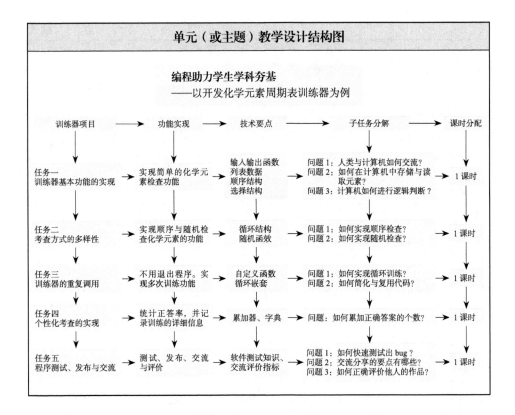

| 单元（或主题）教学设计结构图 |

编程助力学生学科夯基

——以开发化学元素周期表训练器为例

训练器项目 →	功能实现 →	技术要点 →	子任务分解 →	课时分配
任务一 训练器基本功能的实现	实现简单的化学元素检查功能	输入输出函数 列表数据 顺序结构 选择结构	问题1：人类与计算机如何交流？ 问题2：如何在计算机中存储与读取元素？ 问题3：计算机如何进行逻辑判断？	1课时
任务二 考查方式的多样性	实现顺序与随机检查化学元素的功能	循环结构 随机函数	问题1：如何实现顺序检查？ 问题2：如何实现随机检查？	1课时
任务三 训练器的重复调用	不用退出程序。实现多次训练功能	自定义函数 循环嵌套	问题1：如何实现循环训练？ 问题2：如何简化与复用代码？	1课时
任务四 个性化考查的实现	统计正答率，并记录训练的详细信息	累加器、字典	问题：如何累加正确答案的个数？	1课时
任务五 程序测试、发布与交流	测试、发布、交流与评价	软件测试知识、交流评价指标	问题1：如何快速测试出bug？ 问题2：交流分享的要点有哪些？ 问题3：如何正确评价他人的作品？	1课时

主要教学过程

任务一 训练器基本功能的实现（第一课时）

教学目标：

1. 了解用计算机自顶向下进行任务拆解和模块化处理解决问题的基本思路与方法，并能应用于实际问题的解决

2. 掌握基础的程序设计语言，并能实现训练器的基本功能设计与实践，提高计算思维能力

任务环节	教师活动	学生活动	设计意图
环节一： 情境引入，提出问题	播放采访视频引出任务。利用信息技术助力学科学习	观看视频，思考基础知识，记忆难题	利用校园电视台设备拍摄学习中的痛点问题，引出任务

续表

主要教学过程			
任务一 训练器基本功能的实现（第一课时）			
任务环节	教师活动	学生活动	设计意图
环节二： 自上向下 任务分解	基本功能实现、 考查方式多样性、 重复调用问题、 个性化考查设计、 测试与发布	分析项目任务并提供相应的解决方案。 学习自上向下的任务模块化分解的过程。 绘制思维导图	明确软件开发的基本流程，树立和培养将项目任务进行自上向下模块化拆解的意识
环节三： 基本功能 实现	引导学生思考：人类与计算机如何交流？如何在计算机中存储与读取元素？计算机如何进行逻辑判断？	输出语句 print( ) 输入语句 input( )、变量的概念、类型（字符串与列表）及读取 a="H" a=["H", "He", "Li"] 双分支结构： if 表达式： 　语句 A else： 　语句 B	通过明暗两条线穿插设计。问题是子任务明线，问题的答案是知识暗线。学生在跟着教师的节奏回答完三个问题后，化学元素训练器的基本功能已经完成

环节四：
上机实践
	尝试模仿并改写程序，以实现一次考查多个元素功能。
	提示：1.运用顺序结构去完成。
	2.注意修改列表中的元素编号
		a=["H", "He", "Li",
		"Be", "B"]
		b=[" 氢 ", " 氦 ", " 锂 ",
		" 铍 ", " 硼 "]
		c=input(" 请输入 "
		+a[0]+" 的元素名称: ")
		if c==b[0]:
		　print(" 正确 ")
		else:
		　print(" 错误 ")
			上机实践与测试，并根据自己的项目需要创新程序

续表

主要教学过程
作业与板书设计

作业设计：

（拓展练习）：模仿本节程序代码，尝试开发可以同时考查多个化学元素的训练器。

板书设计：

一．项目任务分解

编程助力学科夯基
- 训练器基本功能的实现
- 考查方式的多样性
- 训练器的重复调用
- 个性化考查的实现
- 程序测试、发布与交流

二．训练器基本功能的实现

问题 1：人类与计算机如何交流？

输出函数 print( ) 输入函数 input( )

问题 2：如何在计算机中存储与读取元素？

变量存取，多元素可用列表变量

问题 3：计算机如何进行逻辑判断？

条件判断语句（选择结构）

任务二 考查方式的多样性（第二课时）

教学目标：

1. 理解循环结构并能运用循环结构完成训练器的顺序检查功能。

2. 理解随机函数并能运用随机函数完成训练器的随机检查功能

任务环节	教师活动	学生活动	设计意图
环节一： 如何实现按元素周期表进行顺序检查？	循环结构： 开始 ↓ 循环控制条件 —False ↓True 循环体 ↓ 结束	上机实践，模仿程序并改写程序。 for x in ranges(5): 　a=input(" 请输入第一个数 ") 　b=input(" 请输入第二个数 ") c=eval(a)+eval(b) print(c)	掌握循环结构的使用方法，并利用循环结构实现多个化学元素的顺序检查功能

续表

主要教学过程			
任务环节	教师活动	学生活动	设计意图

环节二：
如何实现随机检查？
	随机函数：
	random。
	randint(a, b) 函数：生成一个范围在 a 到 b（包括 a 和 b）之间的随机整数
		上机实践随机出题，模仿程序并改写程序
		import random
		for i in ranges(3): # 出三道题
		  a=random.randint(0,10)
		  print(a)
		  b=random.randint(0,10)
		  print(b)
		  c=eval(input(" 请你输入两个数的和 "))
		  d=a+b
		  if c==d:
		    print(" 回答正确 ")
		  else:
		    print(" 回答错误 ")
			随机函数的学习及应用，并结合循环结构完成随机多次出题功能

环节三： 上机实践	巡视指导	上机实践，完成自选学科的多次顺序检查与随机检查功能	学以致用，提升计算思维
作业与板书设计			

作业设计：

1. 完成化学元素的顺序检查与随机检查

2. 完成自选科目知识的顺序检查与随机检查功能

板书设计：

任务二 考查方式的多样性

循环结构：for 语句 随机函数：random

循环结构： for 语句 while 语句	随机函数：random import random random(a,b)

主要教学过程			
任务三 训练器的重复调用（第三课时）			
任务环节	教师活动	学生活动	设计意图
环节一：如何实现多次调用程序？	循环嵌套：可以用于执行重复的任务。例如，一个循环在另一个循环内部执行	上机实践程序，并改写程序。 print("For 循环嵌套方式输出 5 行 8 列 ") for i in range(5):　　# 外循环 5 次 　　for j in range(8)　# 内循环 8 次 　　　print(" ★ ", end="") 　　print("") ★★★★★★★★ ★★★★★★★★ ★★★★★★★★ ★★★★★★★★ ★★★★★★★★	理解循环嵌套的概念和执行顺序，尝试改写程序，让用户进行多次测试而不用退出与重启程序

环节二：如何重复调用代码段，并缩减代码量	自定义函数：可实现代码段的封装。def 函数名(参数 1，参数 2，……)	上机实践，并改写程序。
		def ticket( ):
		　n = int(input (" 请输入乘坐的站点数 "))
		　if n < =5:
		　　print(" 票价 2 元 ")
		　elif n < =10:
		　　print(" 票价 3 元 ")
		　elif n < =16:
		　　print(" 票价 4 元 ")
		　else:
		　　print(" 票价 5 元 ")
		ticket( )
			理解自定义函数的概念和使用规则，可缩减代码量，尝试应用于自己的程序

环节三：上机实践	教师巡视	完成循环嵌套与自定义函数程序的改写，并将两者结合完成用户测试的友好化设计	让学生根据使用各种软件的经验，利用本节知识将用户测试进行友好化设计
作业与板书设计			
作业设计： 1. 实现用户不用退出训练器就可多次调用训练器。 2. 尝试完成自选科目训练器的多次调用功能，并缩减代码量			

主要教学过程
板书设计： 任务三 训练器的重复调用 1. 循环嵌套 2. 自定义函数

任务四 个性化考查的实现（第四课时）

教学目标：

1. 理解累加器的工作原理，并使用累加器完成正答率的统计

2. 掌握字典的应用，并实现用户正答率的存储与读取

任务环节	教师活动	学生活动	设计意图
环节一： 如何累加 回答正确 的个数？	累加器：通常用作累积值或进行迭代计算的变量，帮助跟踪循环或一系列操作中变化的值	上机实践，模仿程序并改写程序。 numbers = [1, 2, 3, 4, 5] sum = 0 # 初始化累加器变量 for i in range(5) 　　sum=sum+i print(sum) # 输出求和结果	1. 理解累加器的工作原理 2. 使用累加器完成用户正答率的统计
环节二： 如何存储 答题的详 细信息？	字典：另一种可变容器数据类型，可以存储任意类型的对象。 字典的每项都由关键字和值一一对应的两部分组成。例如 	键	值	键	值
氢	H	碳	C
氦	He	氮	N
锂	Li	氧	O
铍	Be	氟	F

硼	B	氖	Ne		上机实践，模仿程序并改写程序
					# 创建一个空字典
					my_dict= {}
					# 写入元素
					my_dict['name']='Alice'
					my_dict['age']='30'
					my_dict['city']='New York'
					print(my_dict)
					# 读取元素
					name=my_dict['name']
					print(name) # 输出 :Alice
					# 修改元素
					my_dict['age']=40
					print(my_dict)
						1. 理解字典的概念及存取方式
						2. 运用字典实现多个用户正答率的存取

续表

主要教学过程			
环节三： 上机实践	教师巡视	上机实践并完成用户正答率的计算与数据存取	学以致用，提升计算思维

作业与板书设计
作业设计： 1. 完成用户训练时正答率的计算与存取功能 2. 完成自选科目正答率的计算与存取功能
板书设计： 任务四 个性化考查的实现 累加器：通常用作累积值或进行迭代计算的变量 字典：可变容器数据类型，每项都由关键字和值一一对应的两部分组成

任务五 程序测试、发布与交流（第五课时）

教学目标：
1. 了解软件测试的概念和基本方法
2. 理解评价程序要点，正确客观地评价他人程序
3. 完善创新作品，实现程序的可持续性使用

任务环节	教师活动	学生活动	设计意图
环节一： 如何测试、调试程序	程序调试是程序投入使用前，用手工或编译程序等方法进行测试，修正语法错误和逻辑错误的过程。方法如下： 1. 在程序中插入打印语句 2. 只执行需要检查的程序段 3. 借助调试工具	上机实践，完成自选科目训练器的调试	了解程序测试与调试简单方法，并运用至自己的程序中
环节二： 交流分享的要点及如何正确客观评价他人程序	1. 团队代表展示交流程序的几个关键点 2. 根据项目评价量规进行自评与他评	展示本团队作品，评价其他团队作品	交流、共享、提高
环节三： 上机实践	教师巡视	进一步完善本团队作品，并上交源程序	推广至本校学生使用，在使用中征求意见以不断完善

续表

主要教学过程
作业与板书设计
作业设计： 1.完成化学元素的测试与交流 2.完成自选科目知识的测试与交流
板书设计： 任务五 程序测试、发布与交流 1.测试 2.发布与交流

单元（或主题）学习效果评价及结果分析

　　新课标倡导强化素养导向的多元评价，应注重评价育人导向，加强对学生学习过程和结果的评估与应用，综合课堂实践操作与作品创新等多方面，采用自评、互评、师评相结合的方式，同时，基于项目式学习特点，根据教学目标和课堂教学任务，围绕项目规划表、项目实施过程、项目作品、作品交流展示等几个方面设计个性化评价表。

评价课时	评价活动	评价方式	活动目标
课前准备： 编程助力 学科夯基 设计规划	活动1：根据项目任务自由组成5人一组的小队，并选出队长 活动2：根据项目规划书完成任务分工	教师评价	1.能够准确捕捉学科学习中的基础知识，并完成任务分工 2.培养团队合作意识 3.训练器功能描述清晰、合理
第一课时： 训练器基 本功能的 实现	活动1：人类与计算机如何交流？	上机实践验证、自评	1.理解人机交互方式 2.掌握基本的人机交互语句
	活动2：如何在计算机中存储与读取元素？	上机实践验证、自评	1.能够理解数据在计算机内存取的方式 2.会使用相关语句进行元素存取
	活动3：计算机如何进行逻辑判断？	上机实践验证、自评	1.理解选择结构 2.能实现选择结构判断正误的功能
第二课时： 考查方式 的多样性	活动1：如何实现按元素周期表进行顺序检查？	上机实践验证、自评	1.理解循环结构 2.能运用循环结构完成顺序检查功能
	活动2：如何实现随机检查？	上机实践验证、自评	1.理解随机函数 2.能运用随机函数完成随机检查功能

单元（或主题）学习效果评价及结果分析			
评价课时	评价活动	评价方式	活动目标
第三课时：训练器的重复调用	活动1：用循环嵌套解决重复调用问题	上机实践验证、自评	1. 理解循环嵌套的概念和执行顺序 2. 尝试应用于问题的解决
	活动2：用自定义函数实现代码段封装	上机实践验证、自评	1. 理解自定义函数的概念和使用规则 2. 应用于自己的程序
第四课时：个性化考查的实现	活动1：如何累加回答正确的个数？	上机实践验证、自评	1. 理解累加器的工作原理 2. 使用累加器完成正答率的统计
	活动2：如何存储答题的详细信息？	上机实践验证、自评	1. 理解字典的概念及存取方式 2. 运用字典实现答题信息的存取
第五课时：程序测试、发布与交流	活动1：如何测试、调试程序	上机实践	1. 了解软件测试的概念和基本方法 2. 理解评价程序要点 3. 正确客观地评价他人程序 4. 完善创新作品
	活动2：交流分享的要点及如何正确客观评价他人程序	交流 教师评价	
	活动3：分享交流	组间评价 教师评价	

项目规划书			
小组成员			
训练器设计说明			
任务分工 （各成员负责 的学科）	任务内容	实现的功能	负责人
创新说明			
项目实施日志			
项目任务	实施情况	遇到的问题	解决方案
小组自评			
待改进之处			

续表

单元（或主题）学习效果评价及结果分析			
项目评价量规			
评价内容	具体要求		小组自评 / 他评
	★★★	★★★★	★★★★★	
项目规划	能够完成项目规划书，但内容粗糙	有明确且合理的任务功能及任务分解，但细节有待优化	项目规划内容完整清晰且合理，细节考虑周全	
功能设计	能完成部分功能，不能十分熟练地运用所学基础知识	预设的训练器功能基本实现，能准确应用所学知识	预设的训练器功能全部实现，能够灵活运用所学知识扩展功能	
技术应用	能够运用所学知识让程序运行，但存在错误	能够掌握本项目的各项技能，但程序存在少量问题	能够根据项目需求完成程序设计及程序的正确执行	
实施过程	能够正确应用所学，以个人自主开发为主、以与小组成员合作为辅完成任务	技术知识学习与使用较熟练，小组成员互帮互助，共同完成任务	熟悉使用技能与方法，能创新设计训练器，小组全体成员积极参与，全部完成项目任务	
项目完成度	各项目任务基本按照进度完成	项目各任务按进度完成	项目各任务按进度高质量完成，且有所创新	
展示交流	表达较为清晰，能够完整表达项目作品的基本情况	表达清晰，对项目设计制作等过程叙述清晰，且有条理	表达清晰，对项目的展示十分到位，有条理性，汇报有感染力	

案例分析

一、案例设计思路

本案例设计以开发化学元素符号训练器以及对其他学科的扩展应用为例，将学生自有的知识与经验进行关联教学，引导学生从软件使用者到软件开发者角色的转变。项目以任务模块化分解的形式逐步开展教学，并通过控制结构表示简单的算法，增强学生用算法解决问题的意识，提升学生的计算思维。在对训练器进行学科拓展和作品创新设计等方面，提升了学生的信息意识与信息社会责任感，培养了学生的数字化学习与创新能力。

二、案例特色

1.真实性学习。遵循"以学生为中心"的指导思想，以解决学生身边真实的问题为项目任务的驱动，把学生的学习活动作为整个单元教学过程的本体，让学生经历使用计算机解决问题的过程及数字化工具应用的全过程，做中学、用中学、创中学，重视学生的参与性。

2.教学内容环环相扣，不断迭代。项目分解任务难度逐渐增加，环环相扣，不断迭代，最后通过环环相扣的系列任务的完成，帮助学生更加深刻地体验计算机解决问题的一般过程，提升了学生利用信息技术解决问题的意识和能力。

3.注重创新、多学科整合。学生通过化学学科基础知识训练器的开发，深层理解数字化工具背后的工作原理，进而更加自如地应用这些工具解决自己的学科问题，主动创新自己的程序，使之能更好地为自己的学习和生活服务，使所设计的作品实际落地应用。

三、进一步完善的建议

建议在项目的落地方面给学生以更多的选择与技术支撑。

一是训练器的题目类型可以多样些，如增加选择题、判断题，甚至可以增加简答题，简答题的评判可结合人工智能中的自然语言处理知识。

二是各科目训练器的整合。可以将每个小组完成的各科目训练器进行整合与优化，做成一套完整的夯实各科基础知识的训练器，在班级、年级乃至学校推广使用

设计者：北京师范大学良乡附属中学　马红霞

案例七　探索科学奥秘，玩转科技制作

基本信息		
单元（或主题）名称	探索科学奥秘，玩转科技制作	
学科：物理	学段：第四学段	年级：八年级
涉及的学科课程或领域	学科：物理、信息科技、艺术 学科核心素养：物理观念、物理思维、科学探究、科学态度与责任、信息意识、信息社会责任、创意实践	
主要参考教材	书名：《物理：八年级全一册》　出版社：北京师范大学出版社 出版时间：2014 年 7 月	

单元（或主题）指导思想与理论依据
中华人民共和国教育部制定的《义务教育课程方案（2022 年版）》明确要求：原则上，各门课程用不少于 10% 的课时设计跨学科主题学习。可设计拓展内容，供学有余力或有兴趣爱好的学生选学，不作统一考试要求。 　　为深入学习贯彻习近平总书记关于文物工作重要论述和指示批示精神，积极落实《国家文物局　教育部关于加强文教结合、完善博物馆青少年教育功能的指导意见》《教育部　国家文物局关于利用博物馆资源开展中小学教育教学的意见》等文件精神，进一步健全北京地区馆校合作机制，促进博物馆（北京地区备案博物馆、类博物馆统称博物馆）资源融入教育体系，助力"博物馆之城"建设与"双减"工作，积极开展馆校合作项目

单元（或主题）教学背景分析
一、教学内容分析及课时分配 　　教学主题设置为"探索科学奥秘，玩转科技制作"，本主题为课程中的跨学科实践活动部分的内容，自主选题，按照标准要求设计 4 课时，以 20 周课时为例，占总课时的比例超 10%，符合要求，教学内容为：参观中学科技馆、学习展品背后的原理、制作科技馆展品或撰写研究报告、汇报展示活动。教学内容涉及物理、数学、艺术、信息科技、劳动等多个领域的多门学科，并与《义务教育物理课程标准（2022 年版）》中综合实践活动的三个二级主题"物理学与日常生活""物理学与工程实践""物理学与社会发展"联系紧密

单元（或主题）教学背景分析

二、学生情况分析

　　八年级的学生虽然有一定的科学知识，但理解馆校合作项目中的展品时，有一定的难度，并且大部分学生的动手实践能力有限。学生对在学校建立属于学生自己的科技馆颇感兴趣。科技馆中共有 20 个展品，不仅涉及初中物理知识，还涉及高中物理、中学数学等知识，超出学生的认知水平。虽然展品不算复杂，但并不是每一个展品都适合八年级学生深入学习和了解。大部分学生缺乏动手制作的经验，在复现展品时可能会出现无从下手的情况

单元（或主题）教学目标

物理观念：

　　通过参观、体验场馆展品，了解楞次定律、角动量守恒定律、重心运动、偏振现象、光的反射、流体流速与压强的关系及基本原理。

物理思维：

　　通过体验展品设计和展品所展示的物理学现象，建立物理学模型的概念。

　　通过对展品的复现和应用原理进行实物作品制作达成质疑并创新的目标。

科学探究：

　　通过项目式学习的方式，制定展品复现或实物作品制作的方案与设计草图。

　　通过作品制作过程，培养学生发现问题、推理、查证、解决问题的能力。

科学态度与责任：

　　通过对原理的学习、实物作品的展示、成果交流活动，激发学生的物理学习兴趣、科学制作态度。

　　通过亲自体验物理学现象发生的过程并进行科学作品制作，培养探究科学本质的态度。

　　通过课后交流与拓展活动（小小讲解员），培养学生的社会责任感。

信息意识：

　　通过使用互联网探索、搜集展品知识、了解展品中包含的物理原理等培养学生的信息化素养与信息意识。

信息社会责任：

　　通过使用计算机进行方案设计、使用网络进行搜索、使用计算机进行展品 3D 建模等，培养学生的信息社会责任。

创意实践：

　　通过设计、制作展品海报培养学生创造艺术形象、展示艺术美感的实践能力

单元（或主题）教学设计结构图

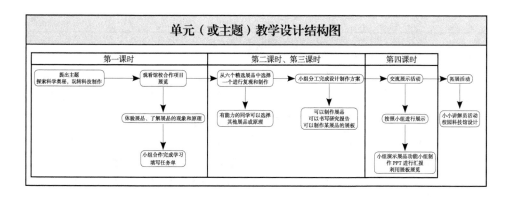

第一课时教学目标、重点和难点

教学目标：

通过体验，学习科技馆中的展品原理。

通过观察展品及教师演示，了解展品结构设计与背后原理的联系。

通过参观中学科技馆，激发学生的学习兴趣与学习动力。

教学重点： 通过体验展品、观察现象了解展品背后的原理。

教学难点： 如何通过体验展品、观察现象及原理解释，让学生在有限的认知下，了解复杂科学原理，如楞次定律、角动量守恒定律、重心运动、偏振现象、光的反射、流体流速与压强的关系同展品设计的联系

第一课时教学过程

教学阶段	教师活动	学生活动	设计意图
环节一：引入	（1）提出任务目标：科技馆中往往有大量的展品，展品背后蕴含着丰富的物理学原理与知识，请同学们参观馆校合作项目中的中学科技馆，学习展品所含的原理并尝试进行实物复现和报告撰写。 （2）给予安全提示并分小组：活动期间仅允许在中学科技馆展区范围内开展学习活动，同时，为了更好地开展活动，请同学们按要求进行结组（要求：本班内，不得跨班，小组规模3~5人，小组成员能力均衡：会方案设计，能够采买物品，拥有动手能力，拥有展示汇报能力等）	领取任务单，前往中学科技馆。 按照要求进行分组	创设情境、激发学生兴趣。 在安全的前提下开展小组合作与学习，培养学生的写作能力、交往能力和沟通能力

续表

第一课时教学过程			
教学阶段	教师活动	学生活动	设计意图
环节二：场馆学习	（3）任务一：六名教师分别在六个推荐展品旁进行讲解并演示展品使用方法与特点。	从六个推荐展品中任选一个进行体验和学习，在学习过程中重点了解展品背后的物理学原理，结合生活中的设备设施或现象谈谈该原理的应用。	通过现象激发学生的学习兴趣与研究动机。
	（4）任务二：六名教师继续在六个推荐展品旁进行讲解并演示展品使用方法与特点	从六个推荐展品中再选一个进行体验和学习，在学习过程中重点了解展品背后的物理学原理，结合生活中的设备设施或现象谈谈该原理的应用	通过现象激发学生的学习兴趣与研究动机
环节三：作品方案设计	（5）请同学们选择要进行实物复现或撰写研究报告的展品或原理。有能力的同学可以选择其他展品或利用原理进行创新作品制作或撰写研究报告（需要询问指导教师——物理学科教师意见）	以小组合作的方式从六个教师讲解的展品中挑选一个进行实物复现或根据原理撰写一份研究报告，并进行合理分工与方案设计，按要求继续完成任务单	培养学生合理设计、合理规划的能力

第一课时板书设计
任务目标： 探索科学奥秘，玩转科技制作。
分组提示： 本班内，不得跨班，小组规模 3~5 人，小组成员能力均衡：会方案设计，能够采买物品，拥有动手能力，拥有展示汇报能力等。
任务要求： 从六个推荐展品中再选一个进行体验和学习，并进行实物复现或根据原理撰写一份研究报告

第一课时作业设计
完成作品方案设计，围绕作品方案利用互联网等搜集需要的资料，需要一并准备完成实物作品所需的制作材料

第二课时教学目标、重点和难点

教学目标：

通过对展品的复现和应用原理进行实物作品制作达成质疑并创新的目标。

通过项目式学习的方式，制定展品复现或实物作品制作的方案与设计草图。

通过作品制作过程，培养学生发现问题、推理、查证、解决问题的能力。

通过使用互联网探索、搜集展品知识、了解展品中包含的物理原理等培养学生的信息化素养与信息意识。

通过使用计算机进行方案设计、使用网络进行搜索、使用计算机进行展品 3D 建模等，培养学生的信息社会责任。

教学重点：通过小组合作的方式，设计方案并完成展品或其他成果。

教学难点：如何开展项目式学习，方案设计，展品制作

第二课时教学过程			
教学阶段	教师活动	学生活动	设计意图
环节三：作品方案设计	（6）请没有完成作品方案设计的小组继续完善设计；已经完成方案设计的小组开始展品制作。	以小组合作的方式从六个教师讲解的展品中挑选一个进行实物复现或根据原理撰写一份研究报告，并进行合理分工与方案设计，按要求继续完成任务单。	培养学生合理设计、合理规划的能力。
	（7）请同学们开始进行作品制作和研究报告撰写（在学生制作作品的时候对学生提出的问题进行解答并提供指导和帮助）	自行准备材料进行作品制作并填写任务单中第一周的项目进度报告	培养学生的科学研究能力，遇到问题会寻求帮助

续表

第二课时教学过程			
教学阶段	教师活动	学生活动	设计意图
环节四：作品制作（一）	（8）检查学生任务单中的第一周项目进度报告，根据项目进度报告内容给予适当协助	本周任务进度：汇报每名成员的工作内容、项目进展、项目难点或重要的想法、灵感	通过任务单，帮助学生养成分析问题、解决问题的能力，督促学生合理分配时间和任务

第二课时板书设计

任务目标： 制作科技节体验展品。

分组提示： 本班内，不得跨班，小组规模 3~5 人，小组成员能力均衡：会方案设计，能够采买物品，拥有动手能力，拥有展示汇报能力等。

任务要求： 从六个推荐展品中挑选一个进行实物复现或根据原理撰写一份研究报告
小组内进行合理分工

第二课时作业设计

填写任务单，按照设计方案和分工进行作品制作或报告撰写

第三课时教学目标、重点和难点

教学目标：

通过对展品的复现和应用原理进行实物作品制作达成质疑并创新的目标。

通过项目式学习的方式，制定展品复现或实物作品制作的方案与设计草图。

通过作品制作过程，培养学生发现问题、推理、查证、解决问题的能力。

通过使用互联网探索、搜集展品知识、了解展品中包含的物理原理等培养学生的信息化素养与信息意识。

通过使用计算机进行方案设计、使用网络进行搜索、使用计算机进行展品 3D 建模等，培养学生的信息社会责任。

教学重点： 通过小组合作的方式，设计方案并完成展品或其他成果。

教学难点： 如何开展项目式学习，方案设计，展品制作

第三课时教学过程			
教学阶段	教师活动	学生活动	设计意图
环节五： 作品制作 （二）	（9）经过一周的制作相信同学们多少都遇到了一些问题和困难，本环节开始前同学们可以找到与你小组所选作品一样的其他小组进行简单交流，一起攻破难关，老师也可以为大家提供帮助。	组间交流遇到的困难和问题以及解决办法。	培养学生的合作能力、沟通能力与人际交往能力。
	（10）讨论完毕后，请同学们继续完成作品制作并准备项目展示，注意填写任务单。	继续完成作品制作，并填写第二周的项目进度报告内容。	培养学生的任务意识与自驱力。
	（11）检查学生任务单中的第二周项目进度报告，根据项目进度报告内容给予适当协助	本周项目进度：准备工作、实施过程、遇到的难点、解决的方案	通过任务单，帮助学生养成分析问题、解决问题的能力，督促学生合理分配时间和任务
环节六： 作品展示 交流（一）	（12）接下来，请各组将自己的作品准备好，以作品名称、使用原理、设计亮点为主要内容进行介绍，针对研究报告以主要研究内容、意义、结论为重点进行分享。	以小组为单位进行展示分享。	锻炼学生的展示汇报能力，通过组间分享拓宽视野。
	（13）开展教师评价、组内评价、组间评价	完成打分表	通过评价培养学生的自信心，激发学生的学习动力

第三课时板书设计
任务目标：组间交流，继续完成展品成果制作

第三课时作业设计
完成任务单，继续完善作品设计，并准备汇报展示

第四课时教学目标、重点和难点
教学目标： 学生自行设计、制作展品海报，培养创造艺术形象、展示艺术美感的实践能力。 通过课后交流与拓展活动（小小讲解员），培养学生的社会责任。 **教学重点：**分组上台进行交流展示，并进行评价。 **教学难点：**组内学生都能够参与展示活动并对其他组进行客观评价

第四课时教学过程				
教学阶段	教师活动	学生活动	设计意图
环节七： 作品展示 交流（二）	（14）接下来，请各组将自己的作品准备好，以作品名称、使用原理、设计亮点为主要内容进行介绍，针对研究报告以主要研究内容、意义、结论为重点进行分享。	以小组为单位进行展示分享。	锻炼学生的展示汇报能力，通过组间分享拓宽视野。
	（15）开展教师评价、组内评价、组间评价	完成打分表	通过评价培养学生的自信心，激发学生的学习动力

第四课时板书设计
探索科学奥秘，玩转科技制作。 项目式学习活动交流

第四课时作业设计
总结本次活动的经验，并结合汇报展示活动的经验，为自己的作品准备一份解说稿

单元（或主题）的作业设计及学习效果评价设计

一、作业设计

第一课时：完成作品方案设计，围绕作品方案利用互联网等搜集需要的资料，需要一并准备完成实物作品所需的制作材料。

第二课时：填写任务单，按照设计方案和分工进行作品制作或报告撰写。

第三课时：完成任务单，继续完善作品设计，并准备汇报展示。

第四课时：总结本次活动的经验，并结合汇报展示活动的经验，为自己的作品准备一份解说稿。

二、学习效果评价设计

评价目标：重点衡量学生在学习过程中各项能力、素养的变化情况。

评价内容：团队领导力、团队协作能力、信息搜集与整理、方案设计能力、自主行动力、任务单完成度、是否合理规划、是否制作实物、展品复现、新原理应用、是否制作学习报告、作品等级。

评价方式：教师评价、学生自评与互评。

探索科学奥秘，玩转科技制作评价设计				
学习阶段	团队领导力	团队协作能力	信息搜集与整理	方案设计能力	自主行动力
	0~10分	优/良/合格	优/良/合格	0~10分	优/良/合格
中期检查阶段	团队领导力	团队协作能力	任务单完成度	是否合理规划	自主行动力
	0~10分	优/良/合格	0~10分	是/否	优/良/合格
生成阶段	是否制作实物	展品复现	新原理应用	是否制作学习报告	作品等级
	是/否	是/否	是/否	是/否	0~10分

案例分析

一、案例特色

本案例把握教育契机，以建立学校自己的科技馆这一真实任务为引导，充分利用中学科技馆展陈资源，激发学生的科学探究兴趣，激励学生积极参与科学探秘和科技制作，取得了多方面的教育效果。案例设计具有科学性、综合性、实践性和创新性，具有一定的典型性和借鉴意义，不仅在学校内部取得了成功，也为其他学校提供了跨学科教学的宝贵经验，对推动科学教育和创新教育的发展具有现实意义。

本案例设计科学全面，融合了物理、信息科技和艺术等多学科知识，体现了学科间的有机结合。以学生为主体，鼓励他们积极参与实践，有效培养其创新能力和实际操作技巧。实施情况显示，学生对新教学模式充满热情，验证了案例设计的成功。案例设计遵循学生认知发展规律，通过参观、体验、学习和制作等活动，帮助学生深入理解并掌握科学原理。这种以学生为中心的教学方法显著提升了学生的学习兴趣和参与度。同时，案例强调培养学生的科学探究能力，通过项目式学习，锻炼学生发现问题和解决问题的能力，从而促进批判性思维和创新精神的培养。

二、进一步完善的建议

建议在实施过程中为学生提供更加丰富的社会资源，例如，除探究在校内流动展览的科技展品外，教师还可以带领学生参观中国科技馆、北京科学中心以及区域科技馆等，帮助学生开阔视野，打开思路，为后续设计制作出更加具有创新价值的作品打下基础

设计者：北京市房山区教师进修学校   郭畅

北京市首都师范大学附属实验学校   齐喆

案例八　抗震餐具架的设计与制作

基本信息		
主题（或单元）名称	抗震餐具架的设计与制作	
学科：通用技术	学段：高中	年级：高一年级
涉及的其他学科课程或领域	通用技术、物理、数学等	
主要教材	书名：《通用技术：技术与设计2》　出版社：江苏凤凰教育出版社 出版时间：2019年6月	

主题（或单元）指导思想与理论依据

《普通高中课程方案（2017年版2020年修订）》指出，普通高中课程需要培养学生"敢于批判质疑，探索解决问题，勤于动手，善于反思，具有一定的创新精神和实践能力……能够自主学习，独立思考。"课程需要"注重学科内容选择、活动设计与学生发展核心素养养成的有机联系，关注学科间的联系与整合。"所以教学应当关注发展学生核心素养，以学生学习为中心，关注学生运用多学科知识探索解决问题。

《普通高中通用技术课程标准（2017年版2020年修订）》也指出，高中通用技术课程以培养学生学科核心素养为导向，倡导以学生为中心、实践为核心的教学模式，倡导采用大概念、大项目、跨单元的方式进行教学。所以本学期我们设计了技术项目"抗震餐具架的设计与制作"，学生在学习的过程中会涉及"结构及其设计""模型或原型的制作""技术交流与评价"等章节的知识。学生完成技术项目的过程，就是运用综合知识解决问题的过程，是学习知识、训练技能、提升关键能力的过程

主题（或单元）教学背景分析

一、教学内容分析及课时分配

抗震餐具架的设计与制作项目主要涉及《通用技术：技术与设计2》第一单元"结构及其设计"中的知识点。在上学期，学生经历过两个技术设计制作项目，且系统学习过《通用技术：技术与设计1》中的所有知识内容。本学期初，针对"结构及其设计"章节设计的抗震餐具架的设计与制作项目更加具有挑战性，同时融合了流程及系统的部分知识。学生在设计制作的过程中进一步巩固了对上学期知识内容的学习，为未来与第四单元"控制及其设计"相关的技术项目的顺利开展奠定基础

续表

主题（或单元）教学背景分析

　　此项目源于真实的问题情境，涉及通用技术、物理、数学等多学科知识。学习过程主要包括三个阶段，即设计、制作和测试及评价。其中，每个阶段又包含多个发现、解决问题的微过程。需要说明的是：技术设计制作的一般过程并不是一个严格的线性流程，学生在设计制作的不同阶段会根据实际需要或具体限制反复进行收集处理信息、修改设计、制作、测试等技术实践活动。此项目共设计了 10 课时，具体教学内容、主要知识（以学科教材为主）、课时安排如下表所示：

教学阶段	教学内容	涉及主要知识	课时安排
1. 设计	1.1 明确项目任务、抗震餐具架设计草图及分组	《技术与设计2》： 第一章第一节 常见结构的认识 第一章第四节 简单结构的设计（部分）	1
	1.2 简易抗震结构设计与试验	《技术与设计2》： 第一章第二节 稳固结构的探析（部分）	1
	1.3 简易抗震结构改进与试验、优化抗震餐具架的设计方案	《技术与设计2》： 第一章第二节 稳固结构的探析（部分） 第一章第四节 简单结构的设计（部分）	1
	1.4 交流并优化抗震餐具架设计方案	《技术与设计2》： 第一章第三节 结构功能的实现 第一章第四节 简单结构的设计（部分）	1
2. 制作	抗震餐具架的制作	《技术与设计1》： 第六章第二节 材料的性能与规划（部分） 第六章第三节 工艺的类别与选择（部分） 第六章第四节 制作台灯模型或原型（部分）	4
3. 测试及评价	3.1 抗震餐具架结构强度及稳定性试验设计及测试	《技术与设计2》： 第一章第二节 稳固结构的探析（部分） 《技术与设计1》： 第二章第四节 技术试验及其方法（部分）	1
	3.2 抗震餐具架评价方案的设计及展示	《技术与设计1》： 第七章第一节 设计的评价与优化设计方案	1

续表

主题（或单元）教学背景分析

二、学生情况分析

　　通过开课前的学生访谈调研能发现学生对通用技术课充满兴趣，希望教师多提供动手实践的机会，希望将自己的设计想法实现出来。但是同时发现很多学生初中和小学阶段并未上过劳动课，动手实践能力普遍较弱。另外，学生在开展此项目前已经完成了两个小技术项目，即木艺钟表（旧品改造）、硬币分拣机。学生对技术设计的一般过程有一定的了解，大部分学生具备基本的木工加工技能及简单电路设计能力，但是工具操作能力普遍不高，且相互之间差距较大。

　　基于以上分析，教师应当充分利用学生的学习兴趣开展技术教学，为学生创设真实的生活问题情境引导学生发现并探究问题。由于学生有了小技术项目的学习基础，所以教师设计了稍有难度的、体现跨学科性的技术项目——抗震餐具架的设计与制作。基于具体学情分析，一些要点需要提前关注：

　　（1）需要提前做好"学习包"（如木工工具使用学习包、三维设计软件学习包等），并积极争取相关学科教师的帮助，为学生的自主学习铺平道路。

　　（2）关注对学生的个别指导，实现分层教学。教师需引导不同层次的学生发现并解决不同难度的问题，并根据学习进度，不断引导学生提出并解决适合其能力水平的进阶问题。

　　（3）做好阶段性的展示、交流、评价。不断启发学生发现新的问题，促进交流合作

主题（或单元）教学目标

　　经历发现与明确问题、制定设计方案、制作模型或原型、技术试验、设计评价等技术项目探究的全过程，进一步熟悉技术设计的一般过程，形成系统思维。

　　能根据设计的一般原则，运用一定的设计分析方法，综合运用技术知识（主要指结构方面的知识）和其他学科知识设计抗震餐具架方案。并通过技术试验等方法，对多个方案进行比较、权衡和优化，形成最佳方案，进一步提升创新能力。

　　能运用手工绘图工具或绘图软件绘制草图、轴测图、三视图等，能用恰当的技术语言表达自己的设计，能与他人交流设计思想和成果，进一步提升图样表达能力。

　　基本掌握木工工具的使用方法，能根据设计方案和产品用途选择合适的加工工艺，能选择和规划材料，能加工制作一个抗震餐具架的模型或原型，进一步提升物化能力

续表

主题（或单元）教学目标
能设计简单的测试结构强度及稳定性的技术试验，并能初步分析试验数据，能根据试验数据改进作品。 　　能尝试运用科学的评价方法、从多角度设计抗震餐具架项目的评价标准，进一步深化对技术本质的认识。 　　进一步提升小组合作交流能力，增强技术学习的信心和兴趣，进一步形成正确的技术观，进一步养成精益求精、持之以恒、勤俭节约的劳动精神和品质

主题（或单元）教学设计结构图
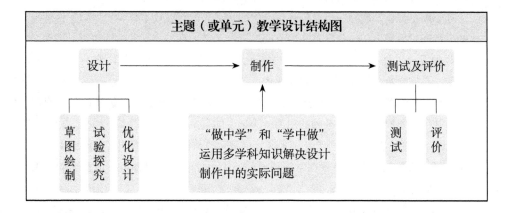

主题（或单元）教学过程					
教学阶段	教学内容及课时	教学过程（简述）	设计意图	评价内容	作业
1. 设计	1.1 明确项目任务、抗震餐具架设计草图及分组（1课时）	（1）教师通过新闻引出项目任务，提问："设计作品时需要关注哪些问题？" （2）教师利用黑板，以概念图的方式生成学生思考的内容和过程，最终抽象成一些作品设计需要关注的维度（问题来源、目标人群、问题是否明确、问题价值、解决问题受到的限制等），然后组织学生初步设计并形成草图	通过基于生活的技术项目任务激发学生的学习兴趣，复习"发现与明确问题"相关知识	学生能不断明确项目中存在的问题，并尝试通过设计解决问题	以小组为单位完善设计草图，最终每组形成一份设计草图

主题（或单元）教学过程					
教学阶段	教学内容及课时	教学过程（简述）	设计意图	评价内容	作业
1. 设计	1.1 明确项目任务、抗震餐具架设计草图及分组（1课时）	（3）学生将设计草图张贴在专用教室两侧，学生自由浏览讨论，进行分组。 （4）教师统计分组并布置作业			
	1.2 简易抗震结构设计与试验（1课时）	（1）学生分小组完成简易抗震结构的设计制作与测试（边测试边优化）。 （2）学生分小组展示作品，完成抗震测试；通过观察作品结构及测试过程，全班讨论交流作品的优缺点及改进措施。 （3）学生优化作品并再次测试讨论。 （4）教师引导学生总结结构稳定的概念及影响结构稳定性的因素	引导学生通过技术试验初步发现影响结构稳定性的因素	能运用结构相关知识改进作品的抗震性能	自己阅读教材相关知识内容，进一步改进简易抗震结构方案
	1.3 简易抗震结构改进与试验、优化抗震餐具架的设计方案（1课时）	（1）学生分小组继续完成简易抗震结构的测试与改进（边测试边优化）。 （2）教师引导学生通过试验发现、总结出影响结构强度及稳定性的因素，探究物体翻倒的原因。 （3）以小组为单位讨论，从结构强度及稳定性的角度优化抗震餐具架的设计方案	引导学生通过技术试验发现知识并尝试迁移运用知识改进作品设计	能从结构强度及稳定性角度改进抗震餐具架的设计	准备下节课展示抗震餐具架设计方案

续表

主题（或单元）教学过程					
教学阶段	教学内容及课时	教学过程（简述）	设计意图	评价内容	作业
1. 设计	1.4 交流并优化抗震餐具架设计方案（1课时）	（1）学生以小组为单位展示抗震餐具架的设计方案。 （2）自学《通用技术：技术与设计2》第一章第三节"结构功能的实现"，并从结构功能的角度进一步改进设计。 （3）小组讨论分工，规划工期进度	引导学生运用所学结构功能的知识改进作品的设计	能运用所学结构功能的知识改进作品的设计	根据所给材料及自己的设计完成布料
2. 制作	2.1 抗震餐具架的制作（4课时）	学生分小组完成作品的制作，教师将工具使用方法以资料包的形式发给学生，供有需要的学生边学边用，教师巡视指导。 （注：教师在每节课开始时，先询问学生在上节课遇到的问题，并一同讨论解决方法）	发挥学生的主观能动性，在"做中学"	能完成作品的制作	给未完成作品制作的组提供课下继续完成的途径
3. 测试及评价	3.1 抗震餐具架结构强度及稳定性试验设计及测试（1课时）	（1）学生分组设计抗震餐具架结构强度及稳定性测试方案。 （2）学生一同讨论确定测试方案并完成测试。 （3）教师结合《通用技术：技术与设计1》第二章第四节"技术试验及其方法"的内容做总结	引导学生运用所学知识设计测试方案	能运用所学知识设计结构强度及稳定性的测试方案	撰写产品使用说明书
	3.2 抗震餐具架评价方案的设计及展示（1课时）	（1）学生复习《通用技术：技术与设计1》第七章第一节"设计的评价与优化设计方案"的内容，并讨论设计评价方案	引导学生运用所学知识设计评价方案	能运用所学知识设计合理的作品评价方案	给想继续完善作品的组提供课下完成的途径

续表

		主题（或单元）教学过程				
教学阶段	教学内容及课时	教学过程（简述）	设计意图	评价内容	作业
3.测试及评价	3.2抗震餐具架评价方案的设计及展示（1课时）	（2）学生分小组展示作品及测试结果（如下图）。 （3）作品评价及反思讨论	引导学生展示作品	能展示作品并给出测试结果	给想继续完善作品的组提供课下完成的途径

主题（或单元）的学习效果评价设计

学习效果评价重点关注学生关键能力的提升情况，包括技术意识、系统工程思维、创新能力、物化能力、图样表达能力、问题解决能力、合作交流能力等，更加关注过程性评价，评价依据学生课堂表现、小组表现、图纸、试验报告、展示交流材料、作品等进行。具体的评价设计如下：

1.作品评价（30分）

在最后一节课，学生自主讨论、生成作品评价维度和标准，采用雷达图的方式，由他组学生和教师评分，最后成绩取平均值。雷达图范例如下图所示。

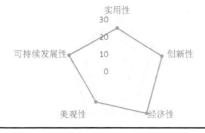

续表

主题（或单元）的学习效果评价设计

2. 作业评价（40分）

作业主要包括草图、三维设计作品、CAD 制图、学案等。以下展示"简易抗震结构"小项目类作业评价量表。

评级指标	具体描述	得分上限	得分
完成度	作品完成，尺寸达标，并在震动仪器上通过最低负载（500克）的震动测试		
自重	用较少的材料搭建较稳固的结构。结构重量限定标准为20克，每增加1克减1分，减少1克加1分		
负载	结构稳定，能承受更大负载。结构限定最低负载为500克，每增加500克负载加5分		
优化改进	通过两次测试结果的比较，能发现作品结构的稳定性有较大改进		
总分			

3. 课堂表现（10分）

依据课堂表现加分。例如，有效回答教师提问加1分，提出有价值的问题加1分，等等。

4. 项目学习责任记录及得分（10分）

团队 _____

姓名	日期：		日期：		日期：		日期：		总分
	任务	得分	任务	得分	任务	得分	任务	得分	

5. 同伴评价（10分）

下面是关于我和我所在小组的每个组员的问题列表。仔细思考，对每一项进行评分。答案不会让其他组员知道。

组员 _____

续表

主题（或单元）的学习效果评价设计				
1—完全同意 2—同意 3—中立 4—不同意 5—完全不同意				
姓名	自己	组员	组员	组员	组员
在小组会议中是可靠的					
愿意接受分配的任务					
在小组讨论中有所贡献					
及时完成任务或做出相应的安排					
在他人需要时提供帮助					
准确并完整地完成工作					
任务平等共享					
与他人合作愉快					
对于小组来说是有价值的成员					

　　"同伴评价"参考文献：罗伯特·M·卡普拉罗，玛丽·玛格丽特·卡普拉罗，詹姆斯·R·摩根.基于项目的STEM学习：一种整合科学、技术、工程和数学的学习方式[M].上海科技教育出版社，2016.

案例分析

一、案例设计的背景

　　课标建议通用技术必修采用项目式学习的方式开展教学。为了提升学生学习兴趣，教师结合《通用技术：技术与设计2》第一章"结构及其设计"中的知识点，设计了"抗震餐具架的设计与制作"综合项目。试图采用"做中学"和"学中做"的方式，引导学生不断发现问题，自学并运用多学科知识解决设计制作中遇到的实际问题。

二、案例设计的特色

　　第一，采用项目式学习的方式开展教学。此单元以大项目"抗震餐具架的设计与制作"为载体设计学习活动，将设计的一般过程、结构与设计、流程与设计等很多知识有机融合进项目学习过程中。同时，大项目中的每节课都会包含一些独立的小项目、小试验、小问题，用于促进学生探究技术知识，提升技术能力

续表

案例分析

第二，所有活动设计充分体现以学生为中心，注重学生问题发现、问题解决。虽然"结构及其设计"章节包含很多专业知识，且教师一般会设计简易的对比试验帮助学生迅速掌握结构强度及稳定性的知识（教学时效性较强），但是我更希望尝试让学生在项目设计制作的过程中，在不断发现并解决实际问题的过程中，发现知识、学习知识并应用知识。因为这更符合学生的认知发展规律，虽然这必然会耗费更多的学习时间，但这些探究的过程对培养学生的问题发现与解决能力、工程思维、技术意识、创新能力、批判精神等具有非常重要的意义。

第三，充分体现"做中学"和"学中做"的技术教学特色。基于设计与制作的探究式学习，能很好地调动学生的学习积极性，使每个学生都参与技术学习的全过程。学生在经历技术试验、技术设计、技术制作的过程中，不断发现知识、学习知识、复习知识，最终迁移运用知识解决问题。

第四，关注学生的成长变化，关注分层教学。由于技术任务具有开放性，所以可以为不同层次的学生提供探究学习的空间，教师关注个别指导，关注学生学习前后能力的变化情况，并依此评价学生。

三、案例设计的不足

其一，教师欠缺对综合类技术项目的指导能力。例如，本节课涉及很多物理学科知识，教师如果具备跨学科知识，就能从结构受力角度分析测试数据，运用结构力学知识为学生提供更专业的指导。面对高中跨学科类技术项目，教师往往缺乏指导的自信，而相应的多学科教师指导机制还没有建立。

其二，很难控制学生的学习活动时间，每节课的知识教学任务完成得都很紧张。例如，本节课就呈现出了"前松后紧"的教学现象，学生没有很好地完成作品改进和再测试的学习环节，对知识的提炼和升华做得不够充分

设计者：北京市房山区教师进修学校　吴瑕

第四章

跟进教研支撑：综合教研

第一节　区域综合教研的特色部署

我国基础教育课程教学改革将综合性和实践性作为课程发展的重要要求和基本特征，课程综合、学科综合的教研研究对教研转型提出了更高要求。伴随着义务教育新课程方案和课程标准的颁布，随后综合教研在房山教研转型中生根发芽，不断发展壮大。综合教研的设计不仅推动了国家课程政策的落实，满足了基层学校开展课程改革试验的需求，在促进区域和学校均衡发展、提高发展质量等方面都具有重要意义。

为进一步推动新时代全面育人要求的有效落实，构建中小学综合与实践育人体系，切实帮助学生全面而个性化发展，房山区开展了区域综合教研的探索与实践。建立综合教研体系，完善市、区、校上下联动、统筹协调、行动高效的三级教研工作体系，深入学校、课堂、教师、学生之中；让综合教研覆盖所有学校和教师，令所有学生受益，形成市、区、校教研一体化设计，学段教研一体化贯通，综合教研一体化融合的教研工作新机制。创新工作机制，加强横向联系，努力形成相互协调、合理分工、协作研究、互通有无、成果分享、共同发展的综合教研网络体系。

一、区域综合教研的特色规划

以习近平新时代中国特色社会主义思想为指导，全面贯彻党的教育方针，落实立德树人根本任务，推进中小学课程教学改革，全面提高教育质量。以创造性问题解决能力为导向，以主题化学习、项目化学习、研究性学习等综合性学习活动为着力点，以学科实践项目、跨学科实践项目、综合实践活动项目为载体，促进学校教与学方式的变革，进一步激发学校办学活力，促进全面育人。

（一）背景分析

1. 政策上有依据

党的十八大、十九大和二十大报告一致性地强调构建德智体美劳全面培养的教育体系，提升学生综合素质。《国务院办公厅关于新时代推进普通高中育人方式改革的指导意见》和《中共中央　国务院关于深化教育教学改革全面提高义务教育质量的意见》都体现了"综合育人"和"实践育人"的特点。《义务教育课程方案（2022年版）》指出，劳动、综合实践活动、班团队活动、地方课程与校本课程课时可统筹使用，可集中使用，也可分散安排。统筹各门课程跨学科主题学习与综合实践活动安排。

2.学理上有支撑

一是学科课程规定，原则上跨学科主题学习要有不低于10%的课时。二是劳动、综合实践活动、班团队活动、地方课程和校本课程等这些课程的育人目标是一致的，课程形态是相同的，都是实践型课程，有很多共同的地方，内容是相互交叉、相互重合的。这就为综合与实践育人课程建设提供了新机遇、新天地。

3.实践上有必要

一是师资问题，目前，大部分学校没有能力配置相关专职教师，无法单独开设相关国家课程。二是课程问题，综合实践活动、研学旅行只有指导纲要、课程标准或指导意见，没有具体的课程载体；创新人才培养更是缺少具体的标准和内容支撑。三是效果问题，学校要么不能开课，要么课程开设与实施比较随意，抑或是形式大于内容。这样的实践现状，迫使我们探索一条可行的综合与实践性课程建设之路。

（二）目标任务

区域综合与实践育人的工作目标是构建一个体系，研发一套课程，培养一支队伍，形成一个特色，并细化为五大任务：构建区域综合与实践育人课程体系；研究开发综合与实践课程；综合与实践课程的实施研究；开发综合与实践育人评价工具；打造区域综合与实践育人特色与品牌。

构建一个体系：构建一个贯通学段、跨越学科与领域、以劳动和综合实践活动课程为主，统筹跨学科主题学习、实践性项目和重大主题活动等的区域综合与实践育人课程体系，顶层规划区域实践育人蓝图。

研发一套课程：立足课程育人导向，研发一套综合性、实践性课程，具化课程实施载体，打造课程实施基地，形成配套课程资源实现共建共享。

培养一支队伍：盘活区域内教师资源，培养一支具有高水平综合与实践课程素养的优秀教师队伍，提升学校教师综合课程的育人意识与能力。

形成一个特色：通过教研部门的五育并举，支持引领更多学校高质量实施综合课程，体现房山教育独特的专业支撑，补齐房山教育短板，打造房山劳动教育品牌与综合育人特色。

建立综合教研合作共同体，加强与高等学校、科研院所、教师培训机构、实践基地等单位的协作，组建跨区域、跨学科的综合教研团队，推动综合教研协同发展，形成以行政为主导、教研为主体、中小学校为基地、相关单位通力协作的教研工作新格局。同时强化校本教研，指导带动学校和教师加强校本教研，健全综合教研制度，加强教研组织建设，充分发挥教研组、备课组、年级组的作用，立足学校实际，以新方案新课标的实施为重点开展教研活动，研究解决综合育人中的突出问题，形成在课程目标引领下的备—教—学—评一体化的教学格局。

任务一：构建区域综合与实践育人课程体系。开展综合与实践育人的理论与政策研究；实施中小学劳动、综合实践活动课程以及区域教育资源的现状调研（课程开设与实施、师资与资源配备、区域社会资源等）；基于课程标准与区域特色资源、教师现状等构建综合与实践课程图谱；顶层设计综合与实践课程目标、内容、实施、管理与评价。

任务二：研究开发综合与实践课程。通识性研究各学科课标中的跨学科主题学习；钻研《义务教育劳动课程标准（2022年版）》与《中小学综合实践活动课程指导纲要》，建构课程目标体系，以主题、项目、任务等形式建构劳动与综合实践活动课程的内容体系；综合性特色项目课程及资源的开发研究。

任务三：综合与实践课程的实施研究。通识性研究各学科课标中的跨学科主题学习如何更好地落地；打通劳动与综合实践活动课程的综合实施研究；综合性特色项目的实施研究；主题化学习、项目式学习、研究性学习等综合性学习方式的研究；综合与实践课程的一般实施路径研究。

任务四：开发综合与实践育人评价工具。研究综合与实践育人的评价主体与评价内容；探索表现性评价等评价方式在主题化学习、项目式学习、研究性学习等综合性教学活动中的综合运用；开发综合与实践育人的评价指标和工具并在实践中不断地优化更新。

任务五：打造区域综合与实践育人特色与品牌。开发区域特色资源，建立社会劳动实践基地；培育统整学校劳动与综合实践活动的特色课程和典型学校；探索劳动课程、劳动基地、劳动资源等多位一体的区域特色劳动教育；基于区域独特的资源优势开发跨学段、跨学科、跨领域的综合特色项目集群。

（三）职能定位

本书所探讨的综合教研是指在房山课程教学持续改革推进过程中产生的，对区域在深化课程教学改革转化过程中面临的诸多问题，如科学教育、拔尖创新人才培养、综合育人与实践育人等进行整体化、系统性的研究、指导和服务工作。综合教研作为教研活动的一种新形态，在发展过程中与学科教研相得益彰，与学科教学实践相融互促，进一步巩固和强化学生核心素养培育的教研支撑作用，探索将综合教研作为一种重要的教研模式与机制，推动"立德树人"根本任务的落实。

各学科持续深入学科教研的研究与推进，充分发挥学科的独特育人功能，在坚持学科教研主航道、发挥学科教研强基固本作用的同时，开辟教研新赛道，开展综合教研。基于此，区域教研部门成立了综合与实践研究室，履行区域内综合与实践育人的研究、指导、服务职能。属于中学研修处下设的综合教研室，由中教研牵头，中小教研齐抓共管，落实综合与实践教研十二年一体化。设立一位综合与实践学科主任，以劳动和综合实践活动教研员为主体，相关学科教研员协同。

其职能定位是研究、指导与服务功能。其中，综合教研室既研究综合实践活动、劳动的设计，又整合力量研究如何融通实施。指导全区中小学劳动与综合实践活动融通、有质量地实施。服务于学校高质量地开发综合与实践课程；服务于教师实施与改进综合性教学活动；服务于学生实践能力和创新精神的培养；服务于教育行政部门的综合与实践育人决策。

（四）推进路径

1. 分工合作研究，分科和整合实施相结合

学科课程内的学科实践活动与跨学科主题学习部分由各学科去实施；针对实践型国家课程，既分别研究劳动、综合实践活动和通用技术选修，又整合力量研究劳动、综合实践活动和通用技术选修的融通实施，分科实施和整合实施相结合；综合与实践整合打包，研学旅行等实践育人类项目由专业专职人员推动，同时与其他综合性活动（科技节、阅读节等）统筹推进。

2. 调研摸清现状，建立区域共享资源库

依据学科视导等专项活动，采取听课访谈、问卷调研等方式摸清现状与家底，包括学校劳动、综合实践活动与通用技术选修等实践性与综合性课程的开设与实施现状、师资与资源情况以及社会实践基地等社会性资源，盘活已有资源，从学校精选优秀教师组建核心团队，开发综合与实践课程资源包，打造校内与校外实践基地，科学规划区域实践育人发展格局，建立区域共享的实践育人资源库，进行学期定点推送。

3.设立试点实验校，建立指导支持机制

借力学科课程建设项目，遴选有基础、有条件、有意愿的学校，设立试点实验校，分批、分梯队推进。发挥学校作为课程实施与创新的责任主体的作用，支持实验校重点围绕课程安排、课程研发、教学组织、评价组织等方面开展实践课程开发与实施的实验探索。行政业务联动，加强行政推动和专业指导的结合，为学校搭建交流展示平台和提供相关政策支持，劳动、综合实践活动以及其他学科教研员为实验校改革提供教研支撑，营造改革创新的氛围，形成良好教育教学生态。

4.分层分类推进，打造综合与实践育人特色

一是目标分层，不同学段的目标定位不同，小学重在提供发展空间，初中重在双向自主，高中重在为创新人才培养奠定基础。二是课程分类，由基础类和特色类组成，基础类以各学科课程标准中的跨学科主题学习，以及劳动和综合实践活动的课标及文件要求为主；特色类是指依托区域资源优势，跨越人文、科技、语言、数理、职普融通等领域，研发指向拔尖创新人才培养，贯通十二年的实践型特色课程，如利用琉璃河考古基地开发的"模拟考古"项目、利用中粮农场开发的"智慧农业"项目等。

5.学校系统思考，进行课程综合化建构

学校可在以下六个方面探路。一是打通劳动与综合实践活动，统筹安排各门课程的跨学科主题学习活动与综合实践活动，开发实践课程群，确保实践类课程（劳动、技术、综合实践活动）的开齐、开足与完整实施。二是构建学校整体的领域课程体系，如实践课程体系、阅读课程体系、实验课程体系等。三是探索走向综合的学科课程，如学科实践、跨学科实践。四是关注校本课程综合性与实践性的课程性质，变革组织方式与学习方式，实现综合与实践育人。五是探索小学、初中、高中课程整合的衔接设计或一体化设计。六是探索推进综合学习与综合评价。在探路中，实现课程统整渗透融入每一单元主题的整合实践。

（五）机制保障

1.推进机制

（1）联动协同机制。

行政业务联动，加强行政推动和专业指导的结合，整合教研、科研等力量建立区级指导专家团队，加强区域内综合育人的整体设计和统筹推进。配备专

职教研员负责跟踪指导和服务，加强综合育人的研究、指导和培训，发挥学校作为课程实施的责任主体的作用。学科课程联动，加强综合实践活动、劳动、通用技术等课程的综合育人研究，整合市教科院的研学旅行项目、创新人才培养项目等，形成市区联动、协同推进的机制。加强协同教研，学科教研与综合教研协同、区域教研与学校教研协同，共同为实验校改革提供专业教研支撑，协助解决学校劳动与综合实践活动教师人员不足、教研缺失的问题。

（2）试点先行机制。

坚持统筹推进、赋能放权，为学校探索综合育人方式改革提供空间，推进以校为本的教学改革。聚焦重难点问题，采用试点、项目等方式，积累经验，以点带面，逐步推进。遴选有基础、有条件、有意愿的学校，设立试点实验校，支持实验校重点围绕课程安排、课程研发、教学组织、评价组织等方面开展实验。区域加强统筹，为实验校改革提供指导和政策支持，营造改革创新的氛围，形成良好教育教学生态。

（3）队伍培养机制。

建立教研员综合研修基地，开展形式多样的陪伴式研修活动，持续深化专业研究，打通"理论研究—实践转化"通道。鼓励优秀教研员建立工作室，畅通教研员学术交流与任职渠道，打通教研员的专业发展关键路径。坚持梯级培养骨干教师，组织区级综合课程设计大赛、综合教学创新大赛、精品课评选等活动，借助国家、市级综合实践育人相关评选活动，打造校—区—市—国家层层联动的成果互动交流机制，促使教师走出去、引进来，以评促培，选拔培养骨干教师，完善骨干教师进阶渠道，推动教师专业发展。

（4）成果应用机制。

教研员要围绕教育教学一线实践开展研究，及时发现、培育、总结应用综合育人的教育教学成果，惠及实验校，带动片区校；要计划性开展成果应用教研指导活动，引导广大教师创新性开展综合育人实践，对乡村薄弱学校实行重点帮扶，唤起薄弱校的成果应用意识与需求。把成果推广应用与成果转化再生成的拓展创新研究、区域教育优质均衡发展等结合起来，把成果的推广应用融入日常教学、融入教研建设、融入队伍培养、融入督导评价。

（5）宣传推广机制。

开展区级综合教研工作先进评选活动，搭建舞台、树立典型，加强引领、宣传报道，建立区级优秀综合教研成果评选与奖励、宣传推广制度，形成区域共识，营造综合育人的良好生态氛围。通过"学通房山"等微信公众号展示综合育人的有关专业资源、活动动态和典型经验；在有关媒体上对综合育人成果进行集中宣传报道；条件成熟时，可开办市级课程教学交流研讨会、成果展示会，吸收其他区县相关教育单位参与，增强成果的辐射效应。应用多种形式广泛分享宣传成果开发、应用、推广进程，广泛推介综合育人成果经验，提升成果的知名度与影响力。

2. 保障措施

（1）政策保障。

从区域行政层面，在明确统一要求的前提下，基于综合育人与实践育人的基本特点，赋予相关实验校一定的课时安排自主权。学校在开齐开足国家课程，满足各门课程课时上下限的保底基础上，为学校匹配具有一定弹性的课时调配空间和更加灵活的课程教学机制。区域加强统筹，为实验校改革提供指导和政策支持，营造改革创新的氛围，形成良好教育教学生态。

（2）经费保障。

建立区教委牵头的组织管理体系，负责组织协调和服务保障等工作。区级行政层面提供相应的专项经费支持，经费用于项目研究运行、专业资源引入、激励奖励措施、教师培训、成果展示交流等支出，切实保障综合育人实践与研究的开展。

（3）专业支持。

从高等院校、市区级教科研究部门、基层学校特级或正高级教师中遴选组织专家团队，充分调动和发挥专家的引领及指导作用。同时，加大区域综合教研团队的教研支持与指导力度，实验校试点先行指导，薄弱校重点帮扶指导。

（4）人员保障。

设立专职教研员，选聘兼职教研员，明确工作职责和专业标准，组成专兼职结合的教研队伍。学校层面可从综合实践活动、劳动、通用技术等学科教师，研学旅行、创新人才培养等项目教师，学校图书管理员、实验室管理员中遴选具体的负责人。

二、区域综合教研的特色实践

在回应课程改革的任务与要求中，综合教研强调从"课程"的角度去研究教学，对具有跨学科、跨学段特征的整体性重点、难点问题进行研究与实践，研究的内容和范围凸显出综合性，如开发区域综合课程体系、推进学校课程综合化发展等，研究的视野和跨度较大。区域综合教研的研究与实践目前聚焦到区域综合与实践育人的整体谋划、区域综合与实践育人课程的设计，以及区域推进学校课程综合化建构。

（一）区域综合与实践育人的整体谋划

依托各学科课程标准中要求的跨学科主题学习内容，以劳动、综合实践活动、通用技术选修为主的国家课程，链接实践性项目（创新人才培养、研学旅行等）以及其他综合性教育活动（区域划定支持的大型赛事活动、科技节、阅读节等），融入区域特色资源，聚焦科技、人文、艺体、职普融通、数理、语言六大领域，以主题、任务、议题、项目等方式组织与整合，开发与实施跨学科跨领域综合课程，打造 M 大主题特色课程，N 个项目（常规＋特色）。十二年一贯制，小学提供发展空间，初中指向双向自主，高中指向为高招奠定基础，以此充分发挥综合与实践的独特育人功能，促进育人方式变革，提高学生核心素养。区域综合与实践育人的整体谋划如图 1 所示。

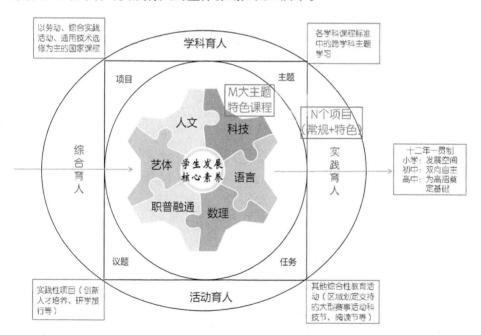

图 1　区域综合与实践育人的整体谋划

（二）区域综合与实践育人课程的设计

区域综合与实践育人课程的设计（见图2）瞄准国际课改前沿，扎根房山教育特色，打造综合实践品牌课程。"科创·人文·生活"课程体系的开发思路聚焦三大文化，传统文化、红色文化、社会主义先进文化，因地制宜，宜工则工，宜农则农，层层转化社会资源—教育资源—课程资源，参考国际综合实践课程组织实施脉络，打造社会情境化学习模式。其课程理念是通过传统文化的浸润转化和现代科技的创新应用，嫁接学习与生活、传统与现代、本土与国际的桥梁，实现知行相通以强本领、古今贯通以增厚德、中外汇通以善创新的培养目标。致力于研发3+M+N主题矩阵课程，其中，3指的是区域重点打造的3个精品课程，包括科劳创美好生活课程、世间百草香课程、智慧生态农场课程；M指的是依托区域特色资源研发的赓续红色血脉课程、模拟考古课程等；N指的是学校开发的基于基地资源的特色课程。

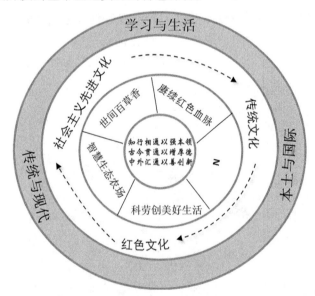

图2　区域综合与实践育人课程的设计："科创·人文·生活"课程体系

1. 特色课程一：科学与劳动综合课程

专门的科学与劳动综合课程的研发团队，包括市级课程教材专家、区域教研部门的物理、化学、劳动教研员以及学校物理、生物学科教师。学科结构的搭配源于科学与劳动综合课程的性质。科学与劳动综合课程是以劳动为显性主线，以科学为隐性底线，以综合性的物理、化学、生物、地理为支撑，指向生活、职业和未来发展的综合科学课程。该课程的核心理念就是赋予学生一种身份、一份职业、一个愿景，基于课程理念，共研发三个系列课程，"像探索者一样生活""像科学家一样思考""像工程师一样做事"，三个系列课程分别聚焦生活与职业情境、科技与发明情境、工程与技术情境。其中，"像探索者一样生活"课程分为衣、食、住、行、用五大情境，"像科学家一样思考"课程分为太空、天空、陆地、深海、深地五大情境，"像工程师一样做事"课程分为交通与能源、食品与生命、工业与智造、环境与生态、数字与信息五大情境。在相应的学习情境中再进一步分解相应的学习方式，参考国际综合实践课程实施脉络，科学与劳动综合课程的第一实施场域是户外，第二实施场域是实验室，第三实施场域是课堂。科学与劳动综合课程结构如图3所示。

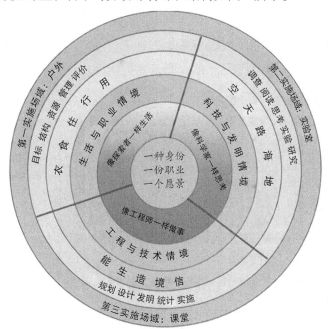

图3　科学与劳动综合课程结构

2. 特色课程二：世间百草香"五行柱"课程

该课程的研发得益于五位一体的研发机制的保障，即以房山区长阳经济开发区书记为核心纽带，以现有企业基地为资源空间，以市教科院课程教材专家为智慧枢纽，以区域综合与实践研究室为开发主体，以中小学校为实践主体的五位一体的研发机制。研发核心组考察调研了北京周氏时珍堂企业生产研发车间与企业董事长周海利出资筹办的东璧堂中医药博物馆，并多次现场办公，以场景式研讨开发该基地综合课程，最终定为世间百草香"五行柱"课程。

　　课程研发遵循世间百草香实践育红心的课程理念和培养劳动实践、科学探究、文化传承、责任担当的素养目标，基于资源特色，依托四个资源载体（万亩种植基地、企业研发中心、中医药研究院、中医药博物馆），聚焦五大学习主题，即中草药种植、中草药研发、中草药膳食、中草药文创、中草药文化，依托五大学习主题凝练出从劳到育、从草到药、从医到食、从古到今、从术到道五大核心议题。以劳动为一个底色、以育红心为一条红线，以导学式学习方式为主，全学科、全链条、全方位研发主题矩阵课程群和课程实践手册，并预设在中医药研究院的支撑下创建中小学中医药教育研究院。世间百草香"五行柱"课程结构如图4所示。

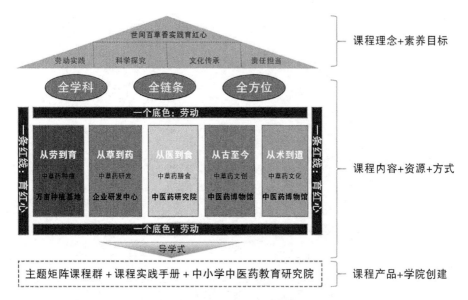

图4　世间百草香"五行柱"课程结构

　　3.特色课程三：智慧生态农场课程

　　资源介绍：辛庄林下经济示范园。辛庄林下经济示范园位于北京市大石窝镇北京市现代农业产业示范园内，是一家集科研、生产、销售、研学为一体的现代农业企业，占地616亩。辛庄林下经济示范园建立起了"院（北京市农林科学院）+区（房山区）+镇（大石窝镇）+村（辛庄村）+企（北京喜庆民丰农业发展有限公司）"的紧密合作形式和组织模式，重点实施林草禽、林菌、林花林药等农林复合种养模式及农林有机废弃物循环利用技术的示范应用，是一个将农林复合种养模式成果展示、优质安全农产品产出、科普教育、观光休闲等融为一体的林下经济综合性产业园和现代生态农场。

　　课程研发核心组多次考察调研房山区辛庄林下经济示范园，经过与当地书记的充分沟通，确定资源特点与开发要点，最终确立开发智慧生态农场课程。智慧生态农场课程的理念是让学生像学徒一样学习，在自然中体验，在原野中成长，培养劳动能力、科学探究、技术应用、家国情怀的素养目标。在课程理念与素养目标的引领下，把生命、生活、生态的开发理念具象在课程内容、资源承载和学习方式上。锁定辛庄林下经济示范园的三大特色资源——林花林药高效种植、林草禽复合生态种养、林菌高效栽培，将其进行集中开发，把三大特色资源聚焦到六大学习主题上，即生态种养、资源循环、绿色食品、智能育种、智慧设施、智能管理，学习主题最终聚拢为四个综合概念（物联网、人工智能、生态文明、可持续发展）和两个核心议题（智能化和生态化），利用开发资源的同时成就资源的育人价值。智慧生态农场课程结构如图 5 所示。

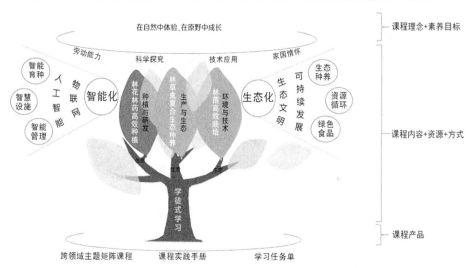

图 5　智慧生态农场课程结构

（三）区域推进学校课程综合化建构

　　区域推进学校课程整合的整体设计和系统思考，进行课程综合化建构。立足综合与实践育人导向，从综合设计、综合实施、综合评价三个维度建构，其中综合设计从三级课程整合、学科课程整合、领域课程整合、学段课程整合、单元课程整合、课内与课后服务整合上着力。综合实施探索学科内课程综合实施、跨学科课程综合实施、领域内课程综合实施、跨领域课程综合实施、课程一体化综合实施，实现学习方式与组织方式的双向变革。综合评价基于知识评价＋素养评价、课内评价＋课后评价、过程评价＋结果评价、基于证据的评价＋表现性评价，实现"教—学—评"的一致性。学校课程综合化建构如图6所示。

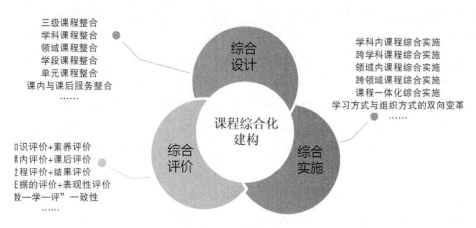

三级课程整合
学科课程整合
领域课程整合
学段课程整合
单元课程整合
课内与课后服务整合
……

综合
设计

学科内课程综合实施
跨学科课程综合实施
领域内课程综合实施
跨领域课程综合实施
课程一体化综合实施
学习方式与组织方式的双向变革
……

课程综合化
建构

知识评价+素养评价
课内评价+课后评价
过程评价+结果评价
证据的评价+表现性评价
"教—学—评"一致性
……

综合
评价

综合
实施

图6 学校课程综合化建构

第二节 道德与法治学科综合教研探索

在深化德育实践的进程中，道德与法治学科作为学校德育的关键一环，承载着培养学生正确价值观和公民意识的重要任务。当前教育改革的趋势强调跨学科知识和能力的整合，以适应快速变化的社会需求。我国的教育政策文件如《中共中央 国务院关于进一步加强和改进未成年人思想道德建设的若干意见》等，对道德与法治课程的跨学科整合提出了明确要求。因此，开展以道德与法治为核心的跨学科综合教研，不仅是教育创新的必然选择，也是实现高阶德育目标的关键途径。

我们鼓励教师通过多维度的知识整合和活动设计，锻炼学生的实践操作能力，帮助学生在探究和体验中形成正确的价值观和公民意识。学科综合的起点是教研综合，进行基于真实问题解决和社会实践探索的学科综合教研，将道德与法治同语文、数学、历史、地理、社会、科学等学科相结合，教师共同探讨设计课程内容，能够更有效地引导学生在阅读、实践、思考后树立正确的价值观。

一、学科综合的重要性

1.学科综合教学的重要性

在当代教育领域，随着知识的不断扩展和深化，学科的细分化已成为一种普遍趋势。这种细分化旨在促进各个领域知识的精专发展。然而，我们必须认识到，在现实世界中，问题往往超越了单一学科的范畴，它们是复杂且多维的，需要综合多种知识和技能来解决。

随着社会的发展，我们所处的时代已不再像工业时代那样对单一技能和标准化流程高度重视了，如今，我们需要的是能够灵活应对多变情境、具有创新思维和解决复杂问题能力的人才。这种需求促使教育模式必须从单一学科教学转向跨学科教学，以培养能够适应快速变化世界的综合型人才。

学科综合教学的核心在于它能够打破传统学科间的壁垒，鼓励学生以整合的视角来理解和探究世界。学科综合教学，不仅能使学生学习到多学科的知识，还能培养他们的批判性思维、创造性思维和协作能力——这些素养对于解决真实世界中的问题至关重要。此外，学科综合教学还能激发学生的学习兴趣和热情，因为它将学习内容与学生的生活经验和兴趣紧密联系起来。这种教学方式能使学生看到不同学科知识在现实生活中的应用，从而增强学习的动机。也正是因为这些应用，使我们的德育更加丰满、充实、有效。

2.道德与法治学科综合的重要性

道德与法治课程在学校教育中占据着核心地位，它使学校德育工作课程化，对于培养学生的综合素质、帮助学生建立正确的世界观和价值观具有不可替代的作用。这一课程不仅可以传授知识，更可以引导学生学会如何成为有责任感、有道德底线、遵守法律的公民。然而，如果教学方法仅停留在传统的讲授层面，或者只关注行为规范的灌输，那么就很难触及学生的心灵，达到深层次的教育效果。

因此，道德与法治教师需要充分利用道德与法治课程的综合特性，创新教学方法，将其他学科的知识和教学资源融入道德与法治的教学中。例如，可以结合历史学科，通过分析历史事件来讨论价值观阶梯；可以利用语文学科的文学作品，引导学生深入探讨人物的道德抉择；还可以借助地理和科学学科的知识，让学生理解法律和道德规范在不同环境中的体现。通过这种跨学科的整合，道德与法治教学将更加生动、立体，有助于学生在具体情境中理解和掌握抽象的道德与法律概念，在实际生活中做出正确的判断和选择。

为了实现上述育人目标，教师需要设计和实施学科综合课程，创造合作学习的机会，并采用多元化的教学方法和评估手段。总之，学科综合教学是教育创新的重要方向，它能够为学生提供更为丰富和综合的学习体验，帮助他们更好地迎接未来的挑战。

二、学科综合教研的核心要素

学科综合教研的核心是知识整合，鼓励教师打破学科界限，进行对话与合作，以培育学生的核心素养。

1.定义

学科综合教研是指不同学科的教师共同参与的教学研讨活动，旨在通过整合不同学科的知识和方法来解决教育教学问题，促进学科间的交流与融合，并提高学生的学习效果。学科综合教研是为了更好地开展跨学科教育教学实践而进行的研究活动，关键在于如何理解"学科综合"。它以解决综合性问题为核心，涉及将两门或以上的学科知识和方法整合，表达了对复杂问题的整体性思考。

2.目标

跨学科教研的目标是通过集体备课、教学观摩、研讨交流等形式的跨学科探索、交流与合作，推动跨学科主题学习顺利进行。它旨在培养学生的跨学科素养、提升教师解决复杂问题的能力，并提供更全面、综合的学习体验。

3.关键特征

（1）多学科整合：打破学科界限，进行教材内容整合和课例研讨。

（2）主题引领：围绕特定主题或具体问题进行融合设计和教学活动。

（3）校级教研多以年级组为单位，多学科参与，不同学科的教师共同参与，进行知识和教学方法的整合，促进学科教师相互学习、相互借鉴。

三、学科综合教研的实践主体

1.区级教研是学科综合教研的引领者

区级教研在学科综合教研中扮演着策略制定和资源配置的角色。其主要职责是为学校提供跨学科教研的宏观策略和指导思想，同时整合区域内的教育资源，为学校提供更广泛的教学内容和方法。区级教研还负责组织教师培训，提升教师的跨学科教学能力，开展主题研究，并将研究成果推广至各个学校。此外，区级教研建立了质量监控体系，定期评估学校的跨学科教研活动，确保教学质量，并搭建交流平台，促进校际交流和合作。

2. 校级教研是学科综合教研实施的主阵地

与区级教研相比，校级教研更容易结合学校德育活动，整合学校内部资源，如图书馆、实验室等，以及与家长和社区合作，形成强大的教育合力。此外，校级教研更便于多学科教师参与，提高了教师的参与度，加快了其专业成长，同时促进了教师之间的协作与交流。

校级教研作为学科综合教研的主阵地，其优势在于能够直接针对一线教学的实际需求，使教师根据学生的具体情况和反馈，实时调整教学策略，从而提升教学效果。

学校通过建立常态化的学科综合教研机制，强化教师培训、鼓励跨学科合作、利用数字资源、实施项目式学习，可以不断优化和深化跨学科教研活动，实现教学创新，提高教学质量，培养适应未来社会发展的高素质人才。

四、学科综合教研的实践步骤

因道德与法治学科本身具有很强的综合属性，所以将其他多学科内容注入道德与法治课程中来就变得更为简单。在学科融合进行课程开发的过程中，学校可以采取以下策略：

（一）聚合问题，确定主题

1. 从学生现状出发聚合问题

在这一阶段，学校年级组的合作模式发挥着至关重要的作用。通常，学校会按照年级组划分办公室，这样同一年级的教师便能在日常交流中更便捷地分享教学观察和学生反馈，从而准确把握学生在不同学科上遇到的共性问题。

为了更系统地识别和整合这些问题，我们可以采取以下步骤：首先，组织定期的跨学科会议，让来自不同学科的教师共同讨论学生的表现和需求。在这些会议中，教师可以从自己学科的视角，提出学生在知识能力、情感态度、价值观等方面遇到的具体问题，或是其他棘手问题。随后，通过集体讨论，识别出本阶段需要解决的问题。

2. 从校园文化出发确定主题

在进行学科综合实践的过程中，除了基于学生当前的学习状况和需求来聚合问题，我们还可以将视角转向校园文化，以此作为另一个聚合问题、找到主题的切入点。校园文化作为一种隐性的教育力量，对学生的价值观和行为习惯有着深远的影响。

有些学校依据自身的德育特色和校园文化，设计和实施一系列全校性的主题教育活动，如二十四节气进校园（每个节气都蕴含着丰富的教育意义和文化内涵）。在特定的时间段内，结合当前的节气，教师团队可以设计一系列跨学科的教学活动和课程内容，如科学课上探讨节气与自然变化的关系，语文课上阅读和节气相关的诗词，美术课上创作与节气相关的艺术作品等。

在这一过程中，道德与法治教师扮演着至关重要的角色。学校需要确保这些活动能够深入挖掘节气背后的德育价值，如勤劳、节俭、感恩等传统美德，道德与法治教师可以在其他学科教师的协助下进行深度挖掘。通过这样的方式，我们可以将校园文化活动与学科教学有机结合，形成一个综合性的教育方案，既丰富学生的文化生活，又促进学生在思政层面的认识和实践。

（二）关联学科，秉持大单元教学思路完成内容构建

在当前的教育实践中，各学科基于大单元的教学思路为跨学科综合课程的构建提供了新视角。这种教学思路强调围绕一个中心主题，整合不同学科的知识点和教育资源，以实现对学生综合能力培养的目标。

在构建综合课程内容的过程中，语文教师可以引导学生阅读和节气相关的诗词，通过文学作品感受季节变化的美学和文化内涵；数学教师可以设计与节气相关的数据收集和分析活动，如统计不同节气的气候变化，培养学生的数据分析能力；科学教师可以讲解节气与自然规律的关系，如季节更替对生物的影响，加强学生对自然科学的理解；艺术教师则可以引导学生通过绘画、音乐或戏剧等形式，创作与节气相关的艺术作品，激发学生的创造力和审美能力。

思政教师可以在其他学科教师完成相应教学后，在自己的课堂上让学生讨论。例如，在语文课后，带领学生探讨作者为什么要写那样的诗词，从而培养家国情怀；在数学课后，带领学生讨论数据与国家相关政策导向的关系，帮助学生建立科学决策的意识；在科学课后，带领学生进一步探讨其他可能的探索

方向，以激发学生的责任感和创造力；在艺术课后，结合学生的艺术创作进行讨论，鼓励学生畅所欲言。

道德与法治教师的作用是在其他教师完成相关内容后，对本主题进行升华，帮助学生以更加深刻的方式树立价值观。这种方式不仅完成了深度培养价值观的任务，还能够解决在道德与法治课堂上无法完成细节操作的问题。

通过这种方式，学科教师不再是孤立地传授知识，而是围绕一个共同的主题，相互配合，共同构建一个综合性的教学单元。这不仅能够提升学生的学习兴趣和参与度，还能够帮助学生建立跨学科的知识体系，培养他们的综合素质和创新能力，更能够帮助学生从一个更加多维的视角建立更加稳固的价值观。

（三）课堂实施

由学科教师在各自的课堂上完成相应的任务，并对学生学习情况及问题进行记录。

（四）复盘回顾

在学科综合实践后进行复盘回顾是至关重要的。这个阶段要求教师团队汇聚在一起，共同审视整个教学活动的过程和成果。教师需要讨论每个环节的有效性，评估学生的反应和学习成果，识别实践中的亮点和不足。通过课堂观察和学生反馈，教师可以具体分析教学实施的情况，探讨教学环节的优化措施，使之更加贴合学生需求，体现以德育为主线或以问题为主线的特点。在此过程中，教师应当重点评估分科教学和学科综合中，教与学上的不同，评估学科综合是否在更大程度上使学生受益；若证实，这个主题的学科综合课程可以被固定成型；若证伪，那就要思考学科综合的方式在哪些环节出现了问题并且确定解决方案。

（五）形成课程，复制经验

经过认真的复盘回顾后，团队可对收集到的信息进行整理，形成一套结构化的课程方案。这一方案应包含课程目标、教学内容、实施步骤、评估方法等关键要素，并能够为其他教师所借鉴和复制。形成的课程方案应具有一定的灵活性，以便根据不同学校和学生的具体情况进行调整。同时，学校可以组织公开课、研讨会等活动，推广成功的学科综合模式，让更多的教师和学生从跨学科综合教研中受益。

五、实施学科综合教研的重点和难点

1.重点

实施学科综合教研的重点在于明确跨学科教研的目标和主题，选择与学生生活和社会发展紧密相关的主题，以增强教学的现实意义和吸引力；设计具有内在逻辑和实践价值的课程内容与活动，促进学生批判性思维和解决问题能力的培养；加强教师的跨学科培训和专业发展，提升其课程整合和团队协作能力；建立支持性和反思性的教研文化，鼓励教师持续改进教学实践，提高教学质量。这些措施可以确保跨学科教研有效地促进学生的全面发展和核心素养的培育。

2.难点

在实施以道德与法治为核心的跨学科教研时，面临的主要难点包括如何打破学科间的壁垒，实现真正意义上的知识和方法的整合；如何提升教师的跨学科教学能力，使其能够胜任跨学科课程设计和实施；如何建立有效的评估体系，以衡量学生在跨学科项目中的素养和能力发展。此外，如何确保学生能够适应并积极参与跨学科学习方式，以及如何在学校现有的资源条件下支持跨学科教研的开展，也是实施过程中需要克服的挑战。

对于道德与法治教师来说，在以德育为核心的跨学科教研中，有个关键难点，即如何有效地整合其他学科教师的教学成果，并在此基础上进行德育层面的深化和提升。这要求道德与法治教师不仅熟悉自己学科的专业知识，而且了解相关学科的教学内容和方法，进而准确地识别和把握整合点，将不同学科的教学活动和知识点与德育目标相结合。此外，道德与法治教师还需要具备一定的综合分析能力和创新思维，能够从不同学科的教学中提炼出德育元素，设计出能够引发学生深入思考和情感共鸣的教学活动。这包括如何将学生在语文、历史、科学等学科中学到的知识同道德与法治课程中的价值观教育相联系，以及如何在课堂上引导学生进行价值观的探讨和内化。因此，道德与法治教师在跨学科教研中扮演着至关重要的角色，其专业素养、沟通能力和教学智慧对于实现以德育为目的的跨学科教研至关重要。

第三节　科学综合教研的特色实践

在当今教育改革不断深化的背景下，综合与实践育人的理念愈发凸显其重要性。科学综合教研作为推动这一理念落地的关键环节，聚焦物理、化学、生物、地理等学科，将多个科学领域的知识和技能整合在一起，进行跨学科的教学和研究，这对培养学生的综合素养和实践能力具有不可替代的作用。本节将深入探讨科学综合教研的特色实践，重点突出区教研部门在其中的关键作用。

一、科学综合教研的重要意义

（一）打破学科壁垒，培养综合素养

传统的学科教学往往将知识分割在不同的学科领域，学生难以建立起对知识的整体认知。科学综合教研旨在培养学生的综合素养，包括科学素养、创新能力、批判性思维等，打破物理、化学、生物、地理等学科之间的界限，探索将不同学科的知识相互融合，促使学生从多维度、多层面理解自然现象和科学问题，培养学生的综合思维能力。例如，在研究生态环境问题时，学生需要综合运用地理学科中的气候、地形等知识，生物学科中的生态系统、物种多样性等知识，化学学科中的水污染、大气污染等知识，以及物理学科中的能量转化等知识，从而全面、深入地认识生态环境问题的本质和解决方法。通过科学综合教研建立相关学科教师的研究共同体，教师在跨学科合作中可以共享资源、交流经验、解决教学难题，进而促进跨学科教学、提高教学质量、推动教育创新。

（二）提高实践能力，促进知识应用

随着科学技术的快速发展，社会对人才的需求也在不断变化。综合教研有助于学生更好地适应未来社会的发展需求。科学综合教研强调实践教学，通过实验、探究、实地考察等活动，让学生亲身体验科学探究的过程，提高学生的实践能力。同时，将理论知识与实际生活相结合，促进学生对知识的应用，培养学生解决实际问题的能力，鼓励创新思维和方法，教师和学生可以在教与学的过程中探索新的知识领域和解决方案。例如，在化学实验中，学生可以通过实验探究化学反应的原理和规律，提高实验操作能力和数据分析能力；在地理

实地考察中，学生可以将所学的地理知识应用到实际的地理环境中，了解地理现象的成因和发展变化，提高地理实践能力。

（三）激发学习兴趣，培养创新精神

科学综合教研重视多样化的教学方法和手段，如项目式学习、问题导向学习等，激发学生的学习兴趣。在科学综合教研的研究项目中，学生需要自主探究、合作学习，这有助于培养学生的创新精神和团队合作能力。例如，在项目式学习中，学生围绕一个具体的项目主题，自主设计方案、收集资料、进行实验和分析，最后得出结论并进行展示和交流。在这个过程中，学生的学习兴趣得到了极大激发，创新思维和团队合作能力也得到了充分锻炼。

二、区教研部门在科学综合教研中的重要作用

（一）专业引领与规划

区教研部门作为区域教育教学的专业指导机构，在科学综合教研中发挥着重要的引领和规划作用。区教研部门通过深入研究教育政策和教学理论，结合区域实际情况，制订科学合理的科学综合教研规划和方案，为学校和教师提供明确的方向和指导。例如，区教研部门可以根据国家课程标准和区域教育发展需求，制订物理、化学、生物、地理等学科的综合教研计划，明确各学科的教学目标、教学内容和教学方法，引导学校和教师开展科学综合教研活动。

（二）教师培训与提升

教师是科学综合教研的实施主体，其专业素养和教学能力直接影响科学综合教研的质量。区教研部门通过组织各种形式的教师培训活动，提升教师的跨学科教学能力和综合素养。培训内容可以包括跨学科知识培训、教学方法培训、教育技术培训等。例如，区教研部门可以邀请高校专家、学科名师进行跨学科知识讲座和教学示范，帮助教师拓宽学科视野，掌握跨学科教学方法；组织教师参加教育技术培训，学习使用现代化的教学工具和资源，提高教学效率和质量。

（三）课程资源开发与共享

科学综合教研需要丰富的课程资源的支持。区教研部门可以组织力量开发物理、化学、生物、地理等学科的综合课程资源，包括教学案例、教学课件、

实验资源、试题库等。同时，建立课程资源共享平台，方便学校和教师获取与使用这些资源，实现资源的优化配置和共享。例如，区教研部门可以组织骨干教师开发跨学科教学案例，将这些案例整理成册并上传到资源共享平台，供其他教师参考和借鉴；收集、整理优秀的教学课件和实验资源，为教师提供丰富的教学素材。

（四）教学评价与反馈

科学合理的教学评价是推动科学综合教研不断发展的重要保障。区教研部门可以建立科学的教学评价体系，对科学综合教研的教学过程和教学效果进行全面、客观的评价。评价内容可以包括学生的学习过程和学习成果、教师的教学方法和教学效果等。通过评价，及时发现教学中存在的问题，为教师提供反馈和建议，促进教学改进。例如，区教研部门可以组织开展教学视导活动，深入课堂观察教师的教学过程，了解学生的学习情况，对教学进行现场评价和指导；组织教师进行教学反思和交流，分享教学经验和指出教学问题，共同探讨解决方法。

三、科学综合教研的实施策略

（一）加强教师培训

综合教研强调不同学科之间的交叉与融合，教师需要具备跨学科的知识和教学能力，因此需要加强教师培训。对科学类学科教师的专门培训，可以帮助教师掌握多学科的知识体系和教学方法，从而更好地进行综合教研。学校可以组织教师参加跨学科培训、实验探究培训、实地考察培训等活动，帮助教师及时了解最新的教育理论和实践，更新他们的教育观念，使其采用更有效的教学方法。同时，学校可以邀请专家、学者来校举办讲座和进行指导，为教师提供专业支持和引领，提高教师的专业素养和教学能力。

综合教研注重实践教学，通过实验、探究、实地考察等方式，让学生亲身体验科学探究的过程。教师需要具备设计和指导这些实践活动的能力，以确保学生能够从中获得有效的学习经验。通过参加培训，教师可以不断提升自己的实践活动的设计及实施能力，这不仅有助于他们在教学中更好地引导和激励学生，也有助于他们的个人职业成长和发展。

随着教育评价体系的改革，传统的评价方式可能不再适用。教师需要了解和掌握新的评价工具和方法，以更准确地评估学生的学习成果。而且，综合教研往往需要多个学科的教师共同参与，因此团队合作精神尤为重要。通过参加培训，教师可以学习最新的评价理论和方法，学习如何更有效地与他人合作，共同完成教学任务。

（二）建立教研共同体

综合教研需要教师之间的合作与交流，因此需要构建有效的教研共同体，这不仅能促进教师之间的交流与合作，还能提升教学质量和科研水平。学校可以组织物理、化学、生物、地理等学科的教师成立教研共同体，共同开展教学研究和实践探索。教研共同体可以通过集体备课、听课评课、课题研究等活动，促进教师之间的交流与合作，提高教学质量。

1. 明确教研共同体的目标与定位

教研共同体的核心目标是提升科学类学科的教学与研究质量，通过跨学科合作，整合资源，实现教学方法的创新与优化。教研共同体应定位为一个集教学、研究、交流于一体的平台，旨在促进教师专业成长，推动学科发展。

2. 构建多元化的团队结构

邀请来自物理学、化学、生物学等不同科学领域的教师加入教研共同体，形成多元化的团队结构。这有助于从多个角度审视问题，提出更全面的解决方案。邀请教育专家、科研人员等作为顾问或客座讲师，为教研共同体提供专业指导和支持。他们的经验和见解将有助于提升教研共同体的学术水平和影响力。

3. 制定科学的运行机制

制订详细的活动计划，包括定期的研讨会、工作坊、讲座等。这些活动应围绕共同关心的问题展开，如教学方法改革、课程设计、学生评价等。采用线上线下相结合的方式，方便成员随时随地参与讨论和交流。同时，鼓励成员利用社交媒体、在线论坛等渠道分享心得和成果。

4. 加强资源共享与协作

收集并整理各学科的教学资源、研究成果、案例分析等，建立共享资源库，帮助成员快速获取所需信息，提高教研效率。鼓励成员共同申报和承担研究项目，通过协作研究解决实际问题，提升教研共同体的凝聚力和创新能力。

5. 注重成果应用与推广

定期组织成果展示活动，让成员展示自己的研究成果和教学创新。同时，鼓励成员将成果应用于实际教学中，并分享应用效果和经验。将优秀的研究成果和教学创新推广到更广泛的范围，如区域范围内、学校内外的其他教师群体或教育研讨会上，以扩大教研共同体的影响范围，促进教育创新的传播和应用。

6. 持续评估与改进

定期对教研共同体的活动和成果进行评估，包括成员满意度、研究进展、成果质量等方面。评估结果应及时反馈给所有成员，以便他们了解教研共同体的运行状况和改进方向。积极收集成员的反馈意见和建议，了解他们对教研共同体的期望和需求，及时发现问题并采取措施加以改进。根据评估结果和成员反馈，及时调整教研共同体的策略和计划。这包括调整研究主题、优化沟通机制、增加资源共享渠道等方面。通过持续改进，不断提升教研共同体的凝聚力和影响力。

（三）开发教学资源

科学综合教研需要丰富的教学资源的支持，因此需要开发教学资源。教学资源的开发应紧密围绕科学类学科的教学目标和课程标准，确保资源的针对性和实用性。同时，要关注学生的全面发展，注重培养学生的科学素养和创新能力。

学校可以组织教师开发跨学科主题教学资源、实验探究教学资源、实地考察教学资源等，为教学提供丰富的素材和有力的支持。同时，学校可以利用网络资源，收集和整理相关的教学资源，为教师提供便捷的教学资源服务。在教学资源的开发过程中，应注重创新，引入新的教学理念、方法和手段，以激发学生的学习兴趣和探究欲望。同时，要鼓励教师发挥个人特长，结合教学实际，创造性地开发教学资源。建立教学资源库、在线平台等，实现优质教学资源的共建共享，提高教学资源的利用效率。

教学资源的内容应涵盖科学类学科的各个知识点和技能点，包括理论知识、实验操作、案例分析等。同时，要注重跨学科知识的融合，为学生提供更广阔的学习视野和发展空间。教学资源的形式应多样化，包括文字资料、图片、视频、动画、模拟实验等。这些形式可以相互补充，满足不同学生的学习需求，契合不同学生的认知特点。同时，要注重教学资源的互动性和趣味性，提高学生的学习效果和参与度。教师应充分利用开发的教学资源进行教学活动，将资源融入课堂教学中，提高教学效果。同时，要关注学生的反馈和意见，及时调整教学策略和方法。密切关注科技领域的最新动态和技术发展趋势，及时将新技术、新方法应用于教学资源的开发中。例如，利用人工智能、大数据等技术手段，提高教学资源的智能化水平和个性化程度。

（四）建立评价体系

科学类学科综合教研需要建立评价体系，以评估教学效果、促进教师专业成长和提高教学质量。评价体系应紧密围绕科学类学科的教学目标和课程标准，确保评价的针对性和实效性。同时，要关注学生的全面发展，注重培养学生的科学素养和创新能力。评价体系应涵盖教学过程的各个环节，包括教学内容、教学方法、教学效果等方面。同时，要关注教师的专业素养、教学态度、教学创新等方面，实现对教师教学工作的全面评价。评价体系应基于客观事实和数据进行，避免主观臆断和偏见。评价结果应具有可重复性和可验证性，以确保评价的准确性和公正性。以及评价体系要注重过程性评价和发展性评价，全面评价学生的学习和教师的教学，为教学改进提供依据。

四、科学综合教研的特色实践案例

（一）跨学科主题教学案例

科学综合教研以跨学科主题为引领，将物理、化学、生物、地理等学科的知识有机融合。在以"能源与环境"为跨学科主题的教学案例中，物理、化学、生物、地理教师共同合作，设计了一系列教学活动。在物理课上，学生学习能量转化和能源利用的知识；在化学课上，学生了解化学反应中的能量变化和新能源的开发；在生物课上，学生研究生态系统中的能量流动和生物能源的利用；在地理课上，学生探讨不同地区的能源分布和能源开发对环境的影响。教师根据学生的年龄特点和认知水平，设计不同层次的跨学科主题，引导学生进行深入探究。通过跨学科主题教学，学生不仅掌握了各学科的知识，还培养了综合思维能力和解决实际问题的能力。

在跨学科主题教学中，教师采用多样化的教学方法和手段，引导学生进行跨学科学习。例如，教师采用项目式学习的方法，让学生围绕跨学科主题，开展项目研究。在项目研究过程中，学生综合运用物理、化学、生物、地理等学科的知识和技能，解决实际问题。教师还组织学生进行实地考察、实验探究等活动，让学生亲身体验科学探究的过程，提高学生的实践能力。

在实施跨学科主题教学的过程中，教师首先通过引入相关背景知识和实际案例，激发学生的学习兴趣和探究欲望，引导他们进入跨学科主题学习的状态。教师组织学生进行小组合作或自主探究活动，让他们在实践中学习和运用知识，解决实际问题。同时，教师发挥引导作用，及时给予指导和帮助。教师引导学生对探究过程和结果进行总结与反思，提炼出跨学科知识的内在联系和规律，形成对问题的全面认识和深刻理解。同时，教师鼓励学生进行创新思考，提出新的问题和解决方案。教师采用多元化的评价方法，对学生在跨学科主题教学中的表现进行评价。评价内容包括学生的参与度、探究能力、团队合作能力、创新精神等方面，以全面反映学生在跨学科主题教学中的成长。

（二）实验探究教学案例

科学综合教研注重实验探究教学，通过设计实验探究活动，让学生亲身体验科学探究的过程，提高学生的实践能力和科学素养。例如，在化学实验探究课上，教师引导学生探究化学反应速率的影响因素。学生通过设计实验方案、进行实验操作、收集实验数据、分析实验结果，不仅掌握了化学知识和实验技能，还培养了科学探究能力和创新思维。同时，地理教师结合实验内容，引导学生探讨化学反应速率与地理环境的关系，如温度、湿度等因素对化学反应速率的影响，进一步拓展了学生的思维。教师根据学生的年龄特点和认知水平，设计不同层次的实验探究活动，引导学生进行深入探究。

在实验探究教学中，教师引导学生进行自主探究、合作学习。教师可以先提出问题，引导学生进行猜想和假设，然后让学生设计实验方案、进行实验操作、收集实验数据、分析实验结果，最后得出结论。在实验探究过程中，教师要给予学生充分的指导和帮助，鼓励学生勇于尝试、敢于创新。同时，教师引导学生进行合作学习，培养学生的团队合作能力和沟通能力。

以"物质成分的分析与测定"这一实验探究教学为例，通过实验探究，将物理、化学、生物等学科的理论知识与实际操作相结合，帮助学生掌握物质成分分析的基本方法和技能。学生能够掌握物质成分分析的基本方法和技能，了解不同分析方法的适用范围和优缺点。实验中，学生能够独立完成实验操作，具备一定的数据处理和问题解决能力。通过实验探究，学生对整个自然科学产生了更浓厚的兴趣，增强了探索未知的欲望，形成了严谨的科学态度和良好的实验习惯，为未来的学习和研究打下了坚实基础。

（三）实地考察教学案例

科学综合教研教师可以组织学生进行实地考察，提高学生的实践能力和科学素养。在选择实地考察地点时，教师要结合教学内容和学生的实际情况，选择具有代表性和教育意义的地点。例如，组织学生进行地理实地考察，参观当地的自然保护区、地质公园、生态农业园区等。在考察过程中，生物教师引导学生观察生态系统的组成和结构，了解生物多样性的保护；化学教师引导学生分析土壤和水体的化学成分，了解环境污染的成因和治理方法；物理教师引导学生观察自然现象，如水流、风向等，了解物理原理在自然环境中的应用。通过实地考察，学生将所学的知识与实际生活相结合，提高了实践能力和综合素养。

在实地考察教学中，教师要引导学生进行观察、记录、分析和总结。教师可以先让学生进行实地观察，了解考察地点的自然环境和科学问题，然后让学生进行记录和分析，收集相关的数据，最后让学生进行总结和汇报，分享自己的考察成果和体会。在实地考察过程中，教师要给予学生充分的指导和帮助，鼓励学生勇于探索、敢于创新。同时，教师要引导学生进行合作学习，培养学生的团队合作能力和沟通能力。

"走进房山地质公园"这一科学类实地考察教学，不仅能够帮助学生将理论知识与实践相结合，还能够培养他们的观察能力、分析能力和团队合作精神。同时，这种教学方式有助于激发学生的学习兴趣和探究欲望，为他们的未来发展奠定坚实的基础。在考察过程中，学生观察并记录房山地质公园内的岩石类型、地层结构、断层、褶皱等地质构造，分析地质构造的形成原因和演化过程；描述公园内的山地、峡谷、溶洞等地貌特征，探讨地貌特征与地质构造之间的关系；了解房山地质公园的生态环境和保护措施，讨论人类活动对地质公园的影响及如何平衡开发与保护的关系；使用 GPS 定位仪、地质锤等工具进行实地测量和样本采集，记录并分析收集到的数据，撰写考察报告。学生通过实地考察，将课堂上学习的多学科理论知识与实际地质现象相结合，更加深入地理解地质学的基本概念和原理。

　　总之，科学综合教研是实现综合与实践育人的重要途径，聚焦物理、化学、生物、地理等学科的科学综合教研具有重要的现实意义。区教研部门在科学综合教研中发挥着专业引领、教师培训、课程资源开发、教学评价等重要作用。在实施科学综合教研的过程中，需要加强教师培训，建立教研共同体，开发教学资源，建立评价体系等策略，为科学综合教研的顺利实施提供保障。从特色实践案例可以看出，科学综合教研能够打破学科壁垒，提高学生的实践能力和创新精神，培养学生的综合素养。在今后的教育教学中，应进一步加强科学综合教研，充分发挥区教研部门的作用，不断推动教育教学改革，为培养具有创新精神和实践能力的高素质人才做出更大的贡献。

参考文献

[1] 彭威. 课程综合化实施路径的调查研究 [D]. 南京：江苏大学，2022.

[2] 孙宽宁. 课程综合化与综合课程 [M]. 北京：人民教育出版社，2003.

[3] 安桂清. 论义务教育课程的综合性与实践性［J］. 全球教育展望，2022（5）.

[4] 安桂清. 基于核心素养的课程整合：特征、形态与维度[J]. 课程·教材·教法，2018（9）.

[5] 杨明全. 课程综合化实施的理论旨趣与实践路径［J］. 教育学报，2018（6）.

[6] 黄伟. 我国基础教育课程综合化追求的特征及问题：中美综合课程历史进程之比较［J］. 比较教育研究，2003（11）.

[7] 叶波. 化知识为素养：现实困境、理论阐释与教学实现 [J]. 中国教育学刊，2021（8）.

[8] 顾建军. 建构一体化劳动课程为义务教育劳动育人奠基：《义务教育劳动课程标准（2022 年版）》解读 [J]. 全球教育展望，2022（7）.

[9] 顾建军，管光海. 系统建设劳动课程 落实劳动教育：义务教育劳动课程标准（2022 年版）解读 [J]. 基础教育课程，2022（9）.

[10] 中华人民共和国教育部. 义务教育劳动课程标准（2022 年版）[M]. 北京：北京师范大学出版集团，2022.

[11] 崔玉中. 关于综合课程概念的界定 [J]. 山东理工大学学报（社会科学版），2004（2）.

[12] 黄宏伟. 整合概念及其哲学意蕴 [J]. 学术月刊，1995（9）.

[13] 有宝华. 综合课程论 [M]. 上海：上海教育出版社，2002.

[14] 李立国. 古代希腊教育 [M]. 北京：教育科学出版社，2010.

[15] 毛礼锐，瞿菊农，邵鹤亭. 中国古代教育史 [M]. 北京：人民教育出版社，1997.

[16] 陈春莲. 杜威道德教育思想研究 [M]. 北京：中国社会出版社，2017.

[17] 张斌贤，等. 美国教育改革：1890—1920 年 [M]. 北京：中国人民大学出版社，2019.

[18] 张华. 课程与教学论 [M]. 上海：上海教育出版社，2000.

[19] 王策三. 教学论稿 [M]. 北京：人民教育出版社，1985.

[20] 钟启泉，汪霞，王文静.课程与教学论 [M].上海：华东师范大学出版社，2008.

[21] 汪霞.课程理论与课程改革 [M].合肥：安徽教育出版社，2007.

[22] 杨明全.认识综合课程的意义、形态与价值 [J].河南教育，2002（4）.

[23] 陈向明.质的研究方法与社会科学研究 [M].北京：教育科学出版社，2000.

[24] 李芒.信息化学习方式 [M].北京：北京师范大学出版社，2006.

[25] 教育部基础教育司.走进新课程：与课程实施者对话 [M].北京：北京师范大学出版社，2002.

[26] 刘玲.跨学科实践活动的设计与实施 [M].北京：教育科学出版社，2023.

[27] 中华人民共和国教育部.中小学综合实践活动课程指导纲要 [M].北京：北京师范大学出版社，2017.

[28] 郭元祥.综合实践活动课程与教学论 [M].北京：人民教育出版社，2023.

[29] 郭华.跨学科主题学习及其意义 [J].文教资料，2022（16）.

[30] 江信滨.跨学科主题学习教研的整体设计与实践 [J].教育视界，2024（27）.

[31] 廖伯琴.基础教育新课程师资培训指导：初中物理 [M].长春：东北师范大学出版社，2003.

[32] 赵志强，苏悦文.初中物理教师跨学科实践教学认知能力调查与提升建议 [J].教学与管理，2024（9）.

[33] 张华.综合实践活动课程研究 [M].上海：上海科技教育出版社，2009.

[34] 夏雪梅.跨学科学习：一种基于学科的设计、实施与评价 [M].北京：教育科学出版社，2024.

[35] 熊梅，周爽，王艳玲.跨学科主题学习的价值定位与实践策略 [J].中小学教师培训，2024（3）.

[36] 马庆.中学跨学科融合教学实践研究 [J].学园，2021（26）.

[37] 杨昕，丁荣，段玉山.跨学科主题学习价值、困境与实施路径：以地理学科为例 [J].天津师范大学学报（基础教育版），2024（1）.